KB123267

음식에 그런 정답은 없다

'오늘의 식탁'에서 찾아낸, 음식에 관한 흔한 착각

음식에 그런 정답은 없다

정재훈 지음

동아시아

'오늘의 음식'이 건네는
특별한 질문들

      약사가 왜 자꾸 음식 이야기를 하느냐는 질문을 자주 받는다. 거창한 이유는 없다. 그냥 음식을 좋아하기 때문이다. 책 제목을 고민할 때, 주변 사람들이 '자나 깨나 음식 생각', '음식에 진심인 편'을 추천할 정도였다. 내가 푸드라이터라고 소개하면 '푸드파이터'로 알아듣는 사람이 많다. 실제로 많이 먹는다. 나에게 식사는 모르는 세계로 여행하는 제일 쉬운 방법이다. 여느 여행처럼, 시간과 비용이 들기도 하고 입맛에 안 맞아 고생할 때도 있다. 하지만 그것을 뛰어넘는 즐거움이 있다.

음식은 호기심을 자극한다. 가벼운 한 끼에도 특별한 질문이 숨어 있기 때문이다. 오늘 아침 콩나물국에 갓김치를 곁들여 먹었으니, 언론 보도처럼 내 면역력이 상승했을까. 집밥이 건강에 좋다던데, 점심에 해 먹은 짜파구리는 집밥인가, 아닌가. 영화 〈기생충〉의 다송이는 한우 채끝살 짜파구리를 진짜 좋아했을까. 밥을 배불리 먹고도 왜 초콜릿의 유혹을 이길 수 없을까. 먹방을 보면서 먹으면 진짜 폭식을 하게 될까. 레스토랑 평가 별점은 어디까지 믿을 수 있을까. 키토제닉 다이어트는 정말 효과가 있을까. 그나저나 꼭 하루에 세 끼를 먹어야 하나.

운 좋게도, 지난 4년간 매달 잡지 《올리브》에 글을 쓰면서, 우리 사회에서 화제가 되는 음식이나 푸드 트렌드를 탐색할 수 있었다. 사람이 음식을 먹고 살아야 한다는 사실은 변하지 않는다. 하지만 음식의 형태와 먹는 방식은 다양하며 빠르게 변화한다. 전화 대신 배달 앱으로 음식을 주문하고, 유튜브 먹방을 보면서 혼밥을 즐긴다. 발효종 빵을 직접 만들기도 하고, 인스턴트 커피를 수백 번 휘저어 거품 낸 달고나 커피를 마신다. 비건을 추구하는 사람이 있는가 하면 맛이 궁금해서 식물성 대체육을 찾는 사람도 있다. 반려동물 음식을 고민하는 사람들도 늘었다. 이 책은 이렇게 '오늘의 음식'을 만나고 거기서 발견한 질문들에 대해 내 나름의 답을 찾아간 과정이다.

단순히 음식을 먹는 것과 그 이면에 숨은 사실에 대해 알아보고 조사하는 것은 다른 일이었다. 학생들과 경쟁하며 편의점 인기 디저트를 맛보았고, 자비로 3년간 해외 레스토랑을 찾아다니기도 했다. 짧은 일정 동안 최대한 많이 다니려다 보니 하루에 다섯 끼씩 먹기도 했다('살 안 찌는 마법의 식사법'이 내게도 절실했다!). 궁금증을 해결하려다 보니, 다양한 연구 결과가 소개된 최신 논문부터 음식의 역사가 담긴 오래된 사료까지 찾아보게 되었다. 자연스레 조리와 가공 원리에 관한 과학, 유래를 알려주는 역사, 예술적 가치를 설명하는 미학 등도 공부하게 되었다.

약사로서 음식 이야기를 한 건 아니지만, 음식과 건강에 대해 이야기하지 않을 수 없었다. 유독 음식은 건강과 관련해서는 무엇은 몸에 좋고 무엇은 나쁘다는 '그런 정답'들이 많다. 정말 진실일까. 정확한 근거로 판단해야 한다는 생각에 원고료 절반을 자료 구입에 쓰기도 했다.

음식과 요리를 사랑할 수밖에 없는 이유가 또 하나 있다. 요리는 일상에서 가장 쉽게 접할 수 있는 과학이다. 비린내 때문에 먹기 힘든 날달걀이지만 밥에 비빈 다음 프라이팬에 넣고 볶으면 고소해진다. 갈변 반응이라는 말을 들어본 적도 없는 40년 전의 기억이지만 아직 생생하다. 이 책에도 이런 일상의 과학이 자주 등장한다. 치즈닭갈비 인기 비결을 찾다가 푸드 페어링 가설을 적용해보고, '짱구 허니시나몬 볶음면'의 향과 맛이 다른 이유를 궁금해하다 보면 인간 후각의 비밀을 알게 된다. 찬물에 끓이면 더 맛있다는 라면 논쟁에서도 과학적 설명이 유용하다.

음식을 제대로 즐기기 위해 반드시 고급 레스토랑에 가야 하는 것은 아니다. 우리에게 더 큰 영향을 주는 것은 매일 반복되는 소박한 끼니다. 누군가 예술 작품 같은 음식을 만들어낸다 해도 먹지 않고서는 그 음식의 가치를 알 수 없다. 하지만 먹는 순간 그 음식은 세상에서 사라진다. 음식을 진정으로 음미하는 순간은 식사 때가 아니라 더 이상 존재하지 않는 그 음식을 기억 속에서 떠올리며 생각할 때가 아닐까. 과학, 역사, 미학의 여러 관점에서 음식을 살펴보며 원고를 쓸 때마다 마치 스페인 바르셀로나의 레스토랑에서 4가지 방식으로 조리한 아몬드로 다양한 맛을 보는 느낌이었다.

맛과 건강을 기준으로만 음식을 바라보면, 어떤 '정답'들에 갇히게 된다. 흔히 유통되는 정답들이 진실인지 확인해보고, 그 이면의 다양하고 풍성한 스토리를 찾아가는 즐거운 여행을 독자 여러분과 함께 할 수 있기를 바란다.

프롤로그: '오늘의 음식'이 건네는 특별한 질문들   004

1부   오늘의 식탁을 생각하다

그런 미래가 와도 괜찮을까?   015
배달 앱과 음식의 미래

먹방 인기에 대한 한탄과 찬탄 사이에서   022
먹방에 숨겨진 과학

레스토랑 평가 믿을 만한가   032
레스토랑 평가 사용법

가장 인기 있는 다이어트, 전문가가 선정한 최악의 다이어트   039
키토제닉 다이어트

요리는 인류가 가장 오랫동안 공유한 과학이다   046
달고나 커피의 과학

줄 서서 먹는 '당'   054
흑당버블티의 인기

모순 가득한 음식, 초콜릿   062
욕망의 초콜릿

미식가 아저씨들이 귀담아들어야 할 격언   070
치즈닭갈비와 과학

호빵은 동시에 여러 시대를 살고 있다   078
골라 먹는 호빵

반려동물 음식을 고를 때 기억해야 할 것들   086
반려동물의 음식과 건강

기능성 음료 권하는 시대　096
기능성 음료의 기능

발효종 빵을 즐길 이유　103
천연 발효종 빵의 과학

과학이 가져온 고기　110
식물성 대체육의 이모저모

2부 거짓은 그럴듯해 보여도 거짓이다

음식으로 면역력을 키워 바이러스를 이겨낸다는 믿음　121
음식과 면역의 관계

집밥을 먹으면 더 건강해질까?　128
요리와 건강의 상관관계

그들의 라이프스타일을 따를수록 내 지갑은 더욱 얇아진다　140
클린이팅의 진실

따뜻한 국물에 대한 갈망과 건강 뉴스 사이에서　147
국물 음식과 건강

엉터리 건강 뉴스는 수명이 길다　154
얼린 음식과 건강

구운 고기 1인분은 담배 700개비만큼 해로울까?　162
고기를 익히는 법과 건강

살 안 찌는 마법의 식사법을 찾아서　170
간헐적 단식과 저탄고지 다이어트의 허실

프랑스 음식을 많이 먹으면 프랑스 여자라도 살찐다　178
프렌치 패러독스의 역설

식품 사기 전성시대   188
수제 식품의 진실

3부 음식은 사회를 반영한다

다송이는 정말 한우 채끝살 짜파구리를 좋아했을까?   199
영화 〈기생충〉 속 짜파구리의 사회적 의미

혼자 먹는 동안이라도 절대적으로 혼자인 사람은 드물다   206
혼밥과 건강

괴식은 그 음식을 먹지 않는 사람에게만 괴식이다   214
괴식과 맛의 과학, 그리고 건강

그날의 평양냉면이 천하일미였던 까닭   221
음식의 사회성으로 본 평양냉면 논쟁

채식주의라는 말에 풀밭을 떠올리고 있다면   228
채식에 대한 오해와 이해

태어날 때부터 예쁜 복숭아를 더 좋아하는 아기는 없다   236
'못난이 농산물' 너머의 불편한 진실

음식에 대한 편견은 사람에 대한 차별에서 비롯된다   243
화교의 요리, 한국인의 중식

유기농은 언제나 옳다?   250
유기농을 둘러싼 여러 가지 문제

끼니는 인간이 만든 사회적 약속일 뿐이다   258
간헐적 단식과 건강

디저트로 밥 먹는 사람들   266
디저트와 건강, 그리고 문화

4부 미식에 그런 정답은 없다

닭고기한테 이래서는 곤란하다   277
치킨 강국의 과제

실패해도 괜찮은 사회에서 양질의 디저트가 나온다   284
'편저트' 해부학

건강식에 대한 집착을 녹여버리다   292
빙수에서 찾은 한식의 미래

그때 초등학교 교실로 돌아간다면   299
김치 바로 보기

선물 세트는 우리가 살아온 역사의 기록이다   306
명절 선물 세트로 돌아본 음식 문화

미국에 햄버거 프랜차이즈가 있다면 대한민국엔 육계기업이 있다   314
햄버거에 가려진 것들

인기에는 이유가 있다   321
돼지고기 이야기

음식을 통해 알게 되는 것은 자신의 세계관이다   328
서울 아닌, 뉴욕의 한식

서울에서 더 많은 파인 캐주얼 레스토랑을 보고 싶은 이유   335
파인 캐주얼 레스토랑의 미덕

에필로그: 미식은 시간, 공간, 인간이 음식과 함께 만들어내는 경험이다   342

참고문헌   346

오늘의 식탁을
생각하다

그런 미래가 와도
괜찮을까?

배달 앱과 음식의 미래

마크 저커버그^{Mark Zuckerberg}는 자신의 페이스북 페이지를 직접 운영하지 않는다. 직원 12명이 팀으로 관리한다. 블룸버그 통신이 2017년 1월 보도한 내용이다. 하지만 나는 니클라스 외스트버그^{Niklas Östberg}가 실제로 배달 앱을 쓰는지가 더 궁금하다. 그는 세계 1위 음식 주문 서비스 업체 독일 딜리버리히어로의 창업자 겸 최고경영자다(2019년 12월 딜리버리히어로는 배달의민족 운영업체인 우아한형제들을 인수하여 국내에서도 1위로 올라섰다).

궁금증을 갖게 된 계기는 외스트버그의 방한 인터뷰 기사를 읽고 나서였다. 그는 인터넷으로 피자를 주문하려면 책상 앞에 앉아서 7~8분을 보내야 했던 10년 전과는 달리 지금은 앱으로 어디에서나 1~2분이면 주문이 끝난다고 말했다. 그렇지 않다. 음식 주문에는 여전히 상당한 시간이 걸린다. 배달음식 선택의 폭이 너무도 넓어졌기 때문이다.

짜장면과 짬뽕을 두고 고민하던 시대는 지나갔다. 팟타이와 분짜, 하노이식 쌀국수와 태국식 쌀국수, 봉골레와 아라비아타 파스타 사진을 둘러보기만 해도 5~10분이 훌쩍 지나간다. 배달 앱은 선택지가 다양할수록 결정이 더 어려워진다는 '선택의 역설Paradox of Choice' 이론에 딱 들어맞는다. 외스트버그가 앱으로 1~2분이면 주문이 끝난다는 말을 한 진의는 뭐였을까. 음식 배달 서비스를 실제 이용해본 경험이 부족하여 실언한 걸까, 아니면 자사 배달 앱 주문의 편리성을 강조하고 싶었던 걸까.

배달이 가져오는 음식의 변화

선택이 고민된다고 먹기를 포기하는 사람은 없다. 진짜 걱정은 행복한 고민 끝에 마음을 정하고 주문을 전송한 순간부터다. 음식은 시간에 따라 변한다. 바삭해야 마땅한 돈가스 겉면은 내부에서 흘러나온 수증기를 머금어 눅눅해지고, 짜장면 면발은 서로 달라붙고 불어 터진다. 수분을 잃어버린 피자 크러스트는 종이처럼 질겨지고 치즈는 탄성을 잃고 반투명으로 굳는다. 길에서 식어버린 음식을 먹고 싶은 사람은 없다. 삼겹살과 스테이크를 배달해 먹고 싶진 않다며 고개를 내저었던 이유다.

그런데 막상 시켜보면 생각이 달라진다. 먹을 만하다. 기본구성에 뜨거운 김치찌개를 넣어 고기 온도를 유지하고, 보온 포장하여 배달한다. 지방의 융점이 높아 돼지고기보다 더 쉽게 굳는 소고기 스테이크의 경우, 처음부터 수비드로 조리하여 육즙 손실을 막고, 냉장 팩에 넣어 배달한 후 집에서 전자레인지로 데워 먹도록 하는 곳도 있다. 네이선 미어볼드Nathan Myhrvold의 『모더니스트 퀴진Modernist Cuisine』을 현실에 적용하는 데 앞장선 사람들은 파인다이닝보다 배달업계에 더 많은 듯하다.

그럼에도 불구하고 시간은 여전히 중요하다. 그 어떤 첨가제를 넣어도 면이 붇는 것을 온전히 막을 수는 없고, 보온 포장한 피자라도 시간이 지나면 식기 마련이다. 앱으로 주문을 마친 뒤 주문조회 창을 뚫어져라 쳐다보며 상태를 확인하게 되는 이유다. 위치 확인 기능으로, 동선상 가게와 가까운 집에 먼저 배달하고 우리 집으로 오는 과정을 확인할 수 있고, 왜 식어서 오는지 이해할 수 있게 되었지만, 현재의 기술 수준은 거기까지다. 배달이 지연될 경우에도 음식의 맛과 품질을 유지하는 기술은 아직 부족하다.

배달 앱과 건강

전에는 배달되지 않았던 맛집의 음식을 배달해 먹는 서비스도 크게 늘었다. 배민라이더, 푸드플라이, 쿠팡이츠의 경쟁이 치열하다. 플레이팅과 셰플리처럼 배달을 목적으로 셰프가 개발한 메뉴를 직배송하는 서비스도 뜨고 있다. 매운 갈비와 글레이즈 사과, 수란을 얹은 닭다릿살 김퓨레밥을 새벽에 배송받아 전자레인지에 데워 먹어보면 생각보다 맛있다. 식당에 직접 가서 먹는 것보다야 덜하지만, 식당에 안 가고도 먹을 수 있는 음식으로서는 만족스럽다.

무엇보다 양이 많다. 음식량은 맛, 가격, 신속성과 함께 배달음식 평가의 주요 기준이다. 양이 많거나 많아 보이도록 메뉴를 구성한 곳들은 리뷰가 많다. 몇 년 전부터 인기를 끌고 있는 배달 삼겹살 1인분을 시키면 고기, 김치찌개, 명이나물, 김치, 쌈, 음료 또는 물, 소스와 공깃밥을 가져다준다. 고기 양이 많아 보이도록 소시지와 파채를 함께 내놓기도 한다. 밥 한 공기를 추가하면 둘이 나눠 먹을 수 있을 정도로 넉넉하다.

배달음식을 이용할 때는 누구나 양에 민감해진다. 2020년 12월 부산대 경영학과 연구에 따르면, 음식량은 재구매 시 더 중요하게 여기는 항목이다. 배달 앱 이용이 빠르게 늘어나기 시작한 2014년에, 전화 주문보다 배달 앱 주문 시 음식량이 더 적다며 논란이 일기도 했다.

1인분의 양이 많아도 나눠 먹거나 남겨두었다가 나중에 먹는다면 문제 될 일은 없다. 불행히도 그렇지 않다. 많이 주면 많이 먹는다. 미국 펜실베이니아주립대 바버라 롤스Barbara Rolls 교수의 연구에서 참가자들은 원래보다 양을 50% 더 주면 16%를 더 먹고 100%를 더 주면 26%를 더 먹었다. 배달음식이라고 특별히 건강에 나쁜 성분이 더 들어 있진 않지만, 양은 과한 경우가 많다.

음식 배달 트렌드와 함께 식사 패턴도 변하고 있다. 2017년 말, 우버이츠가 1,019명의 미국 성인을 대상으로 설문조사를 한 결과를 보면 브런치의 인기는 줄고 야식이 늘고 있다. 야식 빈도가 브런치의 2배에 이른다. 밤에 먹는 것 자체는 해롭지 않다. 자기 전에 150kcal 이하 소량의 간식은 근육 단백질 합성과 심장 건강에 이로울 수 있다. 그러나 야밤에 과식하는 것은 좋지 않다. 하루에 동일한 칼로리를 섭취하더라도 늦은 시간에 먹는다면 지방이 축적될 가능성이 더 높고, 당뇨병 위험 또한 증가한다. 게다가 밤이 되면 자제력 소진으로 고열량 음식을 과식하고 싶은 유혹에 빠지기 더 쉽다.

배달 앱과 음식의 미래

2018년 3월 이탈리아 여행 마지막 밤, 나도 그런 유혹에 빠졌다. 가벼운 저녁 식사를 마친 뒤였지만, 갑자기 밀라노의 햄버거를 맛보고 싶은 충동이 일었다. 호텔에서 2km 떨어진 식당에 걸어갈 힘은 없었지만, 스마트폰 앱을 열고 손가락을 몇 번 움직여 햄버거와 감자튀김을 주문하기엔 여력이 충분했다.

40분이 예상됐던 배달시간은 20분으로 줄어들었다가 다시 30분으로 변했고, 마침내 39분 46초 만에 햄버거와 감자튀김이 도착했다. 하지만 불평할 수 없었다. 주문상태 표시 화면에 자전거가 움직이는 걸 보고 난 뒤였기 때문이다. 다른 2곳에 배달하고 마침내 호텔 입구에 도착한 청년의 미소에 그냥 웃으며 화답했다. 배달비가 2.50유로(3,300원)인 걸 감안하면 시간당 최저시급 이상을 벌 수 있을까 걱정스러웠다.

여행에서 돌아와, 작가 샘 리치스^{Sam Riches}가 토론토에서 자전거로 6개월 동안 음식을 배달한 경험에 대해 쓴 글을 찾아 읽었다. 음식 배달을 그만둘 수 있어서 다행이었고, 그 일을 그리워하지도 않는다고 했다. 그가 배달 중에 만난 다른 자전거 배달원에 따르면 음식 배달 회사 3곳의 콜을 잡으며 뛰어다녀야 조금이나마 돈을 벌 수 있다고 한다.

우리는 만든 지 40분이 지난 감자튀김이 눅눅해지는 걸 막을 수 없는 시대에 살고 있지만, 동시에 배달원의 처우가 최저 시급을 벗어나기 어려운 시대에 살고 있기도 하다. 서울, 밀라노, 토론토에서 모두 같은 배달 앱을 쓸 수 있지만, 배달원의 삶 또한 세 도시에서 똑같이 힘들어 보인다.

"10년 뒤엔 인공지능이 주문받고 로봇이 배달해주는 세상이 될 겁니다."

니클라스 외스트버그의 예상은 현실이 될 가능성이 높다. 영국의 배달 전문업체 저스트잇은 2016년 12월부터 로봇을 통한 음식 배달을 시작했고, 2017년 8월 미국 도미노피자와 포드가 손잡고 무인 자동차를 이용한 피자 배달을 시험 운영했다. 캘리포니아 마운틴뷰의 줌피자는 토핑을 올리는 걸 제외한 모든 공정을 로봇이 진행하고, 컴퓨터가 제어하는 56개의 오븐이 내장된 배달 트럭에서 주문지까지 거리에 맞춰 뜨거운 피자를 완성하여 내놓는 방식을 도입했다.°

배달원의 삶이 나아지기 전에 배달원과 요리사가 로봇으로 대체될 날이 먼저 올까 걱정해야 할 상황이다. 그런 미래가 와도 괜찮을까. 배불리 먹고 나서도 뒷맛이 쓰다.

° 2020년 1월 줌은 피자 사업 부문 운영을 중단하고 식품 포장, 제조 및 배달 시스템으로 사업 영역을 변경했다.

먹방 인기에 대한
한탄과 찬탄 사이에서

....
먹방에 숨겨진 과학
....

    세상은 복잡하며 내가 잘 모르는 것들로 가득하다. 유튜브 먹방 동영상을 보면 그런 결론을 내릴 수밖에 없다. 2019년 2월 구독자 수가 밴쯔를 넘어섰다는 떵개떵 형제의 먹방만 봐도 그렇다. 출연자는 '좋아요'와 '구독'을 눌러달라는 가벼운 인사말 뒤에 바로 프라이드치킨을 먹기 시작한다. 조회수 2,800만 회가 넘는 26분 13초 길이의 동영상 중 맨 앞과 뒷부분 10초씩을 빼면 나머지는 말없이 닭다리 16개를 먹는 장면뿐이다. 통삼겹, 치즈볼, 탕후루, 연어, 참치 뱃살 동영상도 비슷하다. '리얼사

운드 먹방'이라는 타이틀에서 보여주듯 대사보다는 먹는 소리
가 중심이다.

다른 나라 먹방에서도 트렌드는 비슷하다. ASMR(Auto-
nomous Sensory Meridian Response, 자율감각 쾌감반응)을 표방하는
먹방이 대세다. 미국의 인기 유튜브 채널 수엘라suellASMR는 사람
입 부분만 비추면서 햄버거, 파스타, 치킨, 피자를 먹는 장면을
소리와 함께 보여준다. 물론 이런 동영상을 본다고 해서 모두가
속칭 ASMR이라는 기분 좋게 전기가 오는 듯한 느낌을 경험하
는 건 아니지만, 식탁에서 쩝쩝거리며 먹으면 예의에 어긋난다
는 규칙에 신경 안 쓰는 사람이 유튜브 세상에 수천만 명이라는
점은 분명하다.

그렇다고 만인이 먹방 동영상 소리를 즐긴다고 생각하면
곤란하다. 동영상은 고사하고 실생활에서 옆 사람이 국수를 후
루룩 삼키거나 사과를 아작아작 씹는 소리만 들어도 분노와 불
안을 느끼는 사람이 있다. 청각과민증으로 불리는 이 증상은 뇌
에서 감각과 감정을 연결하는 부위인 전방섬상세포군피질이
과도하게 활성화되어 생긴다. 얼마나 많은 사람이 이런 증상으
로 고통받고 있는지는 아직 불분명하지만, 2014년 미국 플로리
다의 대학생들을 대상으로 한 연구에서는 참여자의 거의 20%
가 이 증상을 경험하는 것으로 나타났다.

청각과민증으로 괴로운 사람의 입장에서 보면 누군가가

게걸스럽게 먹는 소리는 신체적 고통인 셈이다. 리얼사운드 먹방이 대세라고 해서 동영상을 따라 소리를 내며 먹었다가는 주변의 따가운 시선을 피할 수 없는 이유다.

먹방이 건강에 미치는 효과

누군가에게는 쾌감을 주는 먹방 동영상이 다른 누군가에게는 괴로움을 줄 수 있다. 먹방을 둘러싼 현실은 이렇게 복잡하다. 하지만 먹방이 과식을 조장하는 것만큼은 사실 아닌가? 보건복지부 관계자들은 아마도 그렇게 생각했던 것 같다. 보건복지부는 2018년 7월 24일 국가 비만 관리 종합 대책을 발표하면서 먹방 규제를 위한 가이드라인을 내놓았다. 보통 사람 10명이 먹을 분량을 혼자 다 먹는 동영상을 보고 있으면 먹방이 폭식과 비만을 유발한다는 생각이 드는 건 사실이다.

2015년 핫도그 먹기 대회 세계 챔피언 조이 체스트넛^{Joey Chestnut}을 누른 것으로 유명한 맷 스토니^{Matt Stonie}는 한 번에 1만 kcal가 넘는 9인분의 칠리치즈프라이를 먹는가 하면 2만 kcal의 햄버거, 윙, 피자를 먹기도 한다. 일본의 유명 먹방 유튜버 기노시타 유카^{木下ゆうか}는 무게를 합하면 7kg에 달하는 한국산 컵누들 30개를, 웃으며 해치운다. 먹방의 발원지답게 국내 유튜브에는 짜장면 빨리 먹기, 매운 떡볶이 빨리 먹기와 같이 여러 명이 경

쟁하는 동영상이 넘친다. 아프리카TV 같은 실시간 방송 플랫폼에서 먼저 경합하고 뒤이어 유튜브에 녹화 동영상이 올라온다.

이렇게 엄청난 양의 음식을 한 번에 먹는 게 불가능한 일은 아니다. 보통 사람의 위가 기껏해야 1~2L 정도로 늘어나는데 반해 많이 먹기 대회에 출전한 선수들의 위는 4L 이상으로 늘어난다. 그렇게 늘어난 위에, 뇌의 포만감 신호를 무시하고 음식을 계속 욱여넣는다. 복부 지방이 위장 속으로 음식을 더 많이 집어넣는 걸 방해할까 봐, 평소 운동을 통해 이들 중 다수가 마른 몸매를 유지하고 있다.

그럼에도 불구하고 이러한 폭식에는 위험이 따른다. 물리적으로 배가 터져 죽는 일은 극히 드물지만 목구멍이 막혀 사망할 가능성이 있기 때문이다. 2019년 4월 일본의 한 유튜버가 생방송 도중 오니기리를 한입에 먹으려다가 질식하여 쓰러진 것처럼 말이다. 공기와 음식물이 동일한 입구로 들어가는 인체 구조상 빨리 먹는 것은 대단히 위험하다.

단 한 번 과식하는 것도 위험하다. 미국심장협회American Heart Association에 따르면 과식은 격렬한 운동이나 화를 폭발하는 것만큼이나 심장발작 위험을 높인다. 평소보다 음식을 많이 먹고 나면 2시간 뒤 심장발작 위험이 무려 4배 증가한다. 특히 심장질환을 앓는 사람일수록 더 위험하다.

하지만 먹방이 시청자에게 과식과 비만을 유발하느냐에

대한 과학적 근거는 아직 부족하다. TV 프로그램에서 음식을 소개한 후 배달음식 주문량이 증가했다는 식의 이야기만으로 먹방과 과식의 인과관계를 밝혀내기는 어렵다. TV 시청과 과식의 관계도 생각보다 복잡하다. 호주 매쿼리대 연구에 의하면 똑같은 에피소드를 2번 볼 때보다 각기 다른 에피소드를 볼 경우 간식 섭취량이 14% 감소했다. 이미 스토리 전개를 알고 있는 에피소드를 반복해서 시청할 때보다 주의를 끄는 새로운 에피소드에 몰입할 때, 구운 아몬드, 감자칩, 초콜릿볼 같은 간식을 더 적게 먹는다는 것이다. 언뜻 생각하면 먹방에 열광하며 볼 때 음식을 더 많이 먹을 것 같지만 내용에 집중해서 볼수록 (적어도 시청 중에는) 음식 먹는 시간이 줄어들 수도 있다는 이야기다.

한편 2018년 영국에서 어린이를 대상으로 한 연구에서는, 소셜미디어 스타가 고칼로리 스낵을 먹는 사진을 어린이들에게 보여주는 것만으로도 실험에 참여한 어린이의 섭취 칼로리가 26% 증가하는 것으로 나타났다. 먹방을 보면서 식사할 때 과식할까 봐 걱정하기보다는 먹방을 보고 난 뒤에 과식을 조심해야 하는 셈이다.

우리가 먹방을 좋아하는 이유

동영상 속 인물의 폭식을 지켜보며 즐거워하는 세태에 한

숨이 나올 수도 있다. 순식간에 어마어마한 양의 음식을 먹어치우는 모습이 그다지 아름답진 않다. 하지만 사실 먹방을 즐긴다는 것은 인간만이 지닌 놀라운 특성에 기반한 행동이다. 내가 아닌 다른 개체가 뭔가를 먹고 있는데, 그저 지켜보면서 즐기기만 하는 건 다른 동물로서는 상상도 할 수 없는 일이다. 아프리카의 사자와 하이에나만 사냥한 짐승의 고기를 두고 경합하는 게 아니다. 동물의 세계에서는 다른 동물이 먹는 걸 뺏을 수만 있으면 뺏어 먹으려 달려드는 게 정상이다. 그런데 인간에게는 그냥 보면서 즐기는 게 가능하다. 우리는 함께 모여 식사를 하는 사회적 동물이기 때문이다.

현대에 사는 우리야 음식이 넘쳐나는 환경에 살고 있으니, 다른 사람이 먹는 모습을 보고도 자제력을 발휘하기가 쉽다고 생각할 수 있다. 그러나 인류가 함께 모여 식사를 하는 것은 지금보다 훨씬 더 음식이 귀하던 때 이미 시작되었다. 당시에는 욕구를 억제하고 다른 사람과 음식을 나눠 먹는 일은 상당한 자제력을 요구하는 일이었다. 과학자들은 인간 대뇌피질이 지금처럼 커진 것은 협동적 섭식, 즉 함께 모여 식사하는 데서 비롯되었다고 추측한다. 뇌피질이 커져서 함께 식사할 수 있는 자제력을 갖추게 되기도 했지만, 반대로 함께 식사한 덕분에 뇌피질이 더 발달하는 방향으로도 작용했다는 것이다.

인터넷 먹방을 보며 즐거워하는 젊은 세대를 한탄할 수

있지만, 먹방 인기의 밑바탕에 인간 두뇌의 뛰어난 감정 조절 기능이 있다는 걸 생각하면 도리어 찬탄하는 게 맞을 수 있다는 이야기다. 먹방 현상의 이면에는 이렇게 생각보다 복잡한 과학적 사실이 숨어 있다.

사실에 근거해 세상을 바라보기란 어려운 일이다. 조회수 기준으로 유튜브에서 가장 인기 있는 먹기 동영상은 뭘까? 닭다리, 불냉면, 편의점 음식, 벌꿀을 생각했다면 틀렸다. 귀여운 아기가 완두콩, 당근, 콩, 브로콜리를 먹는 영어 애니메이션이다. 영단어 'eating'을 키워드로 검색하면 코코멜론의 〈예 예 야채 송Yes Yes Vegetable Song〉이 26억 회가 넘는 조회수로 압도적 1위다 (2021년 3월 2일 기준). 부모가 자녀에게 동일 유튜브 동영상을 반복해서 틀어주는 경우가 많아서 조회수가 높은 것으로 추측한다.

키워드를 '먹방'으로 바꾸어 검색하면 비로소 먹방의 원조 대한민국에서 제작한 동영상이 1위로 등장한다. 하지만 이번에도 결과는 예상과 다르다. 문복희, 떵개떵, 밴쯔, 도로시의 동영상을 제치고 조회수 1위를 차지한 동영상은 8억 1,000만 회가 재생된 도나DONA 채널의 '닉클립 왁스병 캔디 먹방'이다.° 마찬가지로 어린이가 반복해서 시청하기 때문에 조회수가 높은 것으로 생각된다.

도나 채널의 나머지 동영상 대부분도 다채로운 색상의 캔

디나 젤리를 먹는 것들이다. 어린이가 시청하는 음식 동영상 중 조회수 1위는 채소를 먹는 교육적 내용이지만 전체적으로 보면 건강한 식습관과는 거리가 먼 먹방이 많다.

먹방 대부분이 과식을 보여준다는 것도 문제다. 2020년 서울대 의대 연구팀이 5,952건의 유튜브 동영상을 분석한 결과 전체의 83.5%가 과식하는 내용이었다. 같은 연구에서 먹방을 자주 시청하는 사람의 32.6%가 자신의 식습관이 먹방에 크게 영향을 받는다고 답했다. 다만 그 영향이 반드시 부정적인 것만은 아니다. 먹방에는 사회적 고립감이나 외로움을 줄이는 긍정적 효과도 있다.

먹방이 음식 소비나 구매에 정확히 얼마만큼의 영향을 주는지 측정한 연구는 아직 없다. 하지만 먹방이 실제 소비자의 음식 구매에 영향을 주는 것은 분명하다. 2021년 3월 13일 자 《매일경제》 기사에 따르면 2018년 8만 개 정도 팔렸던 한 중소

○ 도나 채널은 특이하게도 아동용이 아니다. 2019년 미국 연방무역위원회Federal Trade Commission에서 아동 온라인 개인정보보호법을 시행하면서 유튜브 키즈 채널이 따로 분류되었고, 아동용 콘텐츠에는 개인 맞춤 광고와 댓글을 금지했다. 도나 채널은 아동용 콘텐츠로 분류되는 알고리즘을 피해 갔다. 대부분의 동영상이 어린이를 타깃으로 하지만 중간중간에 킹크랩이나 킬바사 소시지와 같은 음식 먹방을 넣었기 때문인 듯하다. 수익성을 높이기 위한 이러한 운영전략은 이런 사실을 모르고 아동이 해당 영상을 반복 시청하도록 방치해도 되는가에 대한 논란을 불러일으키고 있다.

기업의 킬바사 소시지(폴란드식 말발굽 모양 소시지)가 유튜브 먹방의 인기 아이템이 되면서 2019년 50만 개, 2020년에는 208만 개가 팔렸다. 먹방이 시청자의 식생활에 구체적으로 어떤 장기적 영향을 주는가에 대해서는 후속 연구를 기다려봐야 한다.

먹방의 세계는 직관적 생각과는 딴판으로 다양하며 복잡하다. 정부가 규제보다는 실태를 조사하겠다는 쪽으로 태도를 바꾼 건 그런 면에서 정말 다행스러운 일이다. 더 나은 세상은 지금의 세상을 있는 그대로 바라볼 때 열릴 것이기 때문이다.

인터넷 먹방을 보며 즐거워하는
젊은 세대를 한탄할 수 있지만,
먹방 인기의 밑바탕에 인간 두뇌의
뛰어난 감정 조절 기능이 있다는 걸
생각하면 도리어 찬탄하는 게 맞을 수
있다는 이야기다. 먹방 현상의 이면에는
이렇게 생각보다 복잡한 과학적
사실이 숨어 있다.

레스토랑 평가 믿을 만한가

....
레스토랑 평가 사용법
....

그 누구도 세상의 모든 식당을 다 가볼 수는 없다. 매일 점심과 저녁을 식당에서 먹는다고 가정해도 1년에 고작 730곳이다. 2015년 기준 서울시 음식점만 해도 13만 7,000개가 넘는다. 한 사람이 다 가보려면 188년이 걸린다. 평생 집밥을 포기하고 바깥으로 돈다고 가정해도 방문할 수 있는 곳은 서울 전체 식당의 절반에 못 미친다. 인생은 짧고 식당은 많다. 새로운 식당을 찾기 전에 다른 이들의 추천과 평가를 찾아보는 일은 지극히 합리적이다. 여행할 때는 더욱 그렇다. 미쉐린 가이드, 라 리스트,

구글, 옐프, 트립어드바이저를 검색하며 갈 곳을 고른다.

　문제는 신뢰성이다. 네이버만 홍보성 후기로 골머리를 앓는 게 아니다. 구글, 옐프, 트립어드바이저와 같은 다국적 온라인 리뷰 사이트에 게시되는 고객평의 상당수도 가짜다. 하버드 경영대학원의 마이클 루카^{Michael Luca} 교수와 보스턴대의 조르지오스 제르바스^{Georgios Zervas} 교수는 보스턴의 식당에 대한 옐프의 고객평 가운데 16%가 가짜 리뷰라는 연구 결과를 내놓았다. 옐프는 즉각 논평을 내놓았다. 전체 리뷰의 25%가 실제 의심스러운 평가로 생각되지만, 기술적으로 이를 필터링하므로 문제 될 게 없다는 입장이었다. 하지만 별 5개가 만점인 옐프 평점 체계상, 별 하나가 추가되면 레스토랑 매출이 5~9% 상승하는 상황이다. 어떻게든 자신이 운영하는 레스토랑의 별점은 끌어올리고 경쟁업소의 평가는 끌어내리려는 업주들의 시도는 계속될 수밖에 없다.

　고객이 작성한 진짜 리뷰라고 문제가 없진 않다. 의자가 딱딱했다, 자리가 구석졌다, 조명이 어두웠다, 직원이 무표정했다, 화장실 물비누의 인공 향이 마음에 들지 않았다는 이야기는 장황하게 늘어놓으면서도 정작 음식에 대한 평가는 단순하다. '맛있다' 또는 '맛없다'에 아주, 많이, 너무, 진짜, 정말 또는 정말 정말을 붙이는 것으로 마무리한다. 음식 이외의 요소가 식당 평가에 미치는 영향은 너무도 커서, 단순히 비 내리는 날씨만으로도 부정적 평가를 할 가능성이 커진다. 추측이 아니다. 2014년 미국 조지아 공대와 야후가 84만 곳의 식당에 대한 110만 건의 온라인 리뷰를 분석한 결과다.

식당 평가의 객관성

설립한 지 14년째 되는 신생 회사로 대중의 평가에 의존하는 옐프에 비하면 117년 역사의 미쉐린 가이드는 확실히 더 전문적이다. 훈련받은 평가원들이 익명으로 활동하며 레스토랑을 직접 방문한다. 요리 재료의 수준, 요리법과 풍미의 완벽성, 셰프의 개성과 창의성, 가격에 합당한 가치, 언제 방문해도 변함없는 일관성을 기준으로 평가한다. 하지만 미쉐린 가이드의 손을 들어주기에는 이르다. 베스트셀러 『신호와 소음』으로 유명한 통계학자 네이트 실버Nate Silver의 2014년 분석 결과, 미국 뉴욕의 레스토랑에 대한 미쉐린 스타와 옐프 평점은 최상위로 갈수록 일치하는 경향을 보였다. 미쉐린 별 셋을 받은 곳이라면 옐프 평점 또한 높을 가능성이 크다는 이야기다.

뉴욕에서 손꼽히는 레스토랑에 관해서는 전문가의 평가와 대중의 평가는 거의 일치한다. 그렇다면 거꾸로 옐프 평점과 다른 리뷰들을 바탕으로 미쉐린 스타 레스토랑을 예측할 수도 있을까? 가능하다. 미쉐린 가이드 미국 워싱턴 D.C.편이 처음 나오기 전, 통계자료를 기반으로 미쉐린 가이드의 평가를 미리 맞혀보는 소규모 대회가 열렸다. 경쟁에서 1등을 차지한 것은 미식에 대한 별다른 지식이 없는 프로그램 개발자 브렌던 수돌 Brendan Sudol이었다. 그는 2017년 워싱턴 D.C. 미쉐린 스타 레스토랑으로 선정된 12곳 중 7곳을 별 개수까지 정확히 맞혔다.

이렇게 알고리즘을 이용하여 예측할 수 있다는 것은 미쉐린 평가원들이 해당 지역 주민과 전문가들의 평가에 영향을 받고 있다는 의미일 수도 있지만, 다른 한편으로 다양한 식당 평론과 평가를 관통하는 공통의 객관적 기준이 존재한다는 의미로도 해석 가능하다. 프랑스의 라 리스트는 이를 이용한 새로운 방식의 레스토랑 평가 시스템이다. 라 리스트는 따로 고용된 평가원 없이 데이터를 분석하여 식당별 점수를 내놓는다. 550종의 안내서와 출판물, 온라인 평가 사이트의 자료를 수집하고, 표준화 점수를 매긴 다음, 정보의 신뢰도에 따라 가중치를 주는 알고리즘에 따라 취합하여 선정한 레스토랑을 목록으로 정리한 것이다.

누가 내놓은 평가든 간에 세상에 나오는 순간부터 논란이 시작된다. 2015년 연말 라 리스트가 처음 공개되자 영국의 월드 50 베스트 레스토랑에 맞서 내놓은 게 아니냐는 말이 많았다. 2016년 11월 '미식의 바이블'로 불리는 미쉐린 가이드 서울편이 나왔을 때도 프랑스 기준으로 한국 음식을 제대로 평가할 수 있을 것인가 비판과 우려가 쏟아졌다. 하지만 세부 순위가 다를 뿐, 이들의 식당 평가에도 차이점보다는 공통점이 많다. 월드 50 베스트 레스토랑 중 46곳이 라 리스트에도 오른 곳이며, 미쉐린 가이드 서울편의 스타 레스토랑 24곳 중 22곳은 국내 최초의 레스토랑 평가서 블루리본 서베이에서도 리본을 받았다. 식당 평가에서 공통이 되는 객관적 기준은 존재한다.

레스토랑 평가서 활용법

2017년 10월과 2018년 2월, 두 번의 파리 여행에서 미쉐린 스타 레스토랑 14곳을 방문했다(3스타 7곳, 2스타 3곳, 1스타 4곳). 이들 중 미쉐린 가이드와 라 리스트에 모두 오른 레스토랑은 11곳이었다. 여행 초기에는 평가가 제대로 된 건가 눈에 불을 켜고 살펴봤다. 하지만 중반 이후부터는 마음을 고쳐먹었다. 식당 평가에 대한 체계적 훈련과 용어 교육을 받지 않은 상태에서, 어떤 곳의 음식이 훌륭한 이유를 묘사하기는 어렵고 사소한 흠만 잡기 쉽다는 사실을 깨달았기 때문이다. 레스토랑 평가서를 평가하는 대신, 나의 평가와 레스토랑 평가서의 평가가 종종 다르게 나타나는 이유를 찾아보기로 했다.

객관적 기준에서는 비슷한 수준의 식당이라도, 주관적 선호에 따른 호오는 다를 수 있다. 레스토랑 평가서의 별점이 충분히 객관적이라면, 동일한 별점을 받은 2곳의 음식에 대해 내 평가가 달라지는 지점이 나의 개인적 취향을 말해줄 것이다. 예를 들어, 장 프랑수아 피에주Jean-François Piège의 르 그랑Le Grand 레스토랑과 티에리 막스Thierry Marx의 레스토랑 쉬르 므쥐르Sur Mesure는 모두 미쉘린 2스타 레스토랑인데, 내 친구들은 대부분 장 프랑수아 피에주의 음식 맛을 선호했고 나는 티에리 막스의 음식 맛이 더 만족스러웠다.

내가 분자요리에 거부감이 적어서 그럴 수도 있고, 또는 쓴맛을 싫어하는 경향 때문일 수도 있다. 쓴맛을 누르고 단맛과 짠맛을 상승시키는 감칠맛의 부드러운 풍미를 선호하느냐, 아니면 감칠맛을 조금 줄이더라도 약간의 쓴맛이 풍미를 강화하는 것을 선호하느냐의 차이일 수도 있다. 또는 사람마다 음식에 대한 위장의 반응이 다르기 때문일지도 모른다.

음식 맛을 느끼는 감각 수용체는 혀뿐만 아니라 위와 장에도 존재한다. 위장의 미각 수용체로 맛을 느낄 수는 없지만 음식을 삼키고 나면 이들 감각 수용체는 들어온 음식의 영양성분을 분석하여 소화를 위한 일련의 대사반응을 일으키는 데 영향을 준다. 식품 알레르기가 아닌 이상, 위장에서 불편한 기색을 보인다 하여 그 음식이 특정 개인의 건강에 해롭다는 의학적 근거는 없지만, 먹자마자 위장이 거북해하는 음식을 좋아하기란 어려운 일이다.

나에게 잘 맞지 않지만 객관적으로 훌륭한 식당과 음식은 실재한다. 그러니 레스토랑 평가서와 나의 평가가 다를 때마다 실망할 필요는 없다. 그동안 잘 모르고 있던 나만의 개성과 취향이 선명하게 드러나는 순간이니 말이다. 이국에서 낯선 사람들을 만나며 입맛에 맞지 않는 새로운 음식을 맛볼 때도 미소 짓게 되는 이유다. 모든 여행은 결국 자신을 찾아가기 위한 여정이다.

가장 인기 있는 다이어트,
전문가가 선정한
최악의 다이어트

키토제닉 다이어트

인기가 여전하다. 2020년 구글 검색 건수로 살펴본 인기 다이어트 순위에서 키토제닉 다이어트는 2,540만 건으로 미국에서 가장 유명한 다이어트의 자리를 지켰다. 3년 전 저탄수화물 다이어트와 앳킨스 다이어트를 누르고 떠오르기 시작할 때만 해도 키토제닉 다이어트가 이렇게 오래갈 줄은 몰랐다. 키토제닉 다이어트는 할리 베리, 귀네스 팰트로, 메건 폭스와 같은 해외 유명 연예인들이 선호하는 다이어트이면서 인스타그램에서 가장 인기 있는 다이어트다. 하지만 2020년 《U.S.뉴스&월드

리포트》에서 전문가 패널에게 의뢰한 결과 선정된 최악의 다이어트이기도 하다.

키토제닉 다이어트의 원리

키토제닉 다이어트란 뭘까? 앞에 붙은 키토제닉이란 수식어 때문에 여러 다이어트 방법 중에서도 유독 어려운 전문용어처럼 들리지만, 쉽게 말해 평소에 잘 안 쓰는 케톤ketone이라는 연료를 사용하도록 유도하여 체중을 감량하는 방법이다. 영어 단어 ketogenic은 말 그대로 케톤을 만들어낸다는 의미다.

케톤은 당이 모자란 상태에서 우리 몸속에 저장된 지방을 에너지원으로 쓸 때 주로 만들어지는 물질이다. 평소대로 식사할 때는 케톤이 잘 만들어지지 않는다. 당을 에너지원으로 사용하는 회로가 제대로 돌아가고 있으므로, 지방을 태워 쓰되 다량의 케톤을 만들 필요는 없기 때문이다. 탄수화물 섭취를 극도로 제한하여 인체가 사용할 수 있는 당이 거의 제로에 가까워졌을 때에야 지방에서 다량의 케톤이 만들어진다. 더 이상 당을 에너지원으로 쓸 수 없는 뇌, 심장, 근육과 같은 다른 장기에서 대체 에너지원으로 쓸 수 있도록 케톤을 만들어 보내는 것이다.

그렇다. 키토제닉 다이어트는 넓게 보아 저탄수화물low-carb 다이어트의 한 종류다. 하지만 기존의 저탄수화물 다이어트와는 조금 차이가 있다. 황제 다이어트, 앳킨스 다이어트, 듀칸 다이어트, 팔레오 다이어트와 같은 저탄수화물 다이어트는 기본적으로 고단백에 방점이 찍힌다. 육류, 생선과 같은 고단백질 식품은 많이 먹고 지방은 적당히, 탄수화물은 적게 먹는 방법이다.

반면 키토제닉 다이어트의 가장 큰 특징은 고지방식이라는 점이다. 근육 손실을 막기 위해 적당량의 단백질 섭취를 권하기는 하지만, 나머지 대부분은 지방으로 섭취하기를 권장한다. 전체 섭취 열량에서 지방이 60~70%, 단백질이 20~30%, 탄수화물은 10% 이하가 되도록 하는 것이다. 저탄수화물 다이어트 중에서도 지방 섭취 비율이 가장 높아서 '저탄고지'라는 말이 가장 잘 어울리는 식사법이다.

다른 저탄수화물 다이어트와 달리 단백질 섭취까지 제한하는 이유는 뭘까? 케톤을 만들어내는 일에 단백질이 방해될 수 있기 때문이다. 음식 속 단백질은 소화·흡수되면서 아미노산으로 쪼개지는데 아미노산은 당으로 전환될 수 있을뿐더러 인슐린 분비를 자극하기도 한다. 인슐린은 케톤이 너무 많이 만들어지지 않도록 조절한다. 이런 이유로 단백질을 너무 많이 섭취하면 케톤을 만들어내기 어려워진다.

키토제닉 다이어트의 핵심은 탄수화물 대신 지방을 인체의 주요 에너지원으로 쓰도록 하는 것이다. 지방을 에너지원으로 쓰려면 먼저 지방을 분해해서 케톤을 만들어내야 한다. 지방

을 많이 분해해 쓸수록 핏속에 케톤이 더 많이 쌓여 케토시스
ketosis 상태가 된다. 이 상태에 빨리 도달하려면 탄수화물 섭취를
하루 50g 이하로 엄격히 제한함과 동시에 단백질도 근육량이
줄어들지 않을 정도로만 섭취하도록 주의해야 한다.

이렇게 해도 금방 케톤이 만들어지진 않는다. 간과 근육에
저장된 글리코겐이라는 탄수화물까지 모조리 사용하고 나야
비로소 인체는 탄수화물 대신 지방을 주된 에너지원으로 사용
하는 케토시스 상태가 된다. 개인차가 있지만 여기까지 보통
3~4일이 소요된다. 다이어트 초기에 체중 3~4kg이 금방 빠지는
것처럼 보이는데, 이는 글리코겐이 소모되면서 자체 무게의
3~4배에 달하는 물도 함께 빠져나가기 때문이다.

키토제닉 다이어트의 장단점

단기간으로 놓고 보면 키토제닉 다이어트는 효과가 있다.
고지방식이다 보니 포만감이 오래간다는 장점이 있고, 탄수화
물 섭취를 제한하므로 인슐린, 그렐린과 같은 식욕을 자극하는
호르몬 분비가 줄어들기도 한다. 지방에서 만들어진 케톤에 식
욕을 줄여주는 효과가 있고 지방 감소를 촉진해서 뱃살을 빼는
데 더 효과적이라는 이야기도 들린다.

복잡한 이야기는 뒤로하고, 일단 살이 빨리 빠진다는 게

할리우드 스타들이 키토제닉 다이어트를 선호하는 이유이기도 하다. 2개월에서 6개월까지는 기존의 저지방 고탄수화물 다이어트에 비해 키토제닉 다이어트의 체중감량 효과가 더 크게 나타난다. 하지만 장기간으로 놓고 보면 그런 이점이 사라진다. 12개월에 이르면 키토제닉 다이어트나 저지방 다이어트나 체중감량 효과가 비슷해진다. 그렇다고 키토제닉 다이어트가 효과 없다는 이야기는 아니다. 장기적으로는 다른 다이어트와 효과가 비슷하다는 말이다.

또한 질병 치료나 관리를 위해 키토제닉 다이어트가 필요한 경우도 있다. 뇌전증(간질)의 치료요법으로 쓰이는 것이 대표적인 사례다. 1920년대부터 사용되었으니 체중감량을 위한 식이요법보다 뇌전증 치료요법으로서의 역사가 훨씬 더 길다. 지금도 약만으로는 치료가 잘되지 않거나 부작용 때문에 약을 사용할 수 없는 소아 발작에 사용한다. 혈당 관리가 잘되지 않는 2형 당뇨병 환자의 경우에도 도움이 될 수 있다.

하지만 키토제닉 다이어트에도 단점은 있다. 우리 뇌는 에너지원으로 당을 선호하므로 탄수화물 섭취를 극도로 제한하면 머리가 무겁고, 두통, 우울감, 피로, 배고픔을 느끼기 쉽다. 이런 증상을 독감에 빗대어 '키토플루keto flu'라고 부르기도 한다. 키토제닉 다이어트에 성공한 사람들은 초기의 키토플루 증상을 이겨내면 몸 상태가 전보다 훨씬 좋아지는 걸 느낀다고 말한다.

하지만 어느 정도 적응이 되어도 뇌가 사랑하는 달콤한 음식이 눈앞에 있으면 참기 어려운 사람이 많다. 이런 이유로 키토제닉 다이어트는 도전자들 상당수가 포기하기 쉬운 다이어트이기도 하다. 앞에서 말했듯이 초반에 빠지는 3~4kg은 지방이 아니라 간에 저장된 탄수화물과 물이 빠져나가는 것일 뿐이라는 사실도 기억할 필요가 있다.

장기적으로 키토제닉 다이어트를 고려 중이라면 골다공증 위험에 대해서도 살펴봐야 한다. 2020년 1월 발표된 호주 연구에서는 세계 정상급 경보 선수를 대상으로 3.5주 동안 고지방 식단과 고탄수화물 식단이 뼈 건강에 미치는 효과를 비교했다. 고지방 식단에서는 골 손실을 보여주는 지표가 증가하였지만, 고탄수화물 식단을 따른 운동선수들에게는 별 변화가 없었다.

지속 가능성의 문제

키토제닉 다이어트에 대한 몸의 반응은 사람마다 다르다. 혈중 콜레스테롤 수치가 상승하는 사람도 있고 그렇지 않은 경우도 있다. 비교적 수월하게 케토시스 상태에 이르고 체중감량에 성공하는 사람도 있고, 중도 포기하는 사람도 있다. 다이어트는 실행 중일 때만 효과를 나타낸다. 중단하면 곧 원래 체중이 되거나 더 불어난다. 자신이 오랫동안 지속할 수 있는 방법을 찾아서 밀고 나가야 한다. 키토제닉 다이어트는 모두를 위한 지속 가능한 해결책이 될 수 없다.

　　모두가 키토제닉 다이어트를 따른다면 이보다 더 심각한 사회문제는 없을 거다. 인류 문명은 탄수화물을 중심으로 하는 곡물 위에 세워졌다. 곡물은 투자 대비 효율이 제일 좋은 식량이다. 돼지고기 1kg을 얻으려면 사료 곡물 4kg, 소고기 1kg을 얻으려면 곡물 7~8kg이 필요하다. 앳킨스 다이어트 같은 기존의 저탄수화물 다이어트보다는 육류 섭취를 덜 강조하긴 하지만 지방과 단백질의 비중이 90~95%에 이르는 키토제닉 다이어트를 환경친화적이라고 부르기는 어렵다(이런 이유로 육류와 생선 같은 동물성 식품 대신 식물성 식품을 중심으로 하는 환경친화적 키토제닉 식단을 따르는 사람도 늘고 있다).

　　환경 생태계 보호 차원에서는 어떻게든 더 적게 먹으려 하는 사람보다는 음식을 가리지 않고 너무 많이 먹는 사람이 문제이긴 하다. 나에게 맞는 방법이 무엇이든 그 방법을 찾아서 적게 먹기 위한 고민을 해야 할 때다. 기왕이면 지구에도 도움이 되는 방법으로.

요리는 인류가 가장 오랫동안
공유한 과학이다

································
달고나 커피의 과학
································

만드는 방법은 여러 가지다. 숟가락이나 포크를 써도 되고 거품기로 저어도 된다. 전동 거품기를 써도 된다. 인스턴트커피와 설탕, 뜨거운 물을 1:1:1의 비율로 넣어 녹인 뒤 400번 이상 휘저어주면 벨벳처럼 부드러운 크림으로 변한다. 이렇게 커피와 설탕으로 만든 거품을 우유에 올리면 달고나 커피가 된다. 달고나 커피는 2020년 1월 배우 정일우가 TV 프로그램 〈신상출시 편스토랑〉(이하 〈편스토랑〉)에서 만드는 법을 소개한 뒤 유튜브, 인스타그램, 틱톡에서 인기를 끌어 마침내 《뉴욕타임스》와

BBC에 레시피가 보도될 정도로 확실한 대세로 자리 잡았다.

집에서 지루한 시간을 빨리 보내버리고 싶을 때는 거품기 대신 숟가락으로 거품이 날 때까지 저어주는 것도 나쁘지 않다. 코로나19로 인해 집에 머무는 시간이 늘어난 것도 달고나 커피가 세계인의 화제가 된 이유 중 하나다. 하지만 실제 만들어보면 횟수를 셀 수 없을 만큼 지나치게 열심히 저어야 한다. 손목과 팔에 통증이 느껴질 정도다. 요리는 과학이 아니었던가. 달고나 커피의 거품 속에도 과학이 숨어 있다. 무작정 젓기보다 원리를 알고 만들면 더 쉽다.

우선 중요한 것은 단백질이다. 맹물은 수천 번을 저어도 거품이 만들어지지 않는다. 샴페인 같은 스파클링 와인은 거품이 생겨나긴 하지만 금세 사라진다. 이에 반해 맥주 거품은 더 오랜 시간 지속된다. 맥아 단백질이 거품을 안정시키기 때문이다. 달고나 커피의 거품도 마찬가지다. 인스턴트커피 속의 단백질이 기포 벽을 강화하는 접착제 역할을 한다. 본래 이들 단백질은 실타래처럼 압축된 형태로 존재한다. 인스턴트커피를 소량의 물에 녹여서 휘저으면 숟가락이나 거품기 철사를 따라 액체가 이리저리 끌려가면서 단백질 분자가 풀린다.

이렇게 잡아끄는 힘을 더 효율적으로 가하려면 숟가락보다는 가닥수가 더 많은 포크가 낫고 포크보다는 거품기 철사가 낫다. 힘의 방향을 액체가 흐르는 방향과 반대로 바꿔주면 더 잘 풀린다. 그릇 속의 거품기를 한 방향으로 빙빙 돌릴 때보다 좌우 또는 지그재그로 흔들어주는 동작으로 더 쉽게 거품을 만들 수 있다는 이야기는 여기서 나온 것이다.

가장 쉽게 달고나 커피를 만드는 방법

빈 페트병을 이용하면 달고나 크림을 손쉽게 만들 수 있는 것도 같은 원리다(1.5L 병보다 500mL 병이 흔들기 쉽다). 커피, 설탕, 물을 섞어 만든 액체를 병에 넣고 위아래로 흔들면 미세한 거품으로 이뤄진 연한 갈색의 크림이 만들어진다. 위아래로 흔드는 동작은 거품기를 지그재그로 저을 때처럼 액체에 가해지는 힘의 방향을 계속 바꿔주기 때문에 단백질이 더 쉽게 풀린다. 물론 전동 거품기가 제일 쉽다. 하지만 원리를 알고 나서 손으로 직접 만드는 재미를 따라갈 수 없다.

마침내 완성한 달고나 크림을 우유에 올리면 의외로 잘 녹지 않는다. 혀에 대면 부드러운 질감에 기름처럼 미끄러지면서 녹는 느낌이다. 풀린 단백질이 다시 결합하면서 방향을 틀기 때문이다. 물을 싫어하는 부분은 공기 쪽으로 나와 있고 물을 좋아하는 부분은 공기 방울을 감싸고 있는 액체 쪽으로 잠겨 있다. 물을 싫어한다는 건 기름과 친하다는 뜻이다. 실제로 잘 만든 달고나 크림에 물을 넣고 저으면 잘 안 섞이지만 기름을 넣고 섞으면 잘 섞인다. 지방이 들어 있지 않은 인스턴트커피로 만든 거품이 지방 가득한 크림처럼 느껴지는 데는 이유가 있는 셈이다(지방은 거품 형성을 방해하므로 거품을 완성하기 전까지는 기름을 넣지 않는 게 좋다. 지방 함량이 매우 낮은 인스턴트커피가 에스프레소보다 달고나 커피를 만드는 데 적합한 것도 마찬가지 이유에서다).

단백질만 거품에 중요한 재료는 아니다. 인스턴트커피에는 따로 산을 넣지 않아도 이미 약간의 산성 물질이 들어 있어서 거품이 지속되는 것을 도와준다. 커피 속 다당류도 거품을 안정시켜서 기포가 오래 버틸 수 있도록 돕는다. 설탕도 중요한 역할을 한다. 단맛을 줄이기 위해 설탕 첨가량을 커피의 4분의 1 정도로 낮출 수는 있지만, 설탕을 전혀 넣지 않고 인스턴트커피와 물만으로 달고나 커피를 만들기는 어렵다. 설탕은 찐득하게 액체의 점도를 높여 공기 방울을 감싸는 벽에서 수분이 빠져나가는 것을 막고 기포가 튼튼히 묶여 있게 해준다.

달고나 커피와 건강

사진이 예쁘게 잘 나온다는 것도 달고나 커피가 인스타그램 같은 소셜미디어에서 높은 인기를 구가하는 숨은 요인이다. 옥스퍼드대 찰스 스펜스Charles Spence 교수의 이론에 따르면, 움직이는 모습의 음식은 에너지가 가득하고 신선하다는 인상을 주어서 더 매력적이다. 달걀노른자처럼 움직이는 단백질 이미지는 더욱 시선을 끈다. 기왕에 달고나 커피 사진을 찍으려면 숟가락에서 크림이 아래쪽으로 떨어지는 장면을 포착하면 좋을 것 같다.

단백질이 거품을 만드는 데 중요한 역할을 하긴 하지만, 실제 달고나 커피에 단백질이 그리 풍부하진 않다. 〈편스토랑〉에 소개된 마카오 카페의 커피처럼, 우유가 아닌 물에 타서 마시면 설탕이 주된 영양성분이 된다. 풍성한 거품을 만들려면 인스턴트커피와 설탕을 각각 2테이블스푼 정도 넣어야 한다. 중량으로 보면 24g이니 열량은 96kcal다. 커피믹스 두 봉과 비슷한 수준이니 칼로리 과잉을 걱정해야 할 정도는 아니다.

문제는 카페인이다. 어떤 인스턴트커피를 사용하느냐에 따라 차이가 있고, 달고나 크림을 만들고 나서 그릇 벽에 붙어버리는 양도 고려해야 하지만, 인스턴트커피 2테이블스푼에는 380mg에 달하는 카페인이 들어 있다. 양을 줄여 카누 미니 4봉을 사용해서 만들 경우는 130mg 정도 된다. 하루 성인이 안전하게 섭취할 수 있는 카페인 양이 400mg이니 달고나 커피 한 잔만 마시는 걸로 부작용을 겪을 위험은 높지 않다.

하지만 추가로 커피를 마시거나 카페인이 든 다른 음료를 먹으면 카페인 과잉으로 부작용을 겪을 위험이 있다. 두통, 불면증, 불안감에 더해 가슴이 두근거리거나 근육경련이 나타날 수도 있다. 적당량의 카페인은 활력을 주지만 과잉의 카페인은 불쾌감을 가져온다. 거품까지 싹싹 다 긁어 먹기보다는 우유에 섞인 부분을 마시고 거품은 조금만 맛보고 남기는 게 낫다.

달고나 커피의 원조

거품을 남기는 게 크게 아쉽지는 않다. 커피 거품의 맛은 쓴 편이기 때문이다. 겉모양은 달고나와 비슷하지만 설탕에 베이킹소다를 넣어 만드는 달고나의 맛과는 당연히 다르다. 달고나 커피의 원조라 할 수 있는 그리스의 프라페 역시 마실 때 거품의 쓴맛을 피하려고 빨대로 내용물만 마시는 사람이 많다.

프라페의 탄생 이야기는 60여 년 전으로 거슬러 올라간다. 1957년 그리스 무역박람회에서 커피를 마시려던 디미트리스 바콘디오스Dimitris Vakondios라는 사람이 뜨거운 물이 없어서 인스턴트커피를 찬물과 함께 셰이커에 넣고 섞어 마신 것이 시작이었다. 그는 당시 네슬레에서 근무하고 있었고 이후 네슬레의 대대적인 홍보로 프라페는 그리스의 '국민 커피'로 인기를 끌게 된다.

달고나 커피가 우유 버전으로 인기를 끈 것처럼 프라페도 다양한 변형이 있지만, 우유와 얼음을 넣어 마시는 형태가 가장 일반적이다. 프라페의 인기는 주변 국가로도 확산하여 터키, 불가리아, 덴마크, 폴란드, 우크라이나에서도 즐겨 마시는 음료가 되었다. 달고나 커피처럼 인스턴트커피와 설탕으로 거품을 내어 마시는 방식은 인도와 파키스탄에도 존재한다.

〈편스토랑〉에서 달고나 커피를 만든 카페 주인은, CNN과의 인터뷰에서 2000년대 초반 마카오를 방문한 외국인 커플에게 레시피를 배웠다고 말했다. 이들이 어느 나라 사람이었으며 이들의 레시피가 정확히 어느 나라 방식이었는지는 알 수 없다. 많은 음식의 원조가 그렇다.

새로운 음식은 누군가의 발견에 의해 만들어진 것임이 분명하지만 그게 누구였는지는 알 수 없는 경우도 많다. 때로는 동시다발적으로 비슷한 레시피가 생겨나기도 한다. 불을 처음 요리에 사용한 사람이 누군지는 알 수 없지만 우리 모두 불로 요리하고 있지 않은가. 요리는 과학이며 인류가 가장 오랫동안 공유한 과학이기도 하다. 남들 따라 달고나 커피 한 잔을 만들어 마시며 미소 짓게 되는 이유다.

불을 처음 요리에 사용한 사람이
누군지는 알 수 없지만 우리 모두
불로 요리하고 있지 않은가.
요리는 과학이며 인류가 가장 오랫동안
공유한 과학이기도 하다. 남들 따라
달고나 커피 한 잔을 만들어 마시며
미소 짓게 되는 이유다.

줄 서서 먹는 '당'

흑당버블티의 인기

"이젠 이건가요?" 편의점 대만식 연유 샌드위치 포장의 제품명 위에 인쇄된 질문에 쉽게 고개를 끄덕일 수 있다. 2018년 3월 국내 진출한 대만 샌드위치 브랜드 홍루이젠 매장수가 1년 만에 벌써 280개를 넘어섰다. 집 근처에 프랜차이즈 매장이 없더라도 편의점에 들르면 대만식 샌드위치를 맛볼 수 있다. 한번에 입고되는 수량이 제한적이고 들어오면 금방 판매되는 경우가 많아서, 시간 맞춰 방문하는 수고가 필요하긴 하지만 말이다.

홍루이젠 샌드위치와 편의점 샌드위치 모두 공장에서 만든 완제품을 받아다 판매하는 것이지만 맛은 차이가 크다. 촉촉하며 부드럽게 씹히는 홍루이젠 샌드위치에 비해 편의점 샌드위치는 퍽퍽했다. 하루 동안 냉장 보관한 뒤에는 홍루이젠 식빵도 마르고 퍽퍽해진 걸로 보아 빵 만드는 기술의 차이보다는 냉장 보관한 시간 동안 수분이 날아가고 전분의 노화가 진행된 탓이 큰 것 같다.

　　맛의 밸런스도 다르다. 달콤한 버터크림 맛을 중심에 두고 햄과 치즈의 짠맛이 받쳐주는 식으로 균형을 맞춘 홍루이젠 샌드위치에 비해, CU 대만식 연유 샌드위치와 세븐일레븐 대만식 햄치즈샌드는 크림의 양은 넉넉한 편이었지만 햄과 치즈의 짠맛이 도드라지고 단맛은 덜했다. 비슷한 가격에 중량이 2배 가까이 많다는 장점 말고는 편의점 대만식 샌드위치의 손을 들어주기 어려웠다.

　　대만 음식 열풍이 편의점까지 불어닥친 건 분명하지만, 볼수록 씁쓸한 제품이 많다. 대만 음식 트렌드에 그냥 업혀 가자는 생각으로 만든 식품이 대부분이다. 대만식을 내세운 고기덮밥 역시 대만 광부도시락의 조악한 모사품이다. 대만 광부들이 즐겨 먹던 목살스테이크 도시락이라는 설명이 무색하게 얄팍한 고기는 썰어 먹을 필요가 없을 만큼 조각조각 흩어져 있었다. 뭐 대만식이라고 했지 대만 음식이라고 한 적은 없다고 변명할 수도 있다. 하지만 냉장 진열된 브라운슈가 밀크티와 브라운슈가 라떼에 가서는 그런 변명도 할 수 없을 정도로 소비자 기만이 극에 달했다.

흑당밀크티 전문점 중 한 곳인 흑화당黑花堂에서 편의점 판매용으로 내놓은 듯한 착각을 불러일으키는 한자 표기는 자세히 들여다보니 흑유당黑乳堂이었고, 브라운슈가 밀크티에 선명하게 드러난 호랑이 무늬는 알고 보니 인쇄된 그림이었다. 그제야 제품 하단에 적힌 "연출된 이미지"라는 문구가 눈에 들어왔다. 제품 겉면에 브라운슈가라는 문구가 영문과 국문으로 6번이나 등장하지만, 주재료는 설탕이고 갈색설탕의 비율은 0.6%에 불과하다. 그럼에도 불구하고 이 제품에서 2가지 장점을 찾을 수 있다. 하나는 밀크티 맛이 나긴 난다는 점이고 다른 하나는 칼로리를 확인하기 쉽다는 점이다.

대세 중의 대세, 흑당버블밀크티

한 나라의 음식을 하나로 규정할 수는 없다. 대만 샌드위치 외에 대왕연어초밥, 닭날개볶음밥, 누가크래커도 요즘 한국에서 인기 있는 대만 음식이다. 알긴산 구슬에 과즙 혼합액을 넣은 팝핑보바도 유튜브를 타며 인기를 끌고 있다. 가히 편의점 버전 분자요리라고 칭할 만하다. 하지만 팝핑보바는 비교적 규모가 큰 점포에서만 구할 수 있다.

편의점을 기준으로 대만 음식 열풍을 이끄는 원톱은 단연 흑당버블밀크티다. 다른 대만 음식과 비교할 수 없을 정도로 선풍적이다. 더앨리, 타이거슈가, 흑화당 같은 흑당버블티 전문점에서뿐만 아니라 공차, 이디야, 던킨도너츠, 파리바게뜨에서도 마실 수 있다. 인터넷쇼핑몰이나 편의점에서 흑당 시럽을 구입하여 집에서 흑당라떼를 직접 만들어 먹을 수도 있다.

심지어 흑당버블밀크티의 인기가 그 구성요소인 흑당이라는 식재료의 인기로까지 확장되어가는 형국이다. '흑당 카라멜맛 팝콘', '흑당충전 흑당밀크티 샌드케익'에 '흑당밀크티 샌드위치'까지 있다. 다양한 대만 음식이 인기를 끌고 있지만 흑당버블밀크티야말로 대세 중의 대세라는 방증이다. 흑당 음료라고 건강에 더 좋은 건 아니다, 당뇨병이나 심장병을 유발할 수도 있다는 등의 건강에 대한 우려의 목소리도 함께 들린다. 이 대목이 아주 중요하다. 어떤 음식이든 정말 대세가 되면 건강에 해롭다는 식의 기사가 쏟아지기 시작한다.

흑당이 건강 면에서 백설탕보다 특별히 나은 점이 없는 것은 사실이다. 흑당버블밀크티 450mL 한 잔에 백설탕은 하나도 없이 미네랄이 풍부하다는 흑당으로만 35g 들어 있다고 해도 칼슘의 양이 21mg에 불과하다. 우유 18mL에 들어 있는 칼슘의 양과 동일하다. 흑당버블밀크티 한 잔과 같은 양의 백설탕버블밀크티의 영양상 차이는 칼슘만 놓고 보면 우유 한 모금에 불과하다는 의미다.° 밥 대신 설탕을 퍼먹을 사람이 아니라면 건강을 생각해서 흑당을 먹어야 할 이유는 없다.

흑당버블밀크티 한 잔의 칼로리는 스타벅스 음료 중 가장 높은 수준인 카페모카와 비슷하다. 버블티에 들어 있는 타피오카 펄의 일부가 저항성 전분으로 잘 소화되지 않는다는 사실(버블티로 인한 복통으로 화제가 되었던 중국 소녀의 사례도 이 때문이다)을 감안하면 실제 섭취하는 칼로리가 조금 낮아질 수 있긴 하지만, 흑당버블밀크티 한 잔에 한국인 하루 평균 당류 섭취량(72g)의 절반에 해당하는 당류가 들어 있다. 흑당이라고 해도 너무 많이 먹어서는 곤란하다.

흑당버블밀크티에 숨겨진 사실

흑설탕과 황설탕(갈색설탕)과 흑당은 어떻게 다른가. 대만에서는 흑설탕이 곧 흑당인데 한국에서는 그런 듯 아닌 듯 헷갈린다. 정제당에 캐러멜을 넣어 만든 흑설탕, 황설탕을 재래식 흑당인 줄 알고 사 먹던 시절도 있었다. 식품 역사 연구자 이은희

°영양소 함량 수치는 식약처 식품안전정보 포털의 식품영양성분 데이터베이스를 사용했다. 제시된 흑설탕 2가지 중 칼슘 함량이 높은 것으로 계산했다.

는 『설탕, 근대의 혁명』에서 이러한 혼동이 일제 전시체제에서 비롯되었음을 지적한다. 설탕은 검은색의 끈끈한 액체인 당밀을 분리해서 제거하느냐 그대로 두느냐에 따라 분밀당과 함밀당으로 나눌 수 있다. 흑당 또는 비정제 흑설탕은 당밀을 제거하지 않고 재래방식으로 만든 함밀당이고, 갈색설탕 또는 황설탕은 당밀을 산업적으로 제거하고 만든 분밀당이다. 분밀당의 불순물을 여러 번 씻어내고 탈색해야 비로소 백설탕이 된다. 이러한 추가 공정 때문에 백설탕이 황설탕보다 더 비싸다. 흑당 같은 비정제당에 미네랄이 들어 있기는 하지만, 그로 인해 흑당이 건강에 더 좋은 당이 되진 않는다. 우유 한 잔 속 칼슘을 흑당으로 섭취하려면 200g 넘게 먹어야 한다.

20세기 초 백설탕을 효율적 에너지 공급원으로 권장하던 조선총독부는 중일전쟁으로 식량 사정이 나빠지자, 모자란 백설탕의 소비를 줄이고 수요를 분산하기 위해 흑설탕을 내세우기 시작했다. 그러면서 실제로는 대만 분밀당인 황설탕을 가져다 팔았다. 당시 값이 더 비쌌던 정제 백설탕은 일본에서 소비하고, 제조비용이 적게 드는 황설탕을 조선에 공급한 것이다.

흑설탕과 백설탕의 영양상 차이도 크지 않지만, 황설탕(갈색설탕)과 백설탕의 차이는 더 미미하다. 미네랄이 백설탕보다 많이 들어 있다며 요즘 광고하는 갈색설탕의 영양성분을 봐도 100g당 칼슘 함량은 고작 4mg에 불과하다. 흑당과 갈색설탕의 뜻이 뒤섞이고 흑설탕이 백설탕보다 몸에 좋다는 대중의 편견이 생긴 것은 과거 조선총독부가 알면서도 사기를 친 결과다. 해방 이후 한국 제당업체는 그런 거짓말을 거짓말로 이어받았다. 백설탕(정제당)에 캐러멜 색소를 넣어 색깔을 입히는 방식으로 황설탕, 흑설탕을 생산했다. 백설탕과 영양성분은 동일하고 추가 공정으로 인해 가격만 더 비싼 제품을 만든 셈이다. 그래도 잘 팔렸다. 일제의 황설탕에 대한 거짓 선전이 소비자에게 여전히 먹힌 덕분이다. 씁쓸한 역사다.

그래도 맛을 생각하면 흑당버블밀크티의 인기를 이해할 만하다. 인스타그램에 올리기 딱 좋은 진한 갈색 무늬와 캐러멜 향 덕분에 더 달게 느껴지기도 하지만 쫀득한 타피오카 펄을 씹을 때 우러나오는 은은한 단맛도 재미있다. 이전에도 버블티가 세계 여러 도시에서 인기를 끌기는 했지만 2017년부터 떠오르기 시작한 흑당버블밀크티의 인기는 전과 비교하기 어려울 정도로 뜨겁다. 'Q taste'라고 불리는 쫀득한 맛은 아시아인만 좋아한다는 편견을 무너뜨리듯 유럽과 북미에서도 버블티를 마시려는 줄이 길다.

모든 것은 포도당에서 시작되었다. 사실이다. 대만 음식의 열풍처럼 보이는 현상의 이면에는 포도당이 있다. 흑당버블티의 흑당도 쪼개보면 반은 포도당이며 나머지 반을 차지하는 과당도 몸속으로 들어가면 포도당으로 바뀐다. 타피오카 펄의 전분도 포도당이다. 대만 샌드위치에 겹으로 쌓인 식빵도 포도당이다.

인류는 포도당을 공유한다. 흑당버블밀크티가 인스타그램을 타고 세계적 트렌드로 떠오르기 수백 년 전에 이미 세계는 포도당 음식을 공유했다. 브라질이 원산지인 카사바가 스페인인과 포르투갈인을 통해 아시아와 아프리카로 퍼지고 마침내 대만의 버블밀크티 속 타피오카 펄을 만들어낸 밑바탕에는 우리 모두가 포도당을 사랑하는 사람이라는 사실이 깔려 있다. 혼란의 시대에 그래도 공통점이 하나 있으니 다행이다.

모순 가득한 음식, 초콜릿

··
욕망의 초콜릿
··

포만감 가득한 저녁 식사를 마친 뒤에 호텔 방으로 돌아왔는데, 베개 위에 놓여 있는 조그만 초콜릿의 유혹을 거부할 수가 없다. 우리는 왜 초콜릿을 사랑하는가? 마약과 같다는 초콜릿 속 각성 성분이 제일 먼저 생각난다. 하지만 머릿속에 먼저 떠오른다고 답은 아니다. 실험해봐야 알 수 있다. 다행히 25년 전에 그런 실험이 있었다.

음식 심리학 연구로 유명한 폴 로진Paul Rozin 펜실베이니아 대 교수는 초콜릿에 대한 우리의 욕구가 초콜릿 속 화학물질 때문인지 감각적 경험 때문인지를 연구한 결과를 1994년 학술지 《생리학과 행동Physiology and Behavior》에 발표했다. 만약 초콜릿 속 화학물질이 내는 약리학적 효과가 욕구의 원천이라면 코코아 가루를 캡슐에 넣어 삼켜도 비슷한 효과를 낼 것이고, 입 속에서 살며시 녹아내리는 초콜릿의 특별한 녹는점 때문이라면 화이트초콜릿으로도 우리를 만족시킬 수 있을 것이다. 엄밀히 말해 화이트초콜릿은 초콜릿이 아니다. 코코아 고형물이 전혀 들어 있지 않기 때문이다. 카카오버터에 설탕과 유지방, 향료를 넣어 만든 화이트초콜릿은 달콤한 맛과 사람의 체온 부근에서 부드럽게 녹는 물성 면에서만 초콜릿을 닮았다.

실험에서는 밀크초콜릿, 화이트초콜릿, 코코아 가루를 넣은 캡슐, 화이트초콜릿+코코아 가루 캡슐, 가짜 알약, 그냥 물만 마시는 6가지 경우를 비교했다. 실험 결과, 초콜릿의 마력은 그 물성에 있었다. 초콜릿 욕구를 강하게 느낄 때 실험 참가자를 가장 만족시킨 것은 물론 초콜릿이었지만, 화이트초콜릿을 먹어도 초콜릿의 69%에 달하는 효과가 나타났다. 하지만 코코아 가루 캡슐에는 가짜 알약 이상의 효과가 없었다. 화이트초콜릿과 코코아 가루 캡슐을 함께 먹은 경우에도 효과는 화이트초콜릿만 먹었을 때와 비슷한 수준이었다. 코코아 가루 캡슐에 초콜릿과 동일한 양의 약리 활성 물질이 들어 있었음에도 초콜릿을 먹을 때만큼 온전히 만족하지는 못했다.

음식에 관한 한, 상식은 진리가 아니다. 초콜릿 속 성분의 효과는 크지 않으며 만족감의 대부분은 물성에서 온다. 베개 위에 놓인 초콜릿을 보고 생겨난 욕구는, 아름다운 갈색의 초콜릿을 눈으로 보고 입에 넣어 녹이며 다양한 화학물질이 복합적으로 만들어내는 향기와 맛과 조직감을 혀와 코와 피부로 직접 체험하고 나서야 비로소 채워진다. 동일한 성분의 알약으로는 불가능한 일이다.

초콜릿이 인체에 미치는 효과

하지만 의문이 생긴다. 초콜릿에 정신을 자극하는 화학물질이 들어 있는 건 사실 아닌가? 역사를 뒤돌아봐도 그렇다. 아무 효과가 없는데 남미의 마야, 잉카, 아즈텍 문명에서 오래전부터 카카오 열매로 만든 걸쭉한 쓴맛 음료를 즐겨 마셨을 가능성은 작다. 초콜릿에 처음부터 호의적이지만은 않았던 유럽에서 결국 초콜릿을 받아들인 것을 봐도 그렇다.

16세기만 해도 이탈리아 밀라노의 역사가 지롤라모 벤조니Girolamo Benzoni가 『신세계의 역사La historia del Mondo Nuovo』에서 "인간의 음료라기보다는 돼지의 음료"라며 초콜릿을 혹평한 기록이 나온다. 비슷한 시기 가톨릭교회에서는 초콜릿을 사순절 기간에 먹어도 되는 것으로 허용했는데, 초콜릿의 맛이 워낙 고약하여 그걸 먹는다고 사순절에 신자들이 마땅히 수행해야 할 희생을 위반하는 일이 아니라는 게 이유였다. 이렇게 맛없는 음료가 엄청난 성공을 거뒀다면 뭔가 효과가 있으리라는 짐작이 가능하다.

　성공 비결 중 하나는 틀림없이 초콜릿이 고칼로리의 영양식이라는 점일 것이다. 카카오 열매를 발효한 다음 건조와 로스팅 과정을 거쳐 갈아 만든 액체에는 코코아버터 55%, 당분 17%, 단백질 10%가 들어 있다. 액체에 무엇을 더하든 기본적으로 영양이 풍부한 음식이 된다. 이에 더해, 초콜릿 속의 각성 물질 카페인과 테오브로민의 효과도 빼놓을 수 없다. 테오브로민은 카페인보다 10배 정도 많이 들어 있지만 카페인에 비해 각성 효과가 낮은 편이다. 다크초콜릿 50g에 든 카페인 양이 20~30mg 정도로 커피 한 잔의 4분의 1 정도다.° 커피에 비해 적은 양이지만 집중력을 높이고 기분을 향상하기에 충분하다. 맛볼수록 초콜릿이 더 좋아지는 이유다.

　이쯤에서 마리화나 성분인 카나비노이드가 초콜릿에도 들어 있다는 사실을 이야기해보자. 그뿐 아니다. 초콜릿에는 뇌에서 암페타민과 비슷한 작용을 하는 페닐에틸아민이라는 각성 물질도 들어 있다. 하지만 이들 물질이 들어 있다는 사실만

　° 한국소비자원이 2018년 조사한 커피전문점 15곳, 편의점 5곳의 아메리카노 한 잔 평균(285mL)에 든 카페인 양(125mg)과 비교한 계산이다.

으로 초콜릿에 마약과 같은 효과가 있다고 믿는 과학자는 거의 없다. 그 양이 너무 적기 때문이다. 초콜릿 1kg에 든 페닐에틸아민의 양이 3mg에도 못 미친다. 게다가 소시지와 김치에도 같은 성분이 들어 있다. 초콜릿 속 페닐에틸아민 때문에 기분이 좋아지는 효과를 본다면 갓김치를 먹고서도 기분이 좋아져야 한다는 말이다. 마약 같은 물질이 들어 있다고 해서 그 음식이 마약은 아니다. 함량이 마약만큼 되어야 마약이다.

초콜릿에 들어 있는 각성 물질 가운데 효과를 나타낼 정도로 들어 있는 것은 카페인과 테오브로민 둘뿐이다. 코코아 가루를 캡슐에 넣어서 주었을 때와 그 속에 든 것과 동일한 양의 카페인과 테오브로민을 캡슐로 주었을 때를 비교한 실험에서, 기분에 미치는 효과에는 차이가 없었다. 코코아 가루 속에 카페인과 테오브로민 이상의 숨은 효과를 내는 각성 물질은 없다는 걸 보여주는 결과다. 초콜릿이 강력한 최음제라는 믿음도 오래되었지만 과학적 근거는 희박하다. 아즈텍의 황제 몬테수마 Montezuma가 최음 효과를 노리고 하루에 50잔씩 초콜릿을 마셨다는 기록이 사실이라면, 그는 성적 흥분보다 카페인 과잉으로 인한 불안과 불면증에 시달렸을 가능성이 더 높다.

항산화 물질 이야기를 빼놓을 수 없다. 초콜릿에는 폴리페놀과 같은 항산화 물질이 풍부하다. 코코아 가루에는 8%에 이를 정도다. 초콜릿 폴리페놀은 체내 염증을 줄이고 혈압을 감소시키는 데 도움이 되는 성분으로 알려져 있다. 파나마의 섬에서 고립 생활을 하며 코코아를 하루 5컵이나 마시는 쿠나Kuna 인디언의 경우 소금을 많이 먹는데도 고혈압이 드물다는 것은 종종 거론되는 사례다. 도시로 이주하여 식생활을 바꾸면 쿠나 인디언도 고혈압이 발생한다.

초콜릿을 많이 먹는 사람이 심장병이나 뇌졸중 발생 위험이 낮다거나 노인이 되었을 때 인지기능 저하가 느리다는 연구 결과도 있다. 대부분 인과관계를 알 수 없는 관찰연구라는 한계가 있고, 얼마만큼 먹어야 기대한 효과를 얻을 수 있는지도 아직 분명치 않다. 지금까지의 연구 결과로는 매일 초콜릿 한두 조각을 먹어서 해가 될 일이 거의 없다는 것만큼은 확실하다.

양면성에 숨은 초콜릿의 매력

초콜릿에 관한 한 섭취량 조절이 전혀 안 된다는 사람도 있다. 일단 먹기 시작하면 멈출 수 없다는 것이다. 하지만 앞서 살펴본 것처럼 기분에 영향을 주는 화학물질이 초콜릿에 들어 있긴 해도 약물중독을 일으키기에는 너무 적은 양이다. 심리학자들에 의하면 초콜릿 중독은 일종의 사회심리적 현상이다. 고지방 고칼로리 음식이므로 체중조절을 위해 섭취를 제한해야 한다는 생각과 초콜릿의 감각적 쾌락을 양껏 즐기고 싶은 욕구

사이에서 벌어지는 갈등을 해결하기 위해 중독을 내세우게 된다는 것이다. 음식 자체의 중독성 때문에 어쩔 수 없이 먹었다고 여기면 마음이 편해질지도 모르겠다.

생각해보면, 먹으며 갈등하는 사람만큼이나 초콜릿도 모순이 가득한 음식이다. 잘 만든 초콜릿은 손에서는 딱 부러지지만 입에서는 부드럽게 녹는다. 지방 함량을 생각하면 금방이라도 몸에 열이 날 듯한 음식이지만, 막상 초콜릿을 입에 넣으면 지방 결정이 녹으면서 입 안의 열을 흡수하여 시원한 느낌을 준다. 레드와인 속 타닌이 스테이크 속 지방의 느끼함을 씻어내듯 초콜릿 속 지방과 타닌은 서로를 보완하며 균형을 맞춘다. 그래서일까. 달콤쌉싸름한 초콜릿 한 조각을 입에 넣을 때마다 인생의 모순과 갈등이 녹아내리는 듯한 기분에 행복해진다.

심리학자들에 의하면 초콜릿 중독은
일종의 사회심리적 현상이다.
고지방 고칼로리 음식이므로 체중조절을
위해 섭취를 제한해야 한다는 생각과
초콜릿의 감각적 쾌락을 양껏 즐기고 싶은
욕구 사이에서 벌어지는 갈등을 해결하기
위해 중독을 내세우게 된다는 것이다.

미식가 아저씨들이
귀담아들어야 할 격언

치즈닭갈비와 과학

시들어진 유행인 줄 알았는데 일본 젊은이들 사이에서 뜨거운 인기다. 2017년 쿡패드 '음식 트렌드 대상'까지 차지했다. 쉬운 일이 아니다. 쿡패드는 281만 종의 레시피를 공유하며 20년 역사를 자랑하는 세계 최대의 레시피 사이트다. 여기에서 2017년 1월 1일부터 11월 20일까지 약 8만 개의 검색어를 대상으로 한 데이터와 뉴스 조회수를 분석한 결과 가장 주목받았던 요리가 한국의 치즈닭갈비였다.

"치즈 범벅인 닭갈비가 뭐가 좋다는 건지 모르겠다." "일본이나 우리나 젊은 친구들이 맛을 모르는 건 마찬가지구나." 아저씨들의 한숨 소리가 들린다. 하지만 뭔가 놓치고 있는 건 아닐까? 치즈닭갈비가 일약 스타로 떠오른 배경에는 우리가 미처 알지 못하고 있었던 과학적 원리가 숨어 있지 않을까?

푸드 페어링의 과학

합리적 가격, 간편한 요리법, 시즐감(지글지글 소리를 낸다는 뜻의 sizzle+감感)이라는 일본식 신조어에 딱 들어맞는 겉모습 등의 여러 요소가 치즈닭갈비의 인기 비결이겠지만, 무엇보다 중요한 대중음식의 성공 조건은 맛이다. 치즈닭갈비가 한국을 넘어 일본에서까지 젊은 층의 트렌드를 주도하는 음식이 되었다는 것은 치즈와 닭갈비가 풍미 조합에서도 적절했다는 의미다. 쉬운 일이 아니다.

과학자들에 의하면 가능한 식재료의 조합은 1,000조 개이상인데 실제 사용되는 레시피는 수백만에 그치며, 그들 중 상당수가 중복이다. 무작위 조합으로 가능한 개수보다 실제 사용되는 레시피 수가 매우 적다는 것은 요리할 때 원칙 없이 무작위로 식재료들을 섞는 게 아니라 일정한 원칙에 따라 페어링하고 있을 가능성이 높다는 이야기다.

이제 치즈닭갈비에 숨어 있는 식재료 조합의 원칙을 찾아보자. 1992년 영국의 스타 셰프 헤스턴 블루먼솔Heston Blumenthal과 향미화학자 프랑수아 벤지François Benzi는 '푸드 페어링 가설food pairing hypothesis'이라는 이론을 세웠다. 비슷한 풍미를 내는 화합물을 공통으로 갖고 있는 식재료들일수록 요리에서 잘 어울릴 가능성이 높다는 것이다.

예를 들어, 화이트초콜릿과 캐비어는 생뚱맞은 조합처럼 들리지만 트리메틸아민을 비롯한 여러 종의 향미화합물을 공통적으로 갖고 있으므로 의외로 잘 어울리는 한 쌍이다. 초콜릿과 블루치즈도 서로 맞지 않을 듯한 음식이지만 73가지 향미화합물이 공통된다. 레스토랑 팻덕의 유명한 디저트 메뉴 '몰튼 초콜릿과 블루치즈'는 여기에 착안해 만든 메뉴다. 푸드 페어링 가설이 치즈닭갈비에도 들어맞을까 궁금해진다.

다행히 이에 대한 답을 찾을 수 있다. 푸드 페어링 가설이 나오고 20년이 지난 2011년 12월, 『링크』로 유명한 앨버트 라슬로 바라바시Albert-László Barabási를 포함한 4명의 이론물리학자들이 레시피 5만 6,000종을 분석한 흥미로운 연구 결과를 발표한 것이다. 블루먼솔과 벤지의 가설에 착안하여 식재료의 향미화합물 공유도에 따른 연결망을 그려보았더니, 서구식 레시피의 경우 공통된 풍미물질이 더 많은 식재료들일수록 함께 쓰고, 그렇지 않은 것일수록 조합을 피하는 경향이 나타났다.

이를테면 모차렐라 치즈, 파르메산 치즈, 버섯, 토마토는 강한 치즈 향의 4-메틸발레르산이라는 향미성분을 공통으로 갖고 있어서 피자와 같은 음식에 흔히 함께 쓰인다는 것이다. 연구팀의 자료에 따르면 구운 닭고기와 치즈는 무려 62가지 향미화합물이 공통된다. 치즈와 닭갈비는 실패하기 어려운 조합이다. 이 정도면, 맛을 모르는 젊은이들의 음식이 아니라 맛을 제대로 아는 젊은이들의 선택이라고 봐야 맞겠다.

치즈닭갈비의 계보

푸드 페어링 가설만으로 치즈닭갈비의 조합을 온전히 설명하기는 어렵다. 음식의 향미성분이 겹치는 게 반드시 좋다고 보기 어려운 경우도 많기 때문이다. 쉬운 예로, 참치김밥을 먹을 때 커피를 함께 마시면 생선 비린내가 날 때가 있다. 커피와 참치에는 생선 비린내를 풍기는 트리메틸아민이란 향미성분이 공통으로 들어 있다. 각각을 따로 먹을 때는 농도가 낮아서 느끼지 못할 수준인데, 둘을 함께 먹으면 비린내가 강해진다.

앞서 소개한 연구 결과에 따르면, 서구의 조리법은 향미성분이 공통된 재료들을 묶는 경향이 나타났지만, 동아시아 음식 조리법은 푸드 페어링 가설과는 반대로 중복을 피하는 경향이 나타났다. 동아시아에서 푸드 페어링 가설이 통하지 않는 까닭이 비린내 같은 불쾌한 맛을 피하기 위해서인가에 대해서는 후

속 연구가 필요하다.

　게다가 치즈는 다른 음식의 향미를 억눌러서 감지하기 어렵게 만드는 음식이기도 하다. 캘리포니아대 힐데가드 헤이만 Hildegarde Heymann 교수에 따르면, 치즈를 먼저 시식하도록 한 뒤 와인 맛을 평가하도록 하면 전문가들도 와인의 섬세한 향미를 감별하기 어려워진다고 한다. 우리가 냄새를 맡으려면 우선 향미성분이 휘발하여 코 속으로 들어가야 하는데, 치즈 속 카세인과 같은 단백질이 와인의 향미성분과 결합하여 휘발을 막기 때문이라는 추측이다. 특정 와인과 치즈의 페어링이 더 맛있다고 느낀다면 순전히 당신의 상상 또는 소믈리에의 멋진 설명 덕분이라는 게 헤이만 교수의 결론이다.

　다시 치즈닭갈비로 돌아가 보자. 닭갈비에 뿌려주는 치즈는 닭갈비의 강한 풍미를 부드럽게 완화해서 조금 더 먹기 편하게 만들어주는 역할일 수도 있다. 치즈떡볶이, 치즈불닭, 치즈등갈비에서 치즈닭갈비까지 이어지는 새로운 한식의 계보에 치즈가 빠짐없이 등장하는 것은 맵고 자극성 강한 음식 맛을 즐기려는 방편일지 모른다. 매운 음식을 먹고 우유나 요구르트를 마시면 도움이 되듯, 모차렐라 치즈 속 카세인 단백질이 닭갈비 양념의 캡사이신과 결합하여 입 안의 고통을 줄여주는 것이다.

누가 미식을 이끄는가

긴말이 필요 없다. 먹어보면 답이 나온다. 집 근처 치즈닭 갈빗집을 찾았다. 맛은 딱 기대했던 만큼이었지만, 피자가 부럽 지 않을 정도로 풍성하게 올린 치즈에 깜짝 놀랐다. 어린 시절, 피자 위에 올린 모차렐라 치즈가 너무 맛있어서, 치즈만 전자레 인지에 돌려서 먹어봤던 기억이 떠올랐다. 꿈이 현실이 된 느낌 이었다. 먹고 나서 포만감은 이루 말할 수가 없었다.

참 많은 게 달라졌다. 20년 전의 닭갈비에도 정말 닭의 갈 비 부위만 나오는 건 아니었지만, 먹고 난 느낌은 계륵이라는 고사성어를 몸으로 이해할 정도로 뭔가 부족한 느낌이 있었다. 뼈를 발라내고 나면 먹을 게 별로 없었다. 이제는 아예 뼈를 발 라내고 고기만 나온다. 닭갈비라는 말만 남았을 뿐, 실제로는 닭다릿살이다. 치즈를 듬뿍 얹은 닭갈비는 볶음밥 없이도 충분 한 포만감을 줬다(물론 볶음밥도 먹었다). 음식의 단백질 함량이 높아질수록 위에 머무르는 시간이 길어지고 포만감도 오래간 다. 먹어도 금방 배고플 나이의 청년에게 치즈닭갈비가 인기를 끌 만하다.

찾아보면 치즈닭갈비의 장점은 계속 나온다. 글루탐산이 풍부한 치즈와 닭고기의 조합이다, 쭉쭉 늘어나는 모차렐라 치 즈가 쫄깃한 닭다릿살과 함께 씹히는 맛이 좋다는 것도 이유가 될 만하다. 치즈 범벅인 음식이 뭐가 좋냐며 무시하기에는 재미 있는 요소가 많이 숨어 있다.

하지만 치즈닭갈비 현상에서 무엇보다 주목할 점은 이 음식이 젊은 층에서 인기라는 사실이다. 한국과 일본에서뿐 아니라 더 멀리 싱가포르에서도 치즈닭갈비에 열광하는 것은 주로 젊은이들이다. 인스타그램 사진과 유튜브 동영상으로 음식을 즐기기 시작한 것도 역시 젊은이들이다. 쿡패드가 치즈닭갈비를 2017년 음식 트렌드의 대세로 인정했다는 것은 세계 여러 나라에서 미식의 주도층이 바뀌고 있다는 사실의 방증일 수도 있다.

아무 맥락도 없이 모차렐라 치즈와 파르메산 치즈를 닭갈비에 얹어 먹는 게 무슨 미식이냐며 반문할 수 있다. 그게 사실이 아니라는 건, 앞에서 길게 썼다. 한 가지 사실을 더한다면, 다양한 맛의 치즈를 즐기는 게 미식이 된 것도 비교적 최근의 일이다. 치즈는 오랫동안 하층민의 음식이었다. 요즘 방송에선 우유의 영양을 농축한 치즈라며 치켜세우지만, 중세 이후까지도 많은 의사들이 치즈가 건강에 해롭다고 생각했다.

치즈를 무시하던 이탈리아 귀족들이 마침내 그 맛을 깨닫자 다음과 같은 유명한 격언이 만들어졌다. "가난한 소작농이 치즈를 (서양)배와 함께 먹으면 얼마나 좋은지 모르게 하라." 그들이 무시했던 농민들은 나중에 여기에 후렴구를 붙였다. "하지만 농민들은 귀족보다 먼저 배와 치즈가 잘 어울린다는 사실을 알고 있었지."

오늘날, 젊은 입맛을 무시하려는 미식가 아저씨들이 귀담 아들어야 할 격언이다.

호빵은 동시에
여러 시대를 살고 있다

....
골라 먹는 호빵
....

　　단팥과 야채를 두고 고민하던 시절은 지났다. 삼립에서 8
종, 롯데에서 7종의 호빵 신제품을 내놓은 게 2017년 11월이다.
매콤닭강정, 고구마통통, 옥수수통통, 맥앤치즈, 양념치킨, 모리
나가, 불짬뽕, 불짜장(여기까지 삼립 제품)과 김치불고기, 의성마
늘햄, 의성마늘햄치즈, 동원참치, 카라멜, 초코, 스위트콘치즈
(여기까지 롯데 제품)를 두고 고를 수 있게 된 게 벌써 2년 전이란
얘기다. 그리고 뉴스에 따르면 올해(2019년)는 삼립 1곳에서 출
시한 호빵만 무려 24종이다. 올겨울 새로 나온 호빵을 다 맛볼

수 있을까 걱정이 될 정도로 선택의 폭이 다양해졌다.

2017년에서 2019년 사이는 불과 2년이지만 호빵을 통해 보이는 세상은 많이도 변했다. 대형마트가 편의점에 밀리고 있는 게 확실하다. 올해 6월 드디어 국내 오프라인 유통업체 매출 비중에서 편의점 3사(CU, GS25, 세븐일레븐)가 18.8%를 차지하여 18.6%를 기록한 대형마트 3사(이마트, 홈플러스, 롯데마트)를 제쳤다. 수치상 차이는 그리 크지 않다.

하지만 호빵 신상품 뉴스를 보고 사러 간 사람이 체감하는 편의점과 마트의 차이는 엄청나다. 편의점 호빵의 세계는 뉴스에서 본 모습 그대로다. 순창고추장호빵, 담양식떡갈비호빵, 씨앗호떡호빵 같은 지역 명물을 응용한 호빵은 물론이고, 전에는 생각 못 한 조합의 쏘세지야채볶음만빵, 큐브스테이크만빵에 공화춘짬뽕호빵까지 눈에 띈다. 밥 대신 호빵을 먹고 다시 디저트 호빵으로 식사를 마무리할 수도 있다. 허쉬초코호빵, 단호박크림치즈호빵, 고구마치즈호빵 중 어떤 걸 고르느냐가 고민일 뿐이다. 한술 더 떠, 호빵이 출시되기 시작하는 초겨울에 때를 잘 맞춰 가면 사은품으로 쥬시쿨까지 받을 수 있다.

종류만 다양해진 게 아니다. 편의점에서 판매하는 호빵의 포장 단위도 이제는 1개입이 주를 이룬다. 먹는 방식도 더 간편해져서 포장째 전자레인지에 넣고 20~30초만 돌리면 끝이다. 하지만 대형마트는 기존의 4개 또는 8개씩 포장된 야채호빵과 팥호빵의 시대에 머물러 있다. 뉴스 속 신상 호빵의 세계는 편의점에만 존재한다. 역사 저술가 하인리히 E. 야코프^{Heinrich Eduard Jacob}는 책 『육천 년 빵의 역사』에 "인류는 동시에 여러 시대를 살고 있다"라고 썼지만, 우리가 먹는 호빵도 동시에 여러 시대를 살고 있다. 대형마트에선 과거에, 편의점에선 현재에.

호빵 맛의 과학

호떡, 호밀, 호주머니의 '호^胡'는 오랑캐란 뜻으로 원산지가 청나라 또는 중국이란 사실을 담고 있다. 하지만 호빵은 제품을 처음 출시한 삼립식품에서 만들어낸 이름이다. 음식점에서 팔던 찐빵을 공장제 빵으로 만들어 팔기 시작하면서 '호호 불어서 나눠 먹는 빵'이라는 의미로 지은 것이다. 국어학자 한성우는 『우리 음식의 언어』에서 호빵의 이름 유래가 못 미덥다고 썼다. '지켜주지 못해 미안해'를 '지못미'로 쓰듯 '호호 불어서 나눠 먹는 빵'을 줄여서 이름을 짓는다면 '호불나빵'이라야 이치에 닿는다는 거다.

그렇다고 보통명사처럼 쓰이는 호빵을 이제 와서 다른 이름으로 바꿀 필요는 없을 듯하다. 작명자의 의도와 관계없이 호빵이 중국에서 유래한 음식이란 건 사실이기 때문이다(축구가 영국에서, 유도가 일본에서 유래했다는 사실이 그 스포츠를 즐기

는 데 별 영향이 없듯 음식의 유래도 딱 그 정도로 생각하고 즐기면 된다).°

중국에서는 2,000년 전부터 증기로 쪄내는 방식의 찐빵을 만들어 먹기 시작했다. 10~20분 동안 빠르게 쪄내는 것만으로 반죽을 충분히 익힐 수 있다. 발효시킨 밀반죽 덩어리의 표면에 닿은 뜨거운 증기가 물방울로 응축될 때 많은 양의 열에너지를 방출하기 때문이다.

하지만 이때 온도는 100℃에 머무르므로 마이야르 반응이나 캐러멜화 같은 갈변 반응은 일어나지 않는다. 그래서 증기로 찐 빵의 겉면은 오븐에 구운 빵과 달리 흰색이다. 풍미도 다르다. 초콜릿과 견과를 속으로 넣은 허쉬초코호빵의 맛이 생각보다 싱겁게 느껴지는 것도 이와 관련된다. 찐빵에는 단맛이나 감칠맛에 대한 기대감을 증폭하는 향미물질이 적다. 똑같은 냉

° 삼립식품 창업자 허창성이 일본에서 공장 방식으로 제품화한 찐빵이 판매되는 걸 보고 영감을 얻어 1971년 10월 호빵을 출시했다지만, 당시 사람들은 호빵을 특정 상표가 아니라 호떡처럼 중국에서 온 음식으로 여긴 게 분명하다. 요리사이자 작가인 박찬일은 칼럼에서 1970년대 초 호빵이 히트하자 경쟁사에서 중국 원조에 더 가까운 국빵을 내놓았다고 회고한다. 1974년 2월 20일자 《조선일보》 만물상에는 "요즘 무슨 호빵, 무슨 호떡 하는 것이 큰 식품 회사에서 앞을 다투어 나도는 것"을 비판하면서 "호떡장수 망한 것도 분한데 속된 중국식 한국말을 흉내 내는 것"을 듣는 중국 사람들의 심경을 생각해보라고 썼다. "뜨거워서 호호, 맛이 좋아 호호"라는 광고는 1975년에나 등장했다.

동만두라도 군만두로 먹을 때 찐만두로 먹을 때보다 풍미가 더 진하게 느껴지는 것과 같은 이치다.

맛의 비교 기준으로 삼을 만한 음식이 무엇인가도 평가에 영향을 미친다. 큐브스테이크호빵, 쏘세지야채볶음호빵이나 공화춘짬뽕호빵을 먹고 실망하면서 야채호빵보다 맛이 없다고 결론짓는 시식평이 의외로 많다. 짬뽕은 물론이고 스테이크나 소시지야채볶음을 찐빵에 싸 먹는 맛은 쉽게 연상되지 않는다. 이에 비하면 전에 출시되었던 고기부추찐빵, 고추잡채찐빵은 중국음식점에서 부추잡채나 고추잡채를 꽃빵에 싸 먹어본 경험과 연관 짓기 쉽다.

야채호빵의 비교 기준은 왕만두다. 인간에게 맛은 기대한 대로 느끼는 것이며, 그 기대는 비교 기준에 따라 달라진다. 야채호빵은 만두 맛과 비슷하면 일단 성공이지만 공화춘짬뽕호빵과 큐브스테이크만빵은 짬뽕과 스테이크 맛을 기준으로 삼으니 좋은 평가를 받기 어렵다. 떡방아호빵과 고구마치즈호빵은 속에 넣은 재료는 다르지만 쫄깃한 식감과 달콤한 맛이 과거 인기를 끈 떡방아빵, 찰떡쿠키와 흡사하다. 이들 기존 제품을 좋아하는 사람이라면 신제품 호빵도 좋아할 가능성이 높다. 그런 이유로 나도 이번 호빵 시식에서 고구마치즈호빵이 가장 만족스러웠다.

호빵 어떻게 먹을 것인가

밥 대신 먹는 게 나을까, 간식으로 먹는 게 좋을까? 편의점 기준으로 호빵의 가격은 개당 1,100원에서 1,500원 선이다. 열량은 200~250kcal에 탄수화물, 단백질, 지방의 함량은 하루 영양성분 기준치의 10%를 조금 웃도는 정도다. 고기가 들어간 제품이나 단팥 소를 넣은 제품이나 단백질 함량에는 큰 차이가 없다. 대부분 개당 단백질 7g이고 큐브스테이크만빵이 12g으로 함량이 높다(큐브스테이크를 발견하기 어렵다는 불만 섞인 목소리가 들리지만 고기를 더 넣은 게 맞긴 맞나 보다). 팥이나 고구마치즈 호빵에는 당류를 포함한 탄수화물이 더 많고 고기 또는 야채 호빵은 나트륨 함량이 높다.

보름달 같은 공장제 빵류가 탄수화물과 지방 쪽으로 조금 치우친 것에 비하면 호빵의 영양 구성은 밸런스가 좋다. 평소 영양 섭취가 부족한 사람에게 호빵은 간식으로 훌륭하다. 다만 영양과잉을 걱정하는 나 같은 사람이라면 간식보다는 밥 대신 호빵을 먹는 게 낫겠다. 참고로 양념갈비호빵 2개면 『외식영양성분자료집』에 나오는 참치김밥 한 줄과 열량 및 영양성분이 비슷하다.

요즘엔 호빵을 먹는 방법도 다양하다. 뒷면 포장에는 찜솥, 보온밥솥, 에어프라이어, 전자레인지까지 4가지 방법을 소개하고 있다. 전자레인지에 뜯지 않고 그대로 돌려 먹어도 되는지 걱정할 필요는 없다. 그런 안내문이 적혀 있는 제품의 포장 재질은 전자레인지용 폴리프로필렌이며 환경호르몬으로 의심받는 비스페놀A나 프탈레이트가 들어 있지 않다. 미심쩍으면 제품 뒷면의 보관방법 아래 적힌 포장 재질을 확인하면 된다.

전자레인지의 출력에 따라 20~30초를 가열하는 동안 발생하는 수증기는 호빵을 골고루 데우기에 충분하지만 유해 성분을 용출시키지는 않는다. 전자레인지용 여부를 확인할 수 없는 용기에 옮겨 담아 데우는 것보다 전자레인지용 봉지째 돌리는 게 훨씬 안전하다. 맛을 다르게 즐기기 위해서라면 모를까 안전성이 걱정되어 전자레인지에 호빵을 데우는 걸 피할 이유는 없다.

2019년 말에 호빵에 대한 자료를 조사하는 과정에서 아쉬운 점이 하나 있었다. 언론 보도에 의하면 SPC삼립에서 그해 겨울 출시한 호빵은 24종이지만 실제 기사 속의 호빵 수를 아무리 세어봐도 신제품 수는 19종에 불과했다. 나머지 5종의 호빵이 뭔지 알려주는 기사는 없었다. 회사 측에 전화로 문의했지만 담당자와 연락이 제대로 되지 않았고 고객상담실에서 받은 답변도 23종으로 모자랐다. 호빵 출시에 대한 기사가 여러 매체에 반복해서 실렸지만 회사에서 제공하는 보도자료가 정말 맞는 이야기인지 호빵 신제품 수조차 팩트 체크한 기사가 없었던 것이다. 조금 답답한 현실이다. 내년 이맘때는 호빵 신제품뿐만 아니라 제대로 취재한 식품 기사의 수도 늘어나길 바란다.

■덧붙이는 글

내 글을 보고 회사 관계자들이 화들짝 놀랐다는 후문을 들었다. 그럼에도 불구하고 다음 해인 2020년 겨울에도 이런 보도 행태는 바뀌지 않았다. SPC삼립에서 내놓은 신제품 수는 25종으로 늘어났지만 기사는 오히려 더 간단해졌다. 회사 보도자료에 따라 신제품 중 12종을 나열한 정도에 그쳤다. 2020년 12월 SPC삼립은 『호빵책: 디 아카이브 Since 1971』이라는 호빵 출시 50년을 기념하는 책을 냈다. 이런 책도 좋지만 자료를 제대로 취재한 식품 기사 없이 일방적 홍보자료만 넘쳐서는 곤란하다. 후대에 참고할 사료를 남기는 마음으로 정확한 기사를 쓰는 기자가 늘어나길 바란다.

반려동물 음식을 고를 때
기억해야 할 것들

····································
반려동물의 음식과 건강
····································

역사는 반복되지 않는다. 오래전부터 개나 고양이는 인간의 음식을 먹으며 우리와 함께 살아왔다. 그들을 위해 따로 만든 음식이 아니라 인간이 먹다 남긴 음식물 찌꺼기였다. 지금은 다르다. 많은 사람이 반려동물을 위한 음식을 직접 만들어주기도 하고 인간이 먹을 수 있는 재료로 만들었다는 반려동물용 요리나 수제 간식을 사다 먹이기도 한다. 쿠팡에서 강아지 케이크 검색 결과만 6,400건이 넘는다.

강아지에게 케이크를 준다는 말에 중세 유럽의 가톨릭 성인 로코Saint Roch를 떠올리는 사람도 있을 법하다. 전해지는 이야기에 따르면 성 로코는 이탈리아에서 흑사병이 유행할 때 환자들을 돌보다가 자신도 병에 걸려 숲에서 죽음을 기다리는 처지가 되었다. 그때 사냥개 한 마리가 그를 발견하고 매일 자기 주인에게서 빵을 가져다주어 성 로코는 아사의 위험에서 벗어난다. 매년 8월 16일 성 로코 축일이 되면 사람들은 그의 제단 위로 개를 데리고 올라가 달콤한 스펀지 비스킷을 먹이며 기념했다. 흑사병이 퍼지면서 성 로코 축일도 확산하여 이탈리아뿐만 아니라 서부 유럽의 전역에서 그를 기렸다고 한다.

개가 빵을 전달한 이야기에서 개에게 스펀지 비스킷을 먹이는 축일로 변형된 셈이지만 여기에는 흥미로운 사실이 숨어 있다. 개는 빵, 과자, 케이크와 같은 전분질 음식을 먹고 소화할 수 있다는 점이다. 스웨덴 웁살라대 연구팀이 2013년 학술지 《네이처》에 발표한 연구 결과에 따르면, 개는 그 조상 격인 늑대와 달리 탄수화물을 당으로 분해하고 흡수하기 쉽게 만드는 3가지 유전자 변이를 가지고 있다.

늑대가 어떤 과정을 거쳐 개로 분화되었는지에 대해서는 아직 논란이 많지만, 이 연구 결과는 적어도 한 가지 질문에 대한 확실한 답을 제공한다. 늑대처럼 날것 그대로를 먹는 게 좋겠다는 생각에, 로푸드raw food 다이어트를 따르도록 하기엔 이미 개는 사람을 따라 너무 멀리 왔다. 인간이 농경 생활을 계속하며 전분질 음식을 더 잘 소화하도록 진화하는 동안 인간의 가장 좋은 친구도 함께 탄수화물 소화 능력을 발전시키며 따라왔다. 이제 다시 육류 중심의 생식으로 돌아간다고 개가 더 건강해진다는 근거는 미약하다.

사람과 반려동물의 음식 공유 어디까지 가능한가

　개가 잡식동물이며 사람을 따라 소화력을 키웠다고는 해도 인간의 소화, 대사 능력을 따라잡는 수준은 아니다. 인간이 먹는 모든 음식을 개에게 줄 수는 없다. 성 로코에게 빵을 가져다준 사냥개가 만약 중간에 빵 일부를 먹었다고 해도 그 자체로는 별문제 없었을 테지만 건포도가 박힌 빵이었다면 이야기가 달라진다.

　포도나 건포도를 먹으면 개에게 신부전이 일어날 수 있다. 동물에게 나타나는 독성 정보가 컴퓨터 데이터베이스로 정리되면서 비교적 최근에야 밝혀진 사실로, 정확히 포도의 어떤 성분 때문에 독성이 나타나는지 얼마나 먹으면 위험한지는 아직 모른다. 개에 따라 달라서, 약간의 포도나 건포도를 먹고서도 심각한 독성이 나타나는 경우도 있고 약간은 먹어도 괜찮은 경우도 있다.

　2018년 여름 아이스크림콘을 먹는 닥스훈트 동영상이 인스타그램에서 널리 퍼졌다. 먹던 아이스크림콘을 반려견이 20번 넘게 핥아 먹도록 한 뒤에 다시 주인이 먹는 장면은 위생적으로 안전한가에 대한 논란을 불러일으켰다. 선택은 자유지만 여기저기를 혀로 핥고 다니는 개와 음식을 공유하면, 개의 침 속에 들어 있을 수 있는 세균이나 바이러스에 감염될 위험이 큰 것은 사실이다.

게다가 아이스크림 속 유당은 개에게 복통과 설사를 일으킬 수 있다. 강아지는 몰라도 대부분의 성견에게는 유당을 분해하는 소화효소가 모자라기 때문이다. 영화 속 개나 고양이가 귀엽게 우유를 먹는 장면을 보고 그대로 따라 주었다가는 강아지나 어린 고양이가 아닌 이상 유당불내증으로 고통을 겪을 수 있다.

사람에게 무해한데 반려동물에게는 치명적인 음식의 대표 격으로 초콜릿이 있다. 초콜릿을 많이 먹은 사람에게 걱정거리는 불면증 또는 체중증가 정도이겠지만, 개는 초콜릿 하나만으로도 즉각 사망할 수 있다. 초콜릿 속 테오브로민이나 카페인을 제대로 해독할 수 없어서 치명적인 부정맥과 중추신경계 흥분과 같은 독성이 나타나기 때문이다.

초콜릿 중독은 개에게 제일 흔하게 일어나긴 하지만 고양이를 비롯한 다른 동물도 위험하기는 마찬가지다. 고양이에게 단맛을 감지하는 미각 수용체가 없어서 초콜릿을 먹을 가능성이 더 낮을 뿐이다. 다른 가축도 카카오 콩 껍질이나 코코아 부산물을 사료로 먹였다가는 중독이나 사망에 이를 수 있다. 초콜릿을 먹고 커피를 마셔도 별 탈 없는 인간이 신기한 존재다.

반려동물 음식과 건강

어떤 음식을 얼마만큼 먹이는 것이 반려동물의 건강에 좋을까? 개도 채식을 하면 더 건강하다는 주장이 있지만, 반려견의 건강에는 육류를 포함한 잡식이 더 낫다. 고양이는 채식을 하는 주인을 따라 비건 다이어트를 하는 일 자체가 불가능하다. 고양이는 고기를 먹어야 건강하다. 그런 이유로 대량생산된 사료를 고양이에게 주어서는 안 된다는 목소리도 들린다. 대개 사료에는 전체 열량의 20~40% 정도에 해당하는 탄수화물이 들어 있기 때문이다.

하지만 고양이의 탄수화물 소화력이 떨어지기는 해도 이 정도의 탄수화물은 감당할 수 있다고 보는 전문가가 많다. 탄수화물 섭취가 고양이에게 당뇨나 비만을 일으킨다는 주장도 있지만 실제 위험은 그리 크지 않은 것으로 보인다. 우리의 직관과는 달리 탄수화물 섭취가 고양이의 비만을 막는 데 도움이 된다는 연구 결과도 있다. 2007년 미국 미주리대 연구에 따르면 고탄수화물식이 아니라 고지방식을 주었을 경우 고양이의 체중

증가와 인슐린 수치 증가가 나타났다.

우리는 보통 육식동물은 고기만, 초식동물은 풀만 먹고 산다고 생각하지만 다른 동물도 다들 어느 정도 잡식을 한다. 사람처럼 광범위하게 잡식하지 않을 뿐이다. 샐러드에 실수로 고기 한두 조각이 들어간다면 채식을 하는 사람에게는 불쾌한 일이 될 수 있지만, 소가 풀을 뜯다가 곤충을 함께 삼킨다고 소에게 해가 되지는 않는다. 자연스럽게 일어날 수 있는 일이다. 실제로 곤충을 통한 단백질 섭취는 소와 같은 가축의 성장에 도움이 될 수 있어서, 동물 부산물 대신 곤충으로 가축에게 단백질을 공급하는 방안에 대한 연구도 활발하다.

반려동물을 아끼는 마음에 직접 요리한 음식을 대량생산된 사료 대신 줄 수 있다. 이때는 앞서 언급한 대로 영양학에 대한 기본지식을 알아두어 독성이 나타날 수 있는 음식을 피하는 게 안전하다. 하지만 주인이 식사를 직접 준비해줘야 반려동물이 더 건강하게 오래 산다고 볼 만한 과학적 근거는 없다. 개나 고양이의 평균수명은 이전 어느 때보다 더 길어졌다. 지난 40년 동안 개의 기대수명은 2배로 증가했고 고양이도 야생일 때보다 2배 더 오래 산다.

이렇게 수명 연장이 가능해진 것은 야생보다 위험이 적은 안전한 생활환경, 최신 기술로 무장한 수의학 서비스, 그리고 무엇보다 양질의 사료 덕분이다. 로푸드 다이어트 트렌드를 따르기 전에 야생에서 날것을 먹었던 조상보다 집에서 사료를 먹고 자란 반려동물의 수명이 더 길다는 사실을 기억하라고 연구자들이 지적하는 이유다.

그래도 개나 고양이에게 로푸드 다이어트를 시도해보고 싶다면 과거에 주로 사람이 먹다 버린 찌꺼기를 먹고 살았던 떠돌이 개나 고양이가 잘 먹지 못해 건강이 좋지 않았다는 점을 기억하기를 바란다. 언뜻 보기에 야생의 자연이 멋지게 보이지만 실제 들판에서의 삶은 위험투성이인 것은 사람에게나 사람의 반려동물에게나 마찬가지다.

모든 다른 생물을 생각한다면

반려동물에게 반드시 사료를 줘야 하는 것도 아니지만 그렇다고 개나 고양이에게 사람이 먹는 것과 동일한 최상급 스테이크를 구워주어야 할 이유도 없다. 주인과 달리 개나 고양이가 스테이크 등급을 따질 가능성은 낮다. 미국 캘리포니아대 그레고리 오킨Gregory Okin 교수는 사람이 혐오하는 도축 부산물일지라도 반려동물에게는 훌륭한 영양 급원이 될 수 있을뿐더러 그걸 먹이는 게 환경 생태계와 지속 가능성 면에서도 더 나은 선택이라고 역설한다.

사람은 지역 식문화에 따라 선호하는 고기 부위가 다를

수 있다. 이탈리아인은 맛있다며 먹는 곱창 요리를 미국인은 꺼리 수 있고 프랑스에서는 메인 요리로 즐기는 송아지 흉선 요리에 한국인은 식겁할 수 있다. 하지만 개나 고양이에게는 그런 문화적 선호가 적용되지 않는다. 주인의 마음에 들지 않는 고기 부위도 반려동물에게는 충분히 훌륭한 먹이가 될 수 있다.

오킨 교수의 2017년 연구에 따르면 미국에서 매년 1억 6,300만 마리의 개와 고양이가 먹는 음식 칼로리는 프랑스 전체 인구의 1년 음식 섭취 칼로리와 맞먹는다. 이로 인한 탄소 배출량이 매년 자동차 1,360만 대가 뿜어내는 양과 맞먹는다. 이들 반려동물의 식단이 인간의 식단보다 육류에 치우치는 경향이 있음을 감안하면 미국에서 소비되는 동물성 음식의 25%는 개와 고양이가 먹는 셈이다. 오킨 교수는 미국에서 개와 고양이에게 가는 고기의 4분의 1만 사람이 소비하도록 돌려놓아도 텍사스주 인구에 달하는 2,600만 명이 먹는 고기 양에 해당할 것으로 추산한다.

지구상의 모든 다른 생물을 생각한다면 사람이나 반려동물이나 뭘 먹느냐에 집착하기보다 과식하지 않는 게 필요하다. 미국에서 개의 식이와 건강에 대해 20년 동안 연구한 결과에 따르면, 같은 사료를 적게 먹어 칼로리 섭취가 25% 줄어든 경우 고칼로리 섭취로 비만한 개에 비해 1.8년을 더 오래 살고 골관절염도 덜 나타나는 것으로 나타났다. 사람이나 반려동물이

나 적게 먹어야 더 건강하게 오래 살 수 있다. 적게 먹고, 적게 먹이자.

반려동물에게 반드시 사료를 줘야
하는 것도 아니지만 그렇다고
개나 고양이에게 사람이 먹는 것과
동일한 최상급 스테이크를 구워주어야
할 이유도 없다. 주인과 달리 개나
고양이가 스테이크 등급을 따질
가능성은 낮다.

기능성 음료 권하는 시대

....
기능성 음료의 기능
....

'스트레스를 줄인다. 몸과 마음에 활력을 준다. 면역기능에 도움을 준다.' 약이거나 최소한 건강기능식품 광고문구 같지만, 아니다. 미국에서 판매 중인 기능성 음료에 적혀 있는 설명이다. 미국 편의점에 가면 이런 제품이 벽면을 채우고 있는 걸볼 수 있다. 냉장고 한두 칸이 아니라 냉장고 4~5개 전체가 기능성 음료로 가득하다. 뭐든지 큰 나라에서 편의점도 큰 거야 그러려니 하겠는데 에너지 드링크를 필두로 한 기능성 음료 칸을 보면 정말 입이 딱 벌어진다.

심지어 스타벅스 캔커피도 에너지 음료로 변신했다. 그냥 커피가 아니라 인삼 추출물, 과라나 씨 추출물, 비타민B군이 들어 있는 에너지 커피 음료다. 과라나 씨는 아마존 원주민의 자양강장제로 알려지면서 에너지 음료에 빠지지 않는 원료 중 하나가 되었다. 실제로 각성 효과도 있다. 과라나 씨에는 커피 원두의 4배에 이를 정도로 카페인이 많이 들어 있기 때문이다.

하지만 에너지 커피 음료에 들어간 소량의 과라나 씨 추출물은 구색 갖추기용으로 보인다. 인삼이 들어 있다고 하면 특별한 효과가 있을 거라는 기대가 생기듯, 과라나 씨도 그런 심리적 기대를 높이기 위해 넣은 것이다. 굳이 추가로 카페인을 넣지 않아도 될 게 '트리플 샷 에너지 프렌치 바닐라'는 맥주 500mL 캔에 육박하는 443mL 용량에 카페인 함량이 225mg이나 되기 때문이다. 보통 커피전문점의 커피 2잔 정도에 해당하는 카페인을 한 번에 들이켜는 셈이다.

왜 마시는가

태어나자마자 단단한 음식을 먹을 수 있는 사람은 없다. 누구에게나 생애 첫 식사는 음료다. 기억하는 사람은 드물 테지만 우리는 모두 액체로 된 음식만 먹고 최소한 6개월 이상을 살아본 사람들이다. 그게 모유든 조제분유든 말이다. 음료에 단순히 갈증을 해소하고 수분을 섭취하는 것 이상의 힘이 있다는 사실을 포유동물인 인간은 이미 경험으로 알고 있다. 단단한 음식과 달리 음료는 빠른 섭취가 가능하고 성분이 이미 물에 녹아 있어서 흡수도 빠르다. 그 덕분에 커피, 술, 차와 같은 음료는 약인지 음식인지 경계선이 명확하지 않을 정도로 효과가 강력하다.

세계인의 90%가 매일 카페인을 섭취한다. 커피와 차에는 카페인 외에도 폴리페놀, 플라보노이드, 카테킨과 같은 다양한 성분이 들어 있지만, 기본적으로 이들 음료에서 가장 강력한 약리 효과를 내는 물질은 카페인이다. 에너지 음료, 탄산음료도 마찬가지다. 카페인이 중추신경에 작용하여 다양한 경로로 신경전달물질에 영향을 주면 잠이 깨고 정신적 에너지가 향상되며 집중력을 높여준다. 아침에 일어나서 커피 한 잔을 마시거나 야근할 때 커피를 찾는 건 다 카페인 때문이다.

에너지 음료에는 카페인에 더해 에너지 대사를 돕는 비타민B 몇 종과 인간의 뇌가 가장 선호하는 에너지원인 당류가 함께 들어 있다. 인삼, 과라나, 타우린, 말토덱스트린, 글루쿠로노락톤도 에너지 음료에서 찾아볼 수 있는 성분이다. 이들 성분을 더한다고 하여 얼마나 더 효과를 내는가는 의문스럽지만, 카페인을 함유한 음료를 마신 뒤에 힘이 나는 건 사실이다. 기분이 살짝 좋아지는 정도에 그치는 게 아니라 실제로 인지기능과 운동기능이 향상된다. 2010년 미국 연구에서는 에너지 음료를 마신 참가자가 가짜 에너지 음료를 마신 경우보다 트레드밀 위에서 뛰면서 버티는 시간이 12.5% 더 긴 것으로 나타났다. 또한 에너지음료를 마신 참가자들은 운동 뒤에 피로감이 줄고 집중력과 에너지가 향상되는 느낌이 든다고 답했다.

코로나19 시대의 기능성 음료

코로나19의 대유행이 세계인을 공포에 몰아넣으면서 밤에 잠을 제대로 못 자고 불안해하는 사람이 늘고 있다. 스트레스로 이를 악물고 자거나 이를 갈아서 치아 손상으로 치과를 찾는 이가 많다는 기사가 《뉴욕타임스》에 실릴 정도다. 음료 회사 입장에서는 스트레스를 줄여주고 편안하게 잠을 청하도록 돕는 음료를 내놓기에 딱 좋은 판이 깔린 셈이다.

미국 펩시코는 2020년 12월, 수면을 돕는 음료를 출시한다고 언론을 통해 발표했다. 음료 이름이 드리프트웰Driftwell이다. 마시면 스르륵 잠이 들 거라는 효과를 암시하는 상품명이다. L-테아닌 200mg과 하루 권장량의 10%에 해당하는 마그네슘이 들어 있어 수면의 질을 향상하고 스트레스 증상을 완화하는 데 도움을 줄 거라는 설명이다.

L-테아닌은 녹차 속의 감칠맛을 내는 아미노산이다. 1940년대 일본 과학자들이 발견했고 관련 연구도 일본에서 진행된

게 많다. 마치 명상할 때처럼 긴장을 풀어주면서도 집중하도록 돕는 효과가 있다 하여 기능성 음료나 건강기능식품에 종종 쓰인다. 카페인으로 인한 과도한 흥분을 가라앉히는 효과도 있다. 차를 마시고 나서 잠이 안 올 때의 느낌이 커피를 마시고 잠이 안 올 때와 달리 왠지 편안하다면 아마도 L-테아닌 때문이다.

마그네슘은 근육 긴장을 염두에 두고 포함했겠지만, 하루 권장량의 10% 정도로는 실제 효과보다는 심리적 기대 효과가 더 크게 나타날 듯하다. 제조사에서도 마그네슘보다는 L-테아닌을 전면에 내세우며 효과를 입증할 임상 자료가 있다며 자신하고 있다. 국내에 언제 출시될지는 모르겠지만 나오면 한번 마셔보고 싶긴 하다. 일본에서 약대 5학년생을 대상으로 진행한 실험에서 L-테아닌을 복용한 학생들이 가짜 약을 복용한 그룹보다 약국 실습 중에 스트레스 레벨이 낮게 나타났다는 연구 결과가 있기 때문이다.

하지만 지나친 기대는 금물이다. 이런 연구 대다수가 제조사의 협찬을 받아 진행되고 아무래도 자금을 지원한 회사에 유리한 결과를 내놓을 가능성이 높다. 효과에 의문을 제기하는 연구자들도 있다. 2004년 호주 연구에서는 L-테아닌이 이미 편안하게 쉬고 있는 상태에서는 안정감을 높여주지만, 스트레스 주는 일을 앞두고 불안감이 높아진 상태에서는 효과가 없는 것으로 나타났다.

기능성 음료의 미래

L-테아닌과 같은 기능성 식품 성분을 두고 논란이 생기는 것은 효과가 강력하지 않기 때문일 수도 있다. 약과 독은 동전의 양면 같아서 효과가 강력하면 독성과 부작용도 심한 경우가 많다. L-테아닌은 코로나19로 인한 불안감을 줄여줄 정도로 효과가 크진 않겠지만 심각한 부작용도 없다. 효과 면에서는 술 속의 알코올이 훨씬 더 강력하다. 알코올이 인간의 뇌에 미치는 영향은 다양하면서도 복잡하다. 술을 마시면 진정 작용 때문에 긴장이 풀리고 졸음이 오지만 수면의 질을 떨어뜨려 불면증을 악화시킬 가능성이 높다.

술과 커피는 역사가 오래된 기능성 음료다. 사실 식품이라기보다 약에 가까울 정도로 약효와 부작용이 강력한 면이 있지만, 이미 음식 문화 속으로 깊이 들어왔기 때문에 기호식품이라는 이름 아래 관대하게 바라보는 경우가 많다. 최근에 인기를 끌고 있는 에너지 음료는 비교적 새로운 것이고 소비자가 청소년층까지 넓어지면서 그 부작용이 부각되는 측면이 있다. 하지만 본질적으로 카페인의 문제인 것은 마찬가지다.

음료를 통한 과도한 열량 섭취에 대한 우려도 있다. 하지만 최근 출시된 제품 중에는 저칼로리 음료가 많다. 300~500mL 한 병을 다 마셔도 60~80kcal밖에 되지 않는다. 갈락토올리고당이 2,100mg 들어 있다는 프리바이오틱스 음료는 500mL를 다 마셔도 50kcal에 불과하다. 대신 당알코올과 갈락토올리고당 때문에 많이 마시면 복통, 설사를 일으킬 수 있다는 경고 문구가 깨알 같은 글씨로 적혀 있다.

마트 음료 섹션에는 음식인지 약인지 헷갈리는 이런 제품의 수가 갈수록 늘고 있고 아마도 앞으로 더 늘어날 거 같다. 그 와중에 가장 아쉬운 것은 물론 맛이다. 에너지, 건강, 보충을 내세우는 음료는 하나같이 맛이 없다. 매달 글을 쓰면서 여러 제품을 시식하지만 이번 달은 정말 유난히 맛이 없었다. 레스토랑에서 와인 대신에 음료 페어링도 가능한 세상이다. 기능성이라는 수식어가 맛은 없어도 된다는 핑계가 되지 않길 바란다.

발효종 빵을 즐길 이유

천연 발효종 빵의 과학

재료는 단 2가지, 밀가루와 물뿐이다. 둘을 섞고 천으로 덮은 뒤 이삼일 방치하면 신기한 일이 벌어진다. 뽀글뽀글 거품이 일면서 천연 발효종starter이 만들어진 것이다. 이 발효종을 2주동안 매일 밀가루와 물을 더해주며 키워 안정화하면 천연 발효종 빵을 만들기 위한 첫 번째 단계가 완료된다. 키운 발효종의일부에 다시 밀가루와 물을 더해 반죽을 만들고 하룻밤 발효시킨 것을 르방levain 또는 스펀지sponge라고 부른다(용어가 통일되지 않고 부르는 명칭이 다양해서 일부에서는 천연 발효종을 르방이라 부르기도 한다).

밀가루와 물을 넣고 치댄 다음 글루텐이 형성되도록 30분 정도 두었다가(이를 오토리즈^{autolyse}라고 한다) 앞서 준비한 르방과 소금을 넣고 다시 섞는다. 밀가루와 물을 먼저 섞으면 소금의 방해 없이 밀가루가 더 빠르게 물을 흡수한다. 그 결과 글루텐 그물조직이 미리 자리를 잡으므로, 반죽을 치대는 시간과 밀가루 반죽이 공기에 노출되는 시간을 줄일 수 있다. 또한 옅은 황금빛을 띠며 향기가 감도는 빵을 구워내는 데 도움이 된다. 공기 중 산소에 밀가루가 노출되면 산화로 인한 표백 작용으로 빵 겉면이 맛없는 흰색을 띠게 된다. 또한 산화로 인해 빵의 풍미도 떨어진다.°

소금은 발효종 빵을 만드는 데 필수적이다. 맛 때문만은 아니다. 소금은 글루텐 그물을 짱짱하게 만들고, 젖산균의 발효를 늦추어 글루텐이 손상되지 않도록 한다. 그 결과 탄탄한 글루텐 조직이 충분한 공기를 담아 빵이 폭신폭신해진다. 섞고 치대고 발효를 거쳐 공처럼 모양을 잡은 반죽 덩어리를 오븐에 넣

° 혹은 네이선 미어볼드$^{Nathan Myhrvold}$가 《모더니스트 브레드$^{Modernist Bread}$》에서 제안한 것처럼, 르방과 밀가루, 물을 미리 섞어 반죽을 만들고 소금만 나중에 넣는 방법으로 발효 시간을 늘려 부피를 늘리기도 한다. 마이클 폴란이 『요리를 욕망하다』에서 천연 발효종 빵을 만든 방식도 네이선 미어볼드의 제안을 따른 것으로 보인다.

고 구우면 마침내 빵이 완성된다.

집에서 천연 발효종 빵을 만들려면 많은 시간과 노력이 필요하다. 마이클 폴란Michael Pollan은 『요리를 욕망하다』에서 한 번의 실패를 거쳐 밀가루와 물로 천연 발효종을 만들고 빵을 완성하기까지 4주가 넘는 시간이 걸렸고, 완성되어 나온 빵도 실패작에 가까웠다고 썼다. 하지만 폴란은 자신이 구운 빵의 식감과 풍미에 감탄했다.

효모와 젖산균이 만들어내는 빵

밀가루와 물과 소금만으로 빵을 만들어내는 과정은 아무리 봐도 신기하다. 마이클 폴란이 첫 번째 시도에서 발효종 만들기에 실패했듯이, 집에서 천연 발효종 빵을 굽기는 쉬운 일이 아니다. 하지만 요즘처럼 코로나19로 집에서 보내는 시간이 많아진 상황에서는 해볼 만한 일이다. 뭔가를 직접 만들어냈을 때의 뿌듯한 성취감이 있다. 집에서 바로 구운 빵 냄새를 맡는 것도 기분 좋고, 직접 만든 빵을 소셜미디어에 공유하는 재미도 쏠쏠하다.

사실 그런 면에서는 집에서 여느 요리를 하는 것과 비슷하다. 차이점이라면 빵을 만들 때는 내가 하는 일보다 육안으로는 볼 수 없는 미생물에게 맡기는 일이 많다는 것이다. 무수히 많은 공기주머니를 만들어 반죽을 부풀리고 그 속에 그윽한 발효밀 향기를 채운 빵을 만들어내는 일의 대부분은 젖산균과 효모yeast가 담당한다.

보통 빵이라고 하면 효모를 먼저 떠올린다. 빵이 부풀어 오르도록 만드는 이산화탄소 기체의 대부분을 덩치 큰 효모가 만들어내는 것도 사실이다. 그러나 발효종 반죽에는 젖산균의 수가 효모 수보다 100배 더 많다. 요구르트나 김치를 만드는 젖산균과 마찬가지로 밀가루 반죽을 발효시키는 세균도 당을 먹고 젖산을 만들어낸다. 이 과정에서 빵이 시큼해진다. 많은 사람이 천연 발효종 빵을 사워도 브레드sourdough bread와 동일한 것으로 여기는 이유다. 하지만 천연 발효종 빵이라고 반드시 신맛의 사워도 브레드가 되는 것은 아니다. 발효 조건에 따라 산도를 조절할 수 있다. 집에서 요구르트를 만들 때 온도와 시간을 조절해서 신맛이 덜 나도록 할 수 있는 것과 마찬가지다.

젖산균이 이렇게 산을 만들어내는 이유는 다른 잡균의 번식을 막기 위함이다. 젖산균이 발효 과정에서 만들어내는 산은 빵의 부패를 막는 데도 도움을 주므로, 사워도 브레드는 같은 조건에서 보존제 없이 다른 빵보다 더 오래 보관할 수 있다. 효모도 같은 이유로 알코올을 만들어낸다. 하지만 반죽 속의 효모와 젖산균은 공생관계다. 효모(칸디다 밀레리Candida milleri)는 다른 세균이 버티기 어려운 산성 환경에서도 잘 견디고 젖산균도 효모가 내놓는 알코올에 취하지 않으며 살아남는다. 게다가 둘은 식성도 다르다. 효모는 포도당과 과당을 먹지만 젖산균은 엿당을 먹는다. 현재까지 20종이 넘는 효모와 50종이 넘는 젖산균이 천연 발효종 속에 사는 것으로 알려졌다.

이런 놀라운 공생을 이루는 미생물은 어디서 온 것일까? 2020년 미국의 미생물학자들이 흥미로운 실험을 했다. 제빵사 18명이 동일한 조건으로 발효종을 만들도록 한 다음 발효종 속의 미생물 군락을 분석한 것이다. 연구 결과 발효종 속의 미생물 대부분은 밀가루에서 온 것으로 나타났으며 일부는 제빵사의 손에서 기원한 것으로 나타났다. 같은 동네 빵집에서 같은 밀가루를 가지고 같은 방법으로 빵을 반죽하고 구워도 발효종에 들어 있는 미생물은 제빵사에 따라 다를 수 있다는 이야기다. 다만 이러한 미생물 구성이 시간이 지나도 계속 지속된다고 보기는 어렵다. 발효종에 먹이를 주는 시간이야 맞출 수 있다고 해도 온도를 항상 동일하게 유지하기는 힘들고 먹이로 주는 밀가루의 조성도 조금씩 달라질 수밖에 없기 때문이다.

빵을 만드는 데 쓰이는 발효종에는 밀가루 속의 효모와 젖산균이면 충분하다. 발효종을 만들 때 발효를 촉진하기 위해 오렌지, 블루베리 등의 과일이나 건포도 액을 넣기도 하지만 이는 불필요하다. 발효종에 밀가루와 물을 먹이로 주고 키우는 과정에서 밀가루를 먹이로 하는 데 최적화하지 못한 과일 유래 미생물은 살아남기 어려운 것이다.

천연 발효종 빵이 건강에 더 이로운가

단일 배양한 효모를 사용해서 대량생산한 빵보다, 다양한 종의 효모와 젖산균으로 발효하여 만든 빵의 풍미가 더 뛰어나다는 데는 이견이 없다. 공장에서 생산된 빵은 비교적 긴 시간 유통되고 말랑말랑하긴 하지만 촉촉하지 않고 풍미가 약하여 그냥 먹으면 별맛이 없다. 잼이나 스프레드를 발라 먹으면 그나마 먹을 만하다. 전통 방식으로 반죽을 서서히 발효하여 빵집에서 구운 빵을 선호하는 사람이 늘어나는 것도 이해할 만하다. 하지만 천연 발효종 빵이 건강에 더 좋다고 볼 근거는 그리 많지 않다.

사워도 발효가 일부 글루텐을 분해하여 소화를 도와주며 글루텐에 민감한 사람들에게 도움이 된다는 주장이 있다. 젖산균이 발효 과정에서 단백질 소화효소를 내놓고 이로 인해 글루텐 단백질이 일부 분해되는 것은 사실이다. 하지만 빵을 만드는 사람 입장에서 이걸 그대로 방치할 수도 없다. 글루텐이 약해지도록 두면 반죽의 탄성이 떨어져 뻑뻑하게 맛없는 빵이 만들어지기 때문이다.

한편 사워도 브레드와 같은 발효종 빵을 먹으면 흰 밀가루의 당이 우리 몸에 흡수되는 속도를 늦춰 건강에 더 이롭다는 주장도 있다. 2008년 캐나다에서 사워도 흰 빵과 일반 밀가루 흰 빵, 통밀빵, 통보리빵으로 실험한 결과 사워도 흰 빵을 먹은 뒤에 혈당치가 제일 서서히 올라갔다는 것이다. 하지만 이 실험에서는 통밀빵이 혈당치를 천천히 올려준다는 통념과 달리 곱게 간 밀가루로 만든 통밀빵을 먹은 사람이 일반 흰 빵을 먹은 사람보다 더 빠르게 혈당치가 올라가기도 했다. 빵을 만드는 방법뿐만 아니라 밀가루 입자의 크기에 따라서도 혈당치 변화가 달라진다.

또한 2017년 이스라엘 연구자들의 실험에서는 사워도를 먹으나 그냥 흰 빵을 먹으나 혈압, 체중, 혈당, 혈중 콜레스테롤과 같은 수치에 별다른 임상적 차이가 없는 것으로 나타났다. 발효종에 밀가루를 넣어줘도 이들이 먹는 영양은 전체의 1~2%에 불과하다는 걸 생각해보면 이렇게 차이가 안 나는 게 맞는다. 우리의 전체 식단에서 빵이 차지하는 비중이 얼마나 되느냐까지 생각해보면 그 차이는 더 작아진다. 맛 하나만으로도 발효종 빵을 즐길 이유는 충분하다. 굳이 억지로 이유를 더 만들진 말자.

과학이 가져온 고기

식물성 대체육의 이모저모

지난(2019년) 1월 미국 라스베이거스에서 열린 CES^{Consumer} Electric Show에서 가장 커다란 주목을 받은 것은 하늘을 나는 택시나 화면을 말았다 펼 수 있는 롤러블 TV가 아니라 식물성 대체육으로 만든 임파서블버거 2.0이었다. 소고기 햄버거와 구별할 수 없는 맛, 식품공학의 승리라는 호평이 이어졌고 심지어 고베 꽃등심에 가까운 맛이라고 평가한 기자도 있었다.

정말 그 정도인지 궁금했다. 지난 4월 뉴욕 레스토랑 모모푸쿠 니시에서 임파서블버거 2.0을 맛봤다. 모모푸쿠 니시는 임파서블버거 1.0이 레스토랑 메뉴로 공식 데뷔한 곳이다. 비교를 위해 숙성육으로 만든 치즈버거도 주문했다.

임파서블버거 2.0은 확실히 소고기 맛이 났다. 하지만 잘 두드린 고베 꽃등심 패티로 구운 햄버거보다는 냉동 패티를 그릴에 구워 넣은 미국에 흔한 동네 햄버거 맛에 가까웠다. 씹을 때마다 "나 햄버거야!"라며 자신 있게 육즙을 팡팡 터뜨리는 진짜 햄버거와 달리, "나도 버거에 끼워줘…" 하며 소심하게 속삭이는 듯했다. 그럼에도 불구하고 이제까지 맛본 대체육과는 차원이 달랐다. 라면 건더기 스프나 냉동 만두 속의 콩고기보다는 소고기에 훨씬 가까운 맛이었다.

햄버거 패티로 대체육을 사용할 때는 어느 정도 구별이 가능했다면 중국식 요리에 넣었을 때는 불가능한 수준이다. 어향가지, 탄탄면과 같은 요리에 돼지고기 대신 임파서블 미트를 고를 수 있는 홍콩의 사천식 중식당 키Qi에 찾아갔다. 주문해서 먹어보니 진짜 고기가 아니라는 걸 아는데도 입에서는 고기 맛이 났다. 같은 회사에서 만든 동일한 대체육일 텐데 햄버거에 넣었을 때와는 달리 소고기보다 돼지고기 맛에 가까웠다.

반대로 소호의 채식 전문 식당 부처스 도터The Butcher's Daughter에서 토르티야 대신 양상추에 싸서 먹는 타코베르데Tacos Verde를 입에 넣었을 때는 소고기 간 것과 맛이 비슷했다. 아마도 맥락에 따라 맛을 다르게 인지하기 때문인 듯하다. 그러나 어떤 경우든 임파서블 미트의 맛이 고기 맛이라는 점만은 분명했다.

　　모든 대체육이 고기 맛인 건 아니다. 지난 주말에 맛본 롯데리아 미라클버거는 한 입만 물어도 고기가 아니라는 걸 확실히 알 수 있었다. 씹을 때마다 20여 년 전 학교 안 빵집에서 팔던 고기 맛 안 나는 햄버거 맛이 났다. 임파서블버거의 경쟁자로 불리는 비욘드버거는 그보다는 나았다. 패티에 조금 더 탄력이 있어서 씹을 때 식감이 그럴듯했다. 하지만 맛은 역시 고기 맛이 아닌 다른 세계 어딘가에 있었다. 콩 대신 완두콩 단백질을 사용해서 만들었다는데 콩고기와 맛이 비슷했고 비트로 낸 색깔도 지나치게 붉었다.

식물성 대체육과 건강

　　실리콘밸리의 경쟁자로서 가만히 있을 수 없었는지 2019년 6월 11일 비욘드미트는 소고기 맛에 더 가까운 새 버전의 비욘드버거를 출시한다고 발표했다. 완두콩에 녹두와 현미 단백질을 더해 필수아미노산 비율을 완전 단백질에 맞추는 동시에 풍미와 식감을 소고기에 더 가깝게 했다는 것이다. 아직 국내에는 이전 버전만 수입·판매되고 있어서 시식을 위해서는 조금 더 기다려야 하지만, 미국에서 맛본 사람들의 평가를 보면 전보다 향상된 듯하다.

영양 면에서는 지방 함량도 2g 줄어서 패티 1장에 18g이 되었고 총열량도 250kcal가 되었다. 국내에 판매 중인 1.0 버전의 경우 패티 1장의 열량은 270kcal이다.° 아직 국내 출시되지는 않았으나 동일한 무게의 임파서블버거 패티 1장은 240kcal이다. 소고기 패티와 열량 면에서 거의 비슷한 수준이다.

식물성 대체육 패티가 소고기로 만든 햄버거 패티와 열량에서 별 차이가 없다는 사실은 제조사가 누구를 대상으로 대체육을 만들고 있는지 명확하게 보여준다. 채식주의자를 위한 대체육이 아니라 육류 섭취를 줄이고는 싶은데 입맛을 바꿀 자신은 없는 사람들에게 쉬운 대안을 제시하는 것이다. 영양상의 이점보다는 맛에 초점을 둔 혁신이다.

비욘드버거의 경우 전보다 지방 함량은 줄었지만 포화지방의 함량은 늘어난 것도 같은 맥락이다. 고기를 입에 넣고 씹을 때 육즙이 촉촉하다고 느끼는 것은 상당 부분 포화지방 덕분이다. 초콜릿처럼 녹아내리는 포화지방이 침의 분비를 자극하는 것이다. 비욘드버거가 새로운 버전을 만들면서 마블링 소고기를 본떠 눈에 확 띨 정도로 지방 조각을 패티에 섞어낸 이유

° 일부 웹사이트와 기사에 227g 비욘드버거 패티 1장의 칼로리는 270kcal에 불과하다고 쓰여 있으나 잘못된 이야기다. 227g은 패티 2장의 중량이며 따라서 총열량은 540kcal다.

다. 임파서블버거의 총 지방 함량은 비욘드버거보다 4g 적지만 포화지방 함량은 8g으로 더 많은 것도 마찬가지 이유에서다. 다만 포화지방을 넣기만 한다고 육즙이 촉촉한 느낌을 주는 건 아니다. 롯데리아 미라클버거는 포화지방 함량이 11.2g으로 불고기버거(6.5g)의 2배에 가까울 정도지만 육즙이 촉촉하기는커녕 그냥 눅눅하기만 하다.

　　나트륨 함량에서도 식물성 대체육이 기존 육류보다 나은 점이 없다. 원재료가 식물성이기는 해도 맛과 보존성을 위해 나트륨이 들어갈 수밖에 없기 때문이다. 콜레스테롤이 들어 있지 않다는 점이 장점이 될 수는 있지만 음식으로 섭취하는 콜레스테롤이 혈중 콜레스테롤 농도에 미치는 영향이 그리 크지 않다는 걸 감안하면 두드러진 이점으로 보기 어렵다.° 식이섬유, 비타민의 함량이 비교적 높지만 영양 강화를 위해 첨가되었다는 점을 고려하면 별다른 장점은 아니다. 고기 패티에 비타민을 보강하면 얼마든지 따라잡을 수 있는 차이다.

　　게다가 임파서블 미트의 경우 고기 맛을 내기 위해 콩과 식물에서 유래한 레그헤모글로빈을 첨가하는데 일단 현재까지의 자료로는 안전한 것으로 보이나 장기간 섭취 시 건강에 어떤 영향을 미칠지는 추가 연구가 필요하다.

대체육과 식탁의 미래

영양상 특별한 이점이 없지만 식물성 대체육이 각광받는 것은 결국 환경문제와 관련된다. 1kg의 단백질을 소고기로 생산하려면 콩이나 완두콩보다 수십 배 더 많은 땅과 물이 필요하다. 옥스퍼드대에서 2018년 2월 발표한 연구에 따르면 환경에 영향을 가장 적게 주는 방법으로 소고기를 생산해도 완두콩으로 같은 양의 단백질을 생산할 때보다 온실가스 방출량이 6배, 토지 사용량이 36배나 된다. 돼지와 닭은 소보다 자원 소모가

○ 1913년 러시아 과학자 니콜라이 아니치코프^Nikolai Anichkov^가 실험으로 토끼에게 콜레스테롤을 먹이고 혈중 LDL 콜레스테롤 수치가 증가한 것을 발견한 이래, 콜레스테롤 함량이 높은 음식을 피해야 한다는 것이 정설처럼 굳어졌다. 하지만 혈중 콜레스테롤의 80~85%는 인체에서 만들어진다. 유전적으로 취약한 일부 사람을 제외하면 음식으로 섭취하는 콜레스테롤이 혈중 콜레스테롤에 미치는 영향은 크지 않다. 2013년 미국심장협회는 "음식으로 콜레스테롤 섭취를 줄인다고 LDL-C 즉 나쁜 콜레스테롤을 낮춘다고 볼 만한 근거가 불충분하다"라고 결론 내렸다. 그렇다고 고콜레스테롤 음식을 실컷 먹어도 된다는 것은 아니다. 미국심장협회는 2020년 새로운 권고안에서 요점을 분명히 했다. 콜레스테롤이라는 영양성분 하나에 지나치게 집착할 필요는 없으며 전체 식단에 주의를 기울이는 게 중요하다는 것이다. 또한 지중해 식단이나 DASH(Dietary Approaches to Stop Hypertension, 고혈압을 막기 위한 식이법)처럼 건강에 유익한 것으로 알려진 식단이 전체적으로 채소, 과일, 통곡물, 저지방 유제품, 기름기 적은 살코기, 견과류, 식물성 기름으로 구성되어 있다는 것이다.

적지만 식물성 단백질을 생산하는 경우와 비교하면 여전히 효율이 떨어진다. 쉽게 말해 가축에게 곡물을 먹여 살을 찌우는 방식으로 단백질을 섭취하는 것보다는 우리가 그 곡물을 직접 먹는 게 더 효율적이다.

그런 일이 실제로 일어나면 어떻게 될 것인가는 또 다른 문제다. 세계적으로 2007년까지 식물성 대체식품 제조사에 투자된 금액만 20조 원이 넘는다. 지난 5월 상장한 비욘드미트의 시가총액은 사흘 만에 5조 원을 넘겼다. 네슬레, 다농, 유니레버와 같은 다국적 식품 회사와 타이슨 같은 기존 육류 회사도 대체육류 시장에 뛰어들고 있다.

지금까지는 대체육류가 비교적 값이 비싸고 인기 트렌드의 하나로 뜨고 있지만, 미래에 대체육류가 주류로 자리 잡으면 그때 어떤 일이 벌어질지는 알 수 없다. 컨설팅 회사 AT커니가 내놓은 예측대로 2040년에 전체 육류의 60%를 대체육이 차지한다면 그때는 상황이 역전될 수도 있다. 지금은 대체육이 희소한 만큼 높은 가격에도 인기를 끌고 있지만, 그때는 진짜 고기의 값은 올라가고 선택된 소수만이 먹을 수 있게 되어, '우리에게 대체육류가 아닌 진짜 고기를 달라'며 군중이 시위하게 될지도 모를 일이다. 식물성 대체육이 환경에 끼치는 영향도 아직 정확히 파악하기는 이르다. 차분히 지켜봐야겠다.

지금은 대체육이 희소한 만큼 높은 가격에도 인기를 끌고 있지만, 그때는 진짜 고기의 값은 올라가고 선택된 소수만이 먹을 수 있게 되어, '우리에게 대체육류가 아닌 진짜 고기를 달라'며 군중이 시위하게 될지도 모를 일이다.

2부

거짓은
그럴듯해 보여도
거짓이다

음식으로 면역력을 키워
바이러스를 이겨낸다는 믿음

음식으로 면역력을 키워 코로나19를 이겨낼 수 있다는 말은 어디까지가 사실인가. 나는 지금 콩나물국에 밥을 말아 갓김치를 곁들여 가볍게 저녁을 먹고서 이 글을 쓰고 있다. 언론 보도에 따르면 내가 먹은 음식 중에 면역력을 높이지 않는 음식은 하나도 없다.

《매경헬스》 2020년 3월 12일 자 기사에 따르면, 고추의 매운맛을 내는 캡사이신 성분은 발열 작용을 하면서 일시적으로 열을 내려주고, 콩나물은 해열과 피로 회복을 돕는다. 콩나물에는 사포닌, 비타민C, 아미노산 등의 영양소가 풍부해 기력 회복 효과가 있다. 콩나물국에 넣은 파는 또 어떤가. 2월 13일 자《파이낸셜뉴스》에 의하면 대파의 흰 줄기에는 사과보다 5배 많은 비타민C가 함유되어 있다. 뿌리에도 면역력 증진에 좋은 알리신과 폴리페놀 성분이 많아 감기 예방 및 피로 회복에 아주 좋다고 한다.

알리신 하면 마늘도 빠질 수 없다. 3월 13일 자《경향신문》 기사는 면역력 강화에 도움을 주는 알리신 성분을 풍부하게 함유하고 있고《타임》에서 세계 10대 건강식품으로 선정했다며 마늘을 권한다. 갓은 1월 26일에 올라와 조회수 200만을 넘긴 〈바른약 바르게 알쓸신약〉이란 유튜브 동영상에 등장한다. 화자가 누구인지 정확히 알 수 없는 이 동영상에서는 "갓에는 항바이러스 효과를 나타내는 성분이 포함되어 있기 때문에 갓을 드시면 바이러스에 대항력을 키울 수 있습니다"라고 단언한다.

무심코 먹은 국과 밥과 김치에 이렇게 대단한 효과가 있다니 기분 좋긴 하다. 하지만 면역 증진 효과는 사실이 아니다. 2003년 7월까지 중국과 동남아시아, 캐나다에서 8,000명 이상이 감염되고 774명이 사망한 신종 코로나바이러스에 의한 사스(SARS, 중증급성호흡기증후군)가 유행했을 때 한국에선 별 탈이 없었던 게 김치 덕분이라는 주장이 있었다. 김치의 항바이러스 효과에 대한 믿음은 이어져서 2년 뒤인 2005년에는 영국 BBC에서 서울대 연구팀이 김치 추출물을 조류인플루엔자에 걸린 닭에게 주었더니 일주일 만에 회복되기 시작했다는 뉴스를 보도하기도 했다. 이유도 불분명하고 효과가 과학적으로 증명된 것도 아니라는 연구자들의 설명이 덧붙은 이 기사는, 김치가 정말 효과적인 치료법인지 여부는 시간이 지나 후속 연구가 더 나와야만 알 수 있을 거라는 말로 끝났다.

그리고 시간이 흘러 2015년 또 다른 신종 코로나바이러스에 의한 감염병인 메르스(MERS, 중동호흡기증후군)가 찾아왔다. 이번에는 달랐다. 한국은 단숨에 세계 2위의 발병국이 되었고 김치도 아무 힘을 쓰지 못했다. 신라대 이한승 교수는 『솔직한 식품』에서 김치를 자주 먹지 않는 일본에서도 사스 발병이 거의 없었다는 사실을 지적한다. 반대로 1918년 스페인 독감이 유행했을 때는 한국에서도 740만 명이 감염되고 14만 명이 사망했다는 사실도 환기한다.

이번 코로나19가 인도에 조금 늦게 전파되자 몇몇 전문가는 인도인이 카레 덕분에 면역력을 키워 바이러스를 이겨내는 거라고 주장했다. 섣부른 예측이었다. 2021년 2월 기준 인도의 누적 확진자 수는 1,080만 명을 넘어섰다. 과거 인도에서 스페인 독감으로 사망한 사람 수가 1,000만 명 이상이었다는 사실만 고려해도 카레의 효과가 기대에 못 미친다는 것은 짐작할 수 있는 일이었다. 특정 음식으로 바이러스와 싸워 이길 힘을 기르는 건 불가능하다.

음식도 면역체계도 복잡하다

면역력에 도움이 되는 음식의 효능을 강조하려다 보면 특정 성분에 치우치기 마련이다. 대파 흰 줄기에 사과보다 5배 많은 비타민C가 들어 있다는 식으로 말이다. 하지만 이런 식의 비교는 오해를 낳는다. 사과는 애초에 비타민C 함량이 높지 않은 과일이다. 애꿎은 사과를 비교 대상으로 하여 대파에 비타민C가 많다고 설명하면, 사과만 억울하게 만드는 일이다. 사과에 식이섬유가 풍부하여 면역력을 높여준다는 기사도 있으니 불행 중 다행이지만 말이다.

특정 음식 또는 영양성분이 면역력을 키워준다는 단순한 주장은 옳지 않다. 단백질, 탄수화물, 지방과 같은 거대 영양소, 비타민, 미네랄 같은 미량 영양소가 결핍되거나 부족하면 우리 몸의 면역체계가 정상적으로 작동하기 어려운 것은 맞다. 하지만 딱 거기까지다. 비타민A는 면역기능에 중요한 역할을 하며 점막과 표피를 보호하는 데도 필수적이다. 결핍될 경우 우리 몸은 감염성 질환에 취약해진다. 하지만 비타민A를 과잉 섭취하면 골다공증, 피로감, 간독성과 같은 부작용이 나타난다. 비타민A 과잉 섭취가 면역반응을 방해할 수 있다는 연구 결과도 있다.

코로나19가 예상보다 오래가면서 무슨 음식, 어떤 영양제를 먹으면 면역력이 강해진다는 주장도 점점 더 늘어나고 있지만, 실은 면역력이라는 말 자체가 틀린 용어다. 면역은 무조건 강하면 좋은 어떤 힘과 같은 개념이 아니라 서로 맞물려 작동하는 복잡하고 정교한 시스템이다. 땅콩과 같은 음식에 대한 알레르기 반응으로 목숨을 잃는 사람의 경우처럼 복잡한 면역체계 일부가 오작동을 일으키면 건강에 도리어 해가 된다. 면역력은 학술 전문용어가 아니라 마케팅에 남용되는 잘못된 개념일 뿐이다.

체온을 올려 면역력을 강화한다는 음식 이야기는 어떤가? 바이러스, 세균이 침입하면 몸에 열이 나고 면역체계가 더 활성화되는 것은 사실이다. 하지만 생강, 마늘, 고추와 같은 맵고 자극적인 음식을 먹는다고 해서 실제로 체온이 올라가진 않는다. 몸에서 열이 나는 것처럼 땀을 흘리긴 하지만, 2015년 일본 연구팀의 실험 결과에 따르면 체온에 미치는 영향은 미미한 것으로 나타났다. 피부 온도가 일시적으로 조금 높아질 수는 있으나 중심체온은 달라지지 않는다. 고춧가루를 뿌린 콩나물국을 한 그릇 먹고 나면 땀이 나는데, 이는 잠시 올라간 피부 온도를 낮추기 위함이다. 이러한 사실이 사람의 체온이 일정하게 유지되고 있음을 보여주는 증거다. 매운 음식을 먹는다고 체온을 올릴 수도 없고 면역력을 올릴 수 있다는 과학적 근거도 없다.

그래도 어떻게든 체온을 끌어올리고 싶은 마음을 붙잡을 수 없다면 동물의 체온이 낮을수록 노화 방지와 장수에 도움이 된다는 연구 결과가 제법 많다는 사실에 주목하길 바란다(체온과 장수의 관계 또한 복잡하여 인간의 경우 여성은 체온이 남성보다 살짝 높지만 남성보다 장수한다).

면역에 진짜 도움을 주는 식사법

점심으로는 돼지불고기를 먹었다. 돼지고기 역시 면역에 좋다는 식품이다. 양질의 동물성 단백질에 아연, 비타민B군, 셀레늄이 들어 있으니 말이다. 이런 식으로 따지면 모든 식품은 면역기능에 좋을 수밖에 없다. 그도 그런 것이 음식을 제대로 먹지 못하면 기력 저하는 물론이고 면역체계의 기능도 당연히 떨어진다. 하지만 면역력에 좋다는 특정 식품을 챙겨 먹을 이유는 없다. 건강 유지에 좋은 생활습관과 식단이면 충분하다. 골고루 적당히 먹고 운동하자. 금연하고 절주하자. 충분히 자자. 기본적 건강 수칙으로 누구나 알고 있는 상식이다.

하지만 그것만으로 코로나19와 같은 감염성 질환을 이겨낼 수는 없다. 음식은 우리의 건강과 면역에 꼭 필요한 조건이지만 감염성 질환을 이겨내기에 충분한 조건은 아니다. 우리의 면역체계가 신종 코로나바이러스와 싸워 이길 수 있도록 대비시켜주는 것은 면역력을 높여주는 음식이 아니라 백신이다. 백신이 나오기 전까지는 손 씻기, 사회적 거리두기와 같은 예방책을 잘 따라야 바이러스 감염의 위험을 줄일 수 있다.

내가 아무리 잘해도 다른 사람이 코로나19와 같은 감염성 질환에 많이 걸리면 나 역시 감염될 가능성이 높다. 나만 건강해서 될 일이 아니라 다 함께 건강해야 한다. 나만 균형 있게 식사하면 되는 게 아니라 남들도 잘 먹어야 한다. 감염을 막기 위해 여럿이 모여 함께 식사하는 일은 당분간 자제해야 하지만, 각자 자신의 공간에서 잘 먹고 있는지 서로 살피고 도와주어야 할 때다.

집밥을 먹으면 더 건강해질까?

요리와 건강의 상관관계

요리가 세상을 구원할 수 있을까. 우리가 살찌는 것은 요리를 덜 하고 간편식품을 더 많이 구입하기 때문일까. 마이클 폴란Michael Pollan에 따르면 '그렇다'다. 폴란은 『요리를 욕망하다』에서 미국 가정에서 식사를 준비하는 데 쓰는 시간이 1960년대 중반 이후 절반으로 줄어들어 이제는 고작 27분이라고 한탄한다. 요리에 들이는 시간은 자신과 가족이 어떻게 먹느냐에, 보이지 않지만 심대한 긍정적 영향을 미치기 때문에, 요리 시간이 줄어들면 건강을 해칠 수밖에 없다는 것이다. 비만의 증가는 집 밖에서 사 먹는 일이 늘어난 걸로 대부분 설명 가능하며, 집에서 요리하는 시간이 많은 나라일수록 비만율이 낮다는 하버드대 경제학과 데이비드 커틀러David Cutler 교수의 연구 결과까지 인용하며, 우리가 요리하면 더 건강하리라고 역설한다.

다른 연구 결과를 봐도 비슷하다. 2014년 《공중보건영양 Public Health Nutrition》 온라인판에 게재된 존스홉킨스대 연구에서는 20세 이상 9,000명이 넘는 참가자를 대상으로 설문조사를 했다. 연구 결과, 요리를 자주 할수록 더 건강하게 산다는 사실이 다시 한번 확인됐다. 요리를 자주 하는 사람이 그렇지 않은 사람보다 더 적은 칼로리를 섭취할 뿐만 아니라 당류와 지방도 더적게 먹었다. 하지만 이들은 외식할 때도 요리하지 않는 사람보다 더 적은 칼로리를 섭취했다. 요리가 건강에 영향을 미치는 인과관계가 존재하는 게 아니라 요리를 자주 하는 사람의 생활방식 자체가 다를 수 있다는 이야기다.

2015년 《영양학 리뷰Nutrition Reviews》에는 41건의 연구를 분석한 결과가 실렸는데, 여기에서도 요리와 건강의 상관관계가 여지없이 드러났다. 혼자 살면서 요리해 먹는 일이 적은 사람은 과일, 채소, 생선 섭취가 부족했고, 전체적으로 다양성이 부족한 식단에 건강에 유익한 음식 섭취도 적은 걸로 나타났다. 대만에서 65세 이상 노인 1,888명을 대상으로 한 연구 결과, 일주일에 5번 이상 요리하는 사람은 요리를 전혀 하지 않는 사람에 비해

10년 뒤에도 생존해 있을 확률이 더 높았다.

'유명 요리사처럼 멋지게 요리할 필요는 없다. 기본적 요리 기술을 배워라. 할 수만 있다면 직접 요리해서 먹어라. 그러면 더 건강한 삶을 살 수 있을 것이다.' 되돌이표가 붙은 것처럼 방송과 미디어에서 같은 이야기가 이어졌다. 그리고 마침내 모두가 그렇게밖에 할 수 없는 때가 왔다. 코로나19가 세계를 휩쓴 것이다.

요리하면 더 건강할까

봉쇄, 또 봉쇄. 영국 콜린스 사전이 2020년 올해의 단어로 '록다운lockdown'을 선정할 정도로 많은 도시가 문을 닫았다. 식당 방문이 어려워진 만큼 집에서 식사하는 일이 늘었다. 집밥과 요리에 대한 관심이 늘고 레시피를 제공하는 웹사이트의 접속량이 많이 증가했다. 2020년 4월 미국에서 1,000여 명의 성인을 대상으로 한 설문조사에서 절반에 이르는 응답자가 전보다 더 자주 요리한다고 답했다. 배달이나 테이크아웃을 덜 이용한다는 사람도 38%나 되었다. 독일에서도 4월 말 행한 비슷한 설문조사에서 4명 중 1명이 코로나바이러스 유행 전보다 더 자주 요리하는 것으로 나타났으며, 응답자 38%가 전보다 집에서 빵을 굽는 횟수가 늘어났다고 답했다. 한때 독일 슈퍼마켓에서 밀가루와 이스트를 찾기가 어려울 정도였다.

그럼 더 건강해졌을까. 이탈리아에서 3,533명을 대상으로 연구한 결과에 따르면, 반드시 그렇진 않은 것 같다. 2020년 6월 학술지에 발표된 이 연구 결과에서, 참가자 15%가 농장 또는 유기농으로 재배한 채소와 과일 구입을 늘리고 18~30세 연령대는 다른 연령대보다 지중해 식단으로 먹으려는 노력을 더 많이 하게 되었다고 답했다. 하지만 불행히도 전체 참가자의 거의 절반이 체중증가를 느끼는 걸로 나타났다.

우리도 상황은 비슷하다. 2020년 10월 한국건강증진개발원에서 한국갤럽에 의뢰해 전국 만 20~65세 이하의 성인 남녀 1,031명을 대상으로 조사한 결과, 코로나19 이후 생활의 변화를 묻는 항목에 배달음식 주문 빈도 증가(22.0%), 집에서 직접 요리해 먹는 빈도 증가(21.0%), 체중증가(12.5%), 운동량 감소(11.4%) 순으로 선택했다. 답을 하나만 선택하는 조사 방식이어서 앞서 언급한 다른 나라 조사(중복 선택이 가능)와는 차이가 있음을 감안해야 한다. 하지만 전체적 흐름은 동일하다. 외식 대신 배달음식 주문이 느는 동시에 집에서 요리해 먹는 빈도가 증가했다.

마이클 폴란에 의하면 세계에서 요리 시간이 가장 짧은 나라는 미국이다. 그런 미국에서도 코로나19로 집에서 요리해 먹는 시간이 크게 늘었다. 2020년 6월 발표된 한 설문조사에서 미국인 60%는 전보다 더 요리해 먹는 일이 많아졌다고 답했다.

신선한 농산물을 씻는 시간이 늘었다고 답한 사람도 30%나 되었고, 음식에 대해 전보다 더 생각한다는 사람도 27%나 됐다.

록다운으로 집 밖에 못 나가는 건 불행한 일이지만 적어도 집에서 요리하고 식사하는 일이 늘어난 것만큼은 건강 면에서 다행스러운 일이 아닐까. 하지만 그렇지 않다. 2020년 4월부터 5월까지 7,753명을 대상으로 설문조사를 한 결과가 10월에 학술지 《비만Obesity》에 게재됐다. 설문조사 참가자는 주로 미국인이었는데 캐나다, 호주, 영국인이 포함되었고 응답자 평균 연령은 51세, 성별은 주로 여자였다.

전체적으로 식생활이 건강에 유익한 쪽으로 변했다. 집에서 요리해 먹는 일이 늘어나고 외식 비중은 줄어들었다. 그런데도 응답자의 24.7%가 체중이 늘었다고 답했다. 비만인 경우에는 그 비율이 더 높아서 약 33%가 체중이 늘었다고 답했다. 비만인 사람이 전체적으로 보면 식생활 개선의 폭이 제일 컸음에도 불구하고 체중증가와 정신 건강의 악화를 경험하는 비율도 제일 높았다. 이런 체중증가는 집에 머무는 시간이 길어지면서 운동량이 줄어들고 걱정과 불안이 늘어나고 달콤한 간식과 음료를 찾는 일이 많아진 것과도 무관하지 않다.

리투아니아에서 2,447명을 대상으로 조사한 다른 연구에서도 비슷한 패턴이 나타났다. 응답자의 62.1%가 전보다 더 자주 집에서 요리한다고 답했지만 전체 응답자의 3분의 1에 가까운 31.5%가 체중이 늘어났다. 체중에 변화가 없는 사람에 비해 체중이 증가한 사람의 경우에 록다운 이전보다 집에서 요리하는 빈도가 높아졌다는 답이 많았다. 하지만 동시에 체중 증가자가 체중 유지자보다 록다운 이전보다 식사량이 늘었다. 집에서 요리하고 외식을 줄이는 것만으로 체중을 줄이거나 건강을 개선하기는 어렵다. 많이 먹으면 살찐다는 기본 법칙을 요리로 바꿀 수 없다.

요리하면 더 적게 먹을까

마이클 폴란은 책에 식품 기업이 "우리를 대신해 요리해주면 양질의 재료는 아끼고 설탕과 지방, 소금은 많이 넣을 게 뻔하다"라고 썼다. 하지만 집에서 요리한다고 설탕, 지방, 소금을 적게 넣는 것은 아니다. 리투아니아 연구에서 체중이 늘어난 응답자의 경우가 그랬다. 체중 변화가 없었던 사람보다 요리를 더 자주 한 동시에 더 많이 먹었다. 당분 음료, 육류 섭취량이 늘고, 집에서 페이스트리를 더 많이 만들어 먹고, 튀김을 더 많이 먹었다는 사람 비율도 체중 증가자 쪽이 더 높았다. 반대로 과일과 채소는 이전보다 더 적게 먹는다고 답한 비율이 체중 증가자 쪽이 더 높았다.

어디부터 어디까지 직접 준비해야 직접 만든 요리로 볼 것인가도 애매하다. 폴란은 발효종을 만들고 직접 반죽하고 발효하는 과정을 통해 빵을 만들고 나니 성취감을 느꼈다고 썼다. 그는 빵 굽기를 통해 전보다 덜 의존적이고 더 자립적인 사람이 되었다는 것이다. 하지만 집에서 실제 요리를 하다 보면 이런 경계가 매우 모호하다는 걸 깨닫게 된다. 밀가루 반죽을 직접 발효하여 빵을 구워내야만 요리이며 냉동 생지를 사서 굽기만 하면 요리가 아닌지, 직접 하는 요리란 어디서부터 어디까지를 말하는 것인지 의문이 생긴다.

　내가 요즘 집에서 제일 자주 해 먹는 건 올리브유에 얇게 썬 마늘을 볶고 주키니, 토마토, 새우를 넣은 파스타다. 집에서 생면 파스타를 만들 여유는 없으니 그냥 링귀니를 사다 쓰고, 이탈리아에 가서 직접 올리브유를 짜 올 수 없으니 수입 올리브유를 쓴다. 여기 곁들여 마시는 와인은 또 어떤가. 집에서 만든다는 건 상상할 수도 없다. 파스타, 올리브유, 와인까지 다 내가 만들어야 요리라고 보는 건 지나치다.

　미리 재료를 썰어 분량에 맞춰 포장해둔 밀키트는 어떤가? 분업화된 주방에서 미리 준비하고 전처리를 마친 재료로 요리사가 요리한다고 요리가 아니라고 할 수 없듯이, 내가 직접 재료를 씻고 썰지 않았다고 요리가 아닐 수는 없다. 라면을 끓이는 것도 당연히 요리다. 물리학자 김상욱 교수가 페이스북에 올린 글로 촉발된 논쟁을 보자. 라면 면과 스프를 처음부터 찬물에 넣고 끓기 시작할 때 계란을 넣고 30초 후 자른 대파를 넣고 10초 후에 불을 껐더니 완벽한 면발이 되었다는 것이다. 이 글이 무려 800회 넘게 공유되면서 라면 조리법 논쟁이 촉발됐다. 포장지 뒷면에 제시된 레시피가 가장 보편적이며 최적의 조리법이라며 반발하는 목소리도 있었다. 라면 하나 끓이는 게 뭐 대단한 요리라고 이런 걸로 왈가왈부란 말인가 반문할 수 있다.

하지만 미국에서도 이와 비슷한 논란이 있었다. '주방의 화학자' 또는 '요리의 과학자'로 불리는 해럴드 맥기Harold McGee가 《뉴욕타임스》 2009년 2월 24일 자 칼럼에서 처음부터 찬물에 소금과 파스타를 넣고 끓여도 면발의 텍스처와 염도가 끓는 물에 파스타를 넣고 끓이는 전통 이탈리아 방식 '부타 라 파스타 butta la pasta'와 별 차이가 없었다고 쓴 것이다. 중간에 면이 달라붙지 않도록 저어줘야 하는 단점이 있지만 적은 물로 파스타를 삶을 수 있어서 에너지를 절약할 수 있고 더 걸쭉한 면수(면 삶은 물)가 남는다는 장점도 있다고 소개했다.

혼자서만 실험하는 데 그친 게 아니라 유명한 이탈리아 요리 전문가 2명에게 이메일로 실험을 의뢰하기도 했다. 찬물에 면을 넣는 걸 신성모독처럼 여기는 이탈리아인에게 찬물에 넣어 끓인 파스타라니! 해럴드 맥기의 칼럼이 지면에 나오자마자 뜨거운 논란이 뒤따랐다.

라면이라고 파스타와 다를 게 없다. 대대로 전해 내려온 레시피가 아니라 식품 회사 연구원이 실험을 통해 제시한 표준 조리법이 제시된다는 차이가 있을 뿐이다. 라면도 예시된 조리법 그대로 끓이느냐 기본 조리방식에 변화를 주느냐에 따라 결과물이 다르다. 모든 것을 직접 만들어야만 요리라는 좁은 관점으로 보면 라면은 요리가 아니다. 생면을 뽑고 소스를 만들어야 파스타라고 여기는 사람의 눈에 스파게티 면을 삶고 유리병에 든 소스를 데워서 만드는 파스타가 요리로 보이지 않는 것과 마찬가지다. 하지만 좀 더 너그러운 관점에서 보면 라면은 요리다. 난이도 면에서 다른 요리에 비해 손쉬운 요리다.

요리의 난이도와 건강에 미치는 영향은 별개의 문제다. 집에서 직접 구워 먹든 제과점에서 사다 먹든 케이크와 과자를 자주 먹으면 설탕과 지방 섭취량이 늘어난다. 리투아니아 연구에서 체중 증가자 그룹에 홈 메이드 페이스트리 섭취가 늘었다고 응답한 비율이 높았던 점을 기억하자. 직접 요리해서 먹느냐 사 먹느냐는 우리의 건강과 체중에 식사량보다 더 큰 영향을 줄 수 없다.

가끔 집에서 요리하다 보면 냄새에 질려서 완성 뒤에는 정작 식욕이 떨어질 때가 있다. 생리학에서 감각 특정적 포만sensory specific satiety이라고 하는 현상이다. 그렇다면 적어도 요리를 하는 사람은 냄새에 질려 다른 사람보다 적게 먹고 그만큼 체중 유지가 쉬우며 건강하지 않을까? 궁금해서 찾아보니 연구 결과는 내 예상과 정반대였다. 식욕은 줄지 않았다. 오히려 증가했다. 잠깐 냄새를 맡거나 10~20분에 걸쳐 오래 냄새를 맡거나 식욕 자극 효과는 마찬가지였다. 다만 냄새의 종류에 따라 식욕이 달라졌다. 감칠맛 음식 냄새를 맡으면 감칠맛 음식에 대한 식욕이 늘고, 대신 달콤한 음식에 대한 식욕은 줄어드는 식이었다.

과학 실험 결과를 읽고 다시 생각해보니, 요리 뒤에 식욕이 줄었다고 느낀 적은 있지만 내가 실제로 식사를 거른 적은 없었다. 역시 느낌이나 직관보다는 과학적 근거가 더 중요하고, 직접 만든 요리냐 아니냐보다는 식사량이 더 중요하다. 이거야 말로 코로나19의 시대 집에서 식사하며 내가 배운 교훈이다.

■덧붙이는 글　　　　　　　　라면, 찬물에 넣고 끓이는 게 나을까?

기름에 튀겨낸 라면은 다공질로 물을 빨리 흡수하므로 해럴드 맥기의 《뉴욕타임스》 칼럼 내용을 라면 논쟁에 그대로 적용할 수는 없다. 맛을 평가할 때는 기본적으로 비교 실험을 하는 게 차이를 알아보기에 좋다. 라면 애호가라면 한쪽은 기본 조리법대로 끓는 물에 면과 스프를 넣어서 끓이고 다른 한쪽은 찬물에 면과 스프를 넣고 끓여서 맛을 비교해보는 실험을 해보자. 둘의 맛을 정확히 비교할 수 있으려면 조리가 끝나는 시점을 동일하게 맞추어야 한다. 찬물에 면을 넣은 경우 끓기 시작하면 1분 정도 더 끓이고 조리를 마치므로 전체 조리시간이 물부터 끓일 때보다 짧은 편이다. 전기주전자로 미리 물을 끓여서 표준 조리법 라면에 사용하면 둘의 시간을 맞추기 쉽다.

실제로 실험해보면 너구리와 같은 유탕면의 경우 찬물에 면과 스프를 넣고 끓인 라면이 끓는 물에 넣은 경우보다 면발이 부드럽고 덜 쫄깃하다. 기름에 튀겨낸 면에는 구멍이 송송 나 있어서 끓기 전에도 물을 어느 정도 흡수하기 때문이다. 찬물에 면을 넣고 물이 끓으면 1분 만에 조리를 멈추어야 하는 것은 조리 시간 단축에 더해 면이 지나치게 붙는 것을 방지하기 위해 필요한 조치다.

찬물에 면을 넣어 짧게 끓이면 전분이 국물로 덜 녹아 나오기 때문에 국물이 더 맑다. 대신 국물 맛이 덜 진하고 면과 따로 노는 느낌이 든다. 물에 녹은 전분이 라면을 튀긴 기름을 물과 섞어주는 유화제 역할을 하는데, 전분이 물에 녹아 나올 시간이 충분치 않기 때문이다.

튀기지 않은 건면으로 실험할 경우는 결과물의 차이가 그리 크지 않다. 블라인드 테이스팅을 하면 맞히기 어려울 정도다. 건면은 유탕면과 비교하면 파스타에 더 가까운 형태로, 끓기 전까지는 물을 적게 흡수하기 때문이다.

하지만 이들은 외식할 때도 요리하지
않는 사람보다 더 적은 칼로리를
섭취했다. 요리가 건강에 영향을 미치는
인과관계가 존재하는 게 아니라 요리를
자주 하는 사람의 생활방식 자체가
다를 수 있다는 이야기다.

그들의 라이프스타일을 따를수록
내 지갑은 더욱 얇아진다

클린이팅의 진실

신선한 과일과 채소를 많이 먹어라. 정제하지 않은 식재료를 통째로 먹어라. 가공식품을 멀리하라. 소금과 설탕이 첨가된 음식을 피하라. 인공첨가물이 들어 있나 확인하라. 최근 몇 년 사이 음식 트렌드의 대세로 떠오른 클린이팅clean eating의 주요 골자다. 귀네스 팰트로, 미란다 커, 제시카 알바와 같은 할리우드 스타들의 다이어트로도 유명하지만, 클린이팅이 대세로 굳어지도록 만든 건 인스타그램과 유튜브의 스타들이다.

인스타그램에 해시태그(#cleaneating, #eatclean)로 검색하면, 관련 게시물 수만 1억 900만 건이다(2020년 2월 기준). 게시된 사진을 보면 클린푸드가 어떤 것인지 더 분명해진다. 주로 눈에 띄는 테마는 푸른 채소와 붉은 과일, 갈색의 견과류다. 통곡물 그래놀라, 견과류에 바나나 슬라이스와 라즈베리를 얹고 아몬드밀크를 넣은 스무디볼, 유기농 단호박에 방사형 농장 달걀프라이를 곁들인 아보카도샐러드는 그야말로 클린이팅에 딱 어울리는 음식이다.

클린이팅이 대세가 된 이유

왜 이렇게 인기일까? 일부에서는 사람들이 건강에 관심이 많기 때문이라고 추측한다. 단순한 식이요법이 아니라 건강과 행복을 추구하는 라이프스타일이기 때문이라 더 큰 인기라는 설명도 있다. 하지만 진짜 답은 사진에 있다. 클린이팅 또는 잇클린으로 검색되는 인스타그램 사진의 대부분은 늘씬하면서도 근육질의 몸매를 지닌 미남미녀들이다. 음식 사진보다 인물 사진이 눈에 더 많이 들어온다. 말이 필요 없다. 보는 것이 믿는 것이다. 사진만 보고 있어도, 클린이팅의 효과에 대한 믿음이 생긴다. 설탕, 소금, 조미료로 뒤범벅된 가공식품을 멀리하고, 자연에 가까운 음식을 먹는다면 더 건강하고 행복한 삶을 살 수 있다는 믿음이다.

우리의 잘못을 명확하게 보여준다는 점 또한 클린이팅이 유행하는 이유로 볼 수 있다. 왜 건강하지 못한가에 대한 답을 클린이팅의 기준에 맞춰보면 쉽게 알 수 있단 이야기다. 오늘 내가 점심으로 먹은 음식들을 예로 들어보자. 잡곡밥에 채소카레를 얹어 먹었다. 귀리와 현미로만 밥을 지었으면 괜찮았을 텐데 도정한 백미를 더 많이 넣어 지었으니 내가 먹은 밥은 클린푸드가 아니다. 카레에 썰어 넣은 당근, 양파, 호박, 감자는 기준에 맞는다 쳐도, 카레 분말은 가공식품이니 채소카레도 클린푸드가 아니다.

양배추샐러드도 클린푸드라고 할 수 없다. 양배추를 잘게 썬 것까지는 좋았는데, 하필 일본식 참깨드레싱을 곁들여 먹었기 때문이다. 초산나트륨, 5'-이노신산이나트륨, 잔탄검 등의 인공첨가물이 들어 있는 참깨드레싱이라니 클린과는 거리가 멀어도 한참 먼 가공식품이다. 한 달 이상 익힌 시원한 맛의 김치와 동치미는 소금기가 너무 많고 신선하지 못하니, 역시 탈락이다. 결정적으로, 선물 받은 스팸은 아예 꺼내질 말았어야 했는데 프라이팬에 구워서 세 조각을 먹고 말았다. 클린이팅의 관점에서 건강을 해칠 수밖에 없는 식단이다.

유행 다이어트가 돌고 도는 이유가 여기에 있다. 뱃살이 늘고 전보다 쉽게 피곤해지는 현상이 나이가 들고 운동이 부족하거나 과식, 과음의 누적 때문이라는 설명은 식상한 진실이다.

글루텐 때문이다, 도정 곡물 때문이다, 유제품 때문이다, 클린이
팅을 하지 않기 때문이다 등의 설명은 참신하며, 한편으로 믿고
싶은 이야기다. 나이가 드는 건 어쩔 수 없고, 운동 부족, 과식,
과음도 내 잘못으로 받아들여야 하지만, '클린'하지 못한 음식이
원인이라면, 내가 건강하지 못한 것은 그런 식품을 제조하고 판
매한 업체들의 탓으로 돌릴 수 있기 때문이다.

유사 과학의 시대

과학자의 관점에서는 클린이팅을 반대할 수밖에 없다. 과
학적 사실과 사실이 아닌 것들이 애매모호하게 섞여 있는 주장
은 과학이 아니라 유사 과학 또는 사이비 과학이기 때문이다.
과학으로 포장한 그럴듯한 거짓말이 해로운 것은 치명적 결과
를 초래할 수 있기 때문이다. 클린푸드라는 말은 어떤 음식은
'더티푸드'라는 뜻을 포함한다. 영국, 미국, 호주의 여러 전문가
가 앞다투어 클린이팅 트렌드를 경고하는 이유다.

식이장애 환자를 돕는 영국 자선단체 비트Beat에 따르면
실제로 수많은 사람이 클린이팅 열풍에 심취하는 바람에 거식
증이나 건강음식집착증으로 시달리는 사람들의 수가 계속 늘어
나고 있다. 왕립골다공증협회Royal Osteoporosis Society에서 진행한 최근
설문조사 결과 18~24세 영국인 10명 중 4명이 클린이팅 다이어

트를 시도한 것으로 나타났다. 클린이팅이 사회적 성공으로 이끄는 라이프스타일이라는 생각에 클린이팅을 따라 하다가 비용 부담에 힘겨워하는 청년들이 늘어남을 우려하는 목소리도 높다.

『포크를 생각하다』라는 저서로 국내에도 잘 알려진 영국의 푸드라이터 비 윌슨Bee Wilson도 클린이팅에 반대한다. 비 윌슨은 처음엔 클린이팅에 애매모호한 입장이었지만 이제는 철저히 반대하는 입장으로 돌아섰다. 한 도서관에서 열린 토론회에서 클린이팅 옹호자들에게 수모를 당하고 나서부터다. 올림픽 선수들의 영양사로 유명한 르네 맥그리거Renee McGregor와 함께 클린이팅의 모호한 개념과 모순점을 지적했지만 아무 소용이 없었다. 클린이팅으로 스타가 된 작가 매들린 쇼Madeleine Shaw는 "저는 그저 긍정적인 면을 보려 할 뿐이에요"라며 눈물로 팬들의 감정에 호소했다. 쇼의 팬들은 윌슨에게 (43세의) 나이 든 여자가 (27세의) 젊은 여성을 비난하다니 창피한 줄이나 알라며 비난을 퍼부었다.

현실은 이렇다. 클린이팅은 유사 과학에 불과하다. 하지만 그 트렌드를 주도하는 사람들은 예외 없이 젊음과 뛰어난 외모를 자랑하며 대중의 감정에 호소할 줄 안다. 섭식을 두고 논란이 벌어질 때마다, 불행히도 차분한 토론보다는 연예인과 과학자 간의 인기투표처럼 끝나버리는 경우가 많다. 과학과 과학이 아닌 것을 교묘히 섞은 유사 과학을 대중으로서는 구별하기 어려울 때가 많다.

유행 다이어트의 진실

과일과 채소를 많이 먹으면 건강에 유익한 것은 사실이지만, 신선한 과일과 채소가 아니어도 괜찮다. 익힌 채소와 과일, 냉동된 채소와 과일, 절인 채소와 과일도 건강에 이롭다. 클린이팅을 따른다고 반드시 채소와 과일을 더 많이 먹는 것도 아니다. 주키니 호박을 스파이럴라이저에 통과시켜 스파게티 면처럼 만들어 먹는 방식이 클린이팅과 함께 유행하면서 영국에서 주키니 호박 판매량이 20% 늘었지만, 영국 국민의 전체 채소 섭취량은 여전히 권장량에 못 미친다.

통곡물이 도정한 곡물보다 영양이 풍부한 것은 사실이지만, 더 중요한 것은 어떤 음식을 곁들여 먹느냐 하는 전체 패턴의 문제다. 참깨드레싱을 과하게 뿌려 먹어서 좋을 일은 없겠지만, 양배추샐러드에 가공식품 드레싱을 약간 뿌려 먹는다고 건강에 해로울 일도 없다. 이름이 생소한 인공첨가물이라고 몸에 해로운 것도 아니며(예를 들어 아스코르브산은 비타민C의 다른 이름에 불과하다), 가공식품을 멀리하느냐보다는 어떤 식단으로 얼마만큼 먹느냐가 더 중요하다. 과잉의 염분 섭취는 조심해야겠지만 적절한 염분의 섭취는 건강에 필요하다.

어디까지가 과학이고 어디까지가 과학이 아닌가를 논파하다 보면 말이 길어질 수밖에 없다. 하지만 설명이 길고 복잡하면 대중의 관심에서 멀어지기 마련이다. 여러 전문가가 클린이팅 속 유사 과학의 오류를 지적하고 나서도 트렌드를 바꾸기 어려운 이유다.

그럼에도 불구하고, 틀린 건 틀린 거다. 나는 클린이팅의 기준에 맞지 않는 식사를 하며, 내 평소 모습은 할리우드 스타의 몸매나 외모에는 못 미치지만, 충분히 즐거우며 건강하다. 원상태 그대로에 가까운 식재료를 사다가 정제당, 정제염을 첨가하지 않고 직접 요리해서 만든 클린푸드만 먹는다고 해서 이미 건강한 사람이 더 건강해질 수는 없다. 클린이팅을 한다고 유튜브와 인스타그램 유명인의 몸매와 외모를 얻는 것도 역시 불가능하다. 더욱 어려운 것은 그들과 같은 부와 명예를 얻는 것이다. 사실은 정반대로, 내가 그들의 라이프스타일을 따를수록 그들은 더욱 부유해질 테고, 내 지갑은 더욱 얇아질 것이다. 본래 진실은 지루해 보여도 진실이고, 거짓은 그럴듯해 보여도 거짓인 법이다.

따뜻한 국물에 대한 갈망과
건강 뉴스 사이에서

국물 음식과 건강

10여 년 전 인천공항에서 맛본 육개장이 아직도 가끔 생각난다. 호텔에서 운영하는 한식당이었는데, 보통 육개장과는 모양이 달랐다. 사골국 비슷한 뽀얀 국물과 길게 찢어 빨갛게 양념에 무친 소고기가 따로 나왔다. 신기하게도 둘을 합하니 육개장 맛이 났다. 기대 이상이었다. 평소에 익숙한 육개장보다 덜 맵고 은은한 단맛에 뒷맛이 깔끔했다. 양념한 고기를 넣으니 국물 온도가 조금 낮아져서 먹기에 딱 적당해진 것도 국물 맛을 즐기는 데 한몫했다.

몇 년 뒤 다시 인천공항을 찾았을 때는 이미 메뉴가 사라진 뒤였다. 이후에도 한식당 메뉴에서 육개장을 보면 혹시 국물과 고기가 따로 나오는 형태가 아닌지 확인하곤 했지만 허사였다. 그렇게 단 한 번 맛본 육개장은 나의 '인생 육개장'이 되어버렸다. 혹시나 하는 마음에 얼마 전 방송에서 이 얘길 꺼내며 비슷한 육개장에 대한 제보를 기다렸지만 아직 아무 소식이 없다.

생각해보면, 추억의 절반은 국물 음식이다. 콩나물국밥 맛에 반해, 지나가다 콩나물국밥집이 눈에 띄면 일단 한번 들어가서 먹어봐야 직성이 풀리던 시절이 있었고, 설렁탕을 좋아하시는 아버지의 영향으로 설렁탕 노포를 찾아다니기도 했다. 2018년 12월 초 부산에서 겨울 바다를 바라보며 맛본 메르씨엘 윤화영 셰프의 야채수프도 잊을 수 없다. 엄격하게 온도를 제어하면서 여러 시간 끓여낸 국물에 채소의 깊은 단맛과 감칠맛이 아름다운 균형을 이뤘다. 입에서 식도를 타고 흘러내릴 때마다 마치 온몸이 정화되는 기분이었다.

국물 음식의 과학

우리가 사랑하는 국물 맛은 글루탐산의 맛이기도 하다. 국물 요리에 들어가는 재료들을 봐도 그렇다. 유리 글루탐산이 많이 들어 있는 것들이 주로 쓰인다. 소고기, 닭고기, 돼지고기에는 100g당 10~20mg의 유리 글루탐산이 들어 있다. 아주 많은 양은 아니다. 글루탐산은 고기 단백질의 주성분 중 하나로, 동물성 단백질의 약 20%에 해당할 만큼 많지만 대부분은 단백질 사슬에 묶여 있어서 맛을 낼 수 없다. 하지만 재료를 물과 함께 가열하면 근육세포 속에 붙잡혀 있던 감칠맛 성분이 따로 떨어져 국물 속으로 녹아 나온다(유리 글루탐산의 '유리遊離'는 따로 떨어져 나왔다는 뜻이다).

2015년 12월《식품과학저널Journal of Food Science》에 실린 핀란드 연구팀의 실험 결과에 따르면, 온도와 가열시간에 따라 감칠맛 성분이 달라진다. 돼지고기를 수비드로 80℃에서 조리할 때 60℃, 70℃에서보다 흘러나온 육즙 속 글루탐산을 비롯한 유리 아미노산 농도가 증가했다. 특히 고기보다 육즙에서 유리 글루탐산 농도가 2배 높았다. 아마도 고온에서 단백질과 펩타이드의 가수분해가 더 격렬하게 일어났기 때문일 거다. 수비드 조리에 대한 실험이지만 국물 요리에 그대로 적용해도 무리가 없다. 국물에 고기를 넣고 고온으로 끓이는 과정에서 감칠맛 성분이 증가한다. 무작정 오래 끓인다고 단백질이 엄청나게 더 많이 분해되는 것은 아니지만, 온도와 시간을 어떻게 조절하느냐에 따라 국물 맛이 달라지는 것은 사실이다.

채소와 과일로 국물을 낼 때도 글루탐산이 중요하다. 양파, 버섯, 토마토에는 유리 글루탐산이 고기보다 더 많이 들어 있다. 고기보다 단백질의 양은 적지만 우리가 맛볼 수 있는 유리 글루탐산 형태로 존재하는 비율이 높다. 물에 넣고 가열하면 단단한 식물 세포벽에 싸여 있던 당과 감칠맛 성분이 녹아 나온다. 온도와 시간을 어떻게 조절하고, 채소마다 다른 풍미의 강약을 어떻게 맞춰주느냐에 따라 국물 맛의 차이가 크다. 각각의 채소를 넣는 시점과 조리방법에 따라서도 전체 풍미가 달라진다. 고기 육수와 채소 육수를 언제 합치느냐도 중요하다. 채소 육수를 너무 오래 끓이면 풍미를 내는 방향성 물질이 대부분 날아가 도리어 맛을 해칠 수도 있다.

MSG로 대표되는 글루탐산은 대부분의 동식물성 식품에 존재한다. 그러나 국물 음식의 감칠맛을 내는 데는 글루탐산이 다가 아니다. 맛이 더 약하긴 하지만 아스파트산도 감칠맛을 내는 아미노산 중 하나다. 핵산계 조미료로 불리는 이노신산, 아데닐산, 구아닐산도 매우 중요한 역할을 한다. 이들이 글루탐산과 힘을 합하면 글루탐산 단독일 때보다 수십 배까지 감칠맛이 증가한다. 이노신산은 어류와 육류에 존재하며, 아데닐산은 갑각류, 연체동물류, 채소에 들어 있다. 버섯에는 글루탐산도 많지만 감칠맛 증폭 효과가 강력한 구아닐산도 많다. 소고기와 버섯을 넣고 국을 끓이면 별다른 조미료를 넣지 않아도 감칠맛이 폭발하는 이유다. 뜨거운 국물 속에서 재료는 분해되고, 향미물질을 서로 주고받으며 새로운 맛을 겹겹이 쌓아 올린다. 국물 요리의 맛은 개별 재료를 아무리 오랫동안 입에 넣고 씹어도 느낄 수 없는 전혀 새로운 층위의 맛이다.

국물 음식과 건강 문제

매년 겨울이면 국물 음식으로 인한 갈등이 수면 위로 떠오른다. 어묵 국물을 티처럼 마시는 어묵티가 판매될 정도로 뜨거운 국물에 대한 갈증이 높아지는 시즌이지만, 이때를 노렸다는 듯이 건강을 위해 국물 음식을 적게 먹으라는 이야기가 미디어에 자주 등장한다. 먹으라는 건지 먹지 말라는 건지 머리 아프다. 하지만 따져봐야 한다. 다른 건강 뉴스가 그렇듯 국물에 대한 이야기도 틀릴 때가 많기 때문이다.

우선 국물 음식을 너무 많이 먹으면 나트륨 과잉 섭취가 될 수 있다는 말은 사실이다. 식약처에서 2018년 1월 발표한 『외식영양성분자료집』 제5권을 보면 뼈다귀해장국 1인분(1,000g)에만 나트륨 3,088mg이 들어 있다. 국물까지 싹싹 비우면 1일 섭취 기준치 대비 나트륨 섭취가 154%에 이르게 된다. 설날 떡국의 나트륨도 만만치 않아서 하루 영양소 기준치의 96%가 한 그릇(800g)에 녹아 있다. 나트륨 섭취 과잉은 고혈압과 직접적으로 연관된다. 국물을 적게 먹어서 나트륨 섭취를 줄이면 혈압이 떨어진다. 특히 중장년층과 고혈압, 당뇨, 신장병 환자에게 혈압

강하 효과가 더 크게 나타난다. 가끔 국밥을 즐기면서도 건강을 걱정하지 않으려면 평소 크기가 작은 국그릇을 사용하는 게 낫다. 상식에 반대되는 내용이지만, 국물 요리에 소금보다 MSG를 먼저 넣는 것도 나트륨 섭취를 줄이는 데 도움이 된다. MSG가 짠맛을 높이는 앰프 역할을 하여 맛을 그대로 유지하면서 나트륨 섭취를 30%까지 줄일 수 있다.

반면에 국물이 소화액을 희석하여 소화를 방해한다는 속설은 틀렸다. 인체가 하루에 소화액으로 분비하는 물의 양이 7L나 된다는 점을 생각하면 금방 답이 나온다. 7L에 국물을 약간 추가한다고 소화에 방해될 정도로 효소가 희석될 수 없다. 물 말아 먹으면 소화가 안 된다거나 식사 중에 물을 마시면 소화가 안 된다는 것도 틀린 이야기다. 국물이 소화에 도움이 된다거나 국물에 밥을 말아 먹으면 혈당이 빠르게 올라가서 살찐다는 이야기는 전혀 다른 방향이지만 역시 틀린 이야기다. 뻑뻑한 맨밥이 침만으로 잘 넘어가지 않을 때 국물이 더 잘 넘어가게 해주는 정도면 모를까, 국물에 말아 먹는 것만으로 소화 흡수에 별다른 영향을 주기는 어렵다.

사실은 정반대로, 국물 음식은 다이어트에 도움이 될 수 있다. 수프와 다이어트에 관한 연구로 유명한 영양학자 바버라 롤스Barbara Rolls의 2007년 실험 결과, 15분 전에 미리 야채수프를 먹고 나서 점심 식사를 하도록 하자 실험 참가자의 전체 점심 섭취 칼로리(식전 수프+점심 식사)가 20% 줄어들었다. 식전에 같은 양의 맹물을 마셨을 때는 이런 효과가 나타나지 않았다. 롤스 교수의 설명에 따르면, 수프처럼 양이 많고 칼로리가 낮은 국물 음식이 위장을 늘리고 포만감을 지속시키기 때문이다. 점도가 높아서 위장에 오래 머무르는 국물 음식일수록 이런 효과가 더 크게 나타날 가능성이 높다.

맛 때문이었을까, 아니면 먹고 나서 든든한 포만감 때문이었을까. 국물 음식은 외식 메뉴의 출발점이기도 하다. 프랑스어 레스토랑restaurant은 원기를 회복시키는 고깃국물을 뜻하는 말이었는데, 그런 요리를 파는 식당을 가리키는 말로 쓰이게 되었다. 또 우리의 외식 메뉴에서 가장 역사가 긴 것도 다름 아닌 국밥이다. 비록 양을 줄일지언정 미식가가 겨울철 따끈한 국물 음식을 안 먹고 못 배기는 데는 그럴 만한 이유가 있는 셈이다.

엉터리 건강 뉴스는
수명이 길다

얼린 음식과 건강

상식을 벗어나는 뉴스일수록 눈이 가기 마련이다. 채소나 과일을 얼리면 건강에 더 유익하다는 이야기가 그렇다. 얼려도 괜찮다는 정도가 아니라 얼리면 더 좋다니, 무더운 여름에 시원한 소식이다. 블루베리를 얼리면 항산화 성분이 더 풍부해진다는 연구 결과는 지난 몇 년 동안 여름이면 미디어에 회자되는 단골 뉴스다.

2014년 미국 사우스다코타주립대 식품학과 연구팀에 따르면, 신선한 블루베리를 수확 즉시 냉동하면 보관기간이 1, 3,

5개월로 길어질수록 블루베리 속 항산화 물질의 대표 격인 안토시아닌anthocyanin의 농도가 짙어진다는 것이다. 《서울신문》, 《헤럴드경제》, 《헬스조선》 등 국내 다수의 매체에 보도된 바에 따르면, "본래 블루베리 속 안토시아닌은 다른 식물 조직의 방해로 일정 부분 농도가 증가하기 어려운데, 냉동하면 방해를 받지 않고 지속적으로 활동할 수 있기 때문"이라는 게 연구진의 설명이다. 여기서부터 뭔가 의심스럽다.

사우스다코타주립대에서 내놓은 보도자료에는 이와 같은 설명이 없다. 원문을 찾아보면, 블루베리를 얼리는 과정에서 얼음결정이 생겨나는데, 이렇게 형성된 얼음결정이 식물 조직의 구조를 망가뜨려 그 속에 붙잡혀 있던 안토시아닌이 더 많이 풀려난다는 취지의 설명은 있다. 하지만 냉동하면 방해를 받지 않고 지속적으로 활동한다는 이야기는 어디에도 나오지 않는다.

또한 냉동 블루베리에 대한 이 연구가 사우스다코타주립대 식품학과 연구팀의 논문이 아니라 마린 플럼Marin Plumb이라는 학부생의 대학 졸업 논문에 실린 연구 결과라는 사실은 국내 어느 언론에서도 다루지 않았다. 학부생의 연구라고 하여 폄하할 이유는 없지만, 블루베리의 효능을 높이기 위해 오늘부터 얼려 먹어야겠다고 결심하기에는 근거가 부족한 셈이다.

언두부의 효능에 대한 진실

매년 여름이면 화제가 되는 얼린 두부의 효능에 대한 뉴스도 실속 없기는 마찬가지다. 2015년 4월 20일 MBN 〈황금알〉에 출연한 자연치료 전문의는 "그냥 두부에는 단백질이 100g당 7.8g 정도 있다면, 언두부에는 50.2g 정도가 들어 있어 언두부가 단백질 함량이 6배나 높다"라며 두부를 얼려 먹는 것이 좋다고 설명했다. 하지만 방송에서 언급한 두부가 과연 한국의 가정에서 얼린 두부인가부터가 의문이다. 언두부 100g당 단백질이 50.2g이라는 수치는 식약처에서 제공하는 영양정보(100g당 49.4g 또는 50.5g)와는 조금 차이가 있다. 일본 매체에서 제시하는 언두부 단백질 수치와 일치한다. 일본 뉴스를 그대로 가져온 이야기일 가능성이 짙다.

게다가 집에서 얼린 두부에 단백질이 50.2g이 들어 있는 게 아니라, 얼리고 수분을 제거하는 과정으로 생산된 시판 동두부에 단백질이 그 정도로 농축되어 있다는 것이다. '고야도후'라는 이름으로 판매되는 동두부를 쉽게 구할 수 있는 일본과는 달리, 우리 주위에서는 아직 흔하게 찾아볼 수 없는 언두부에 대한 설명이기도 하다. 냉동하여 수분을 짜낸 시판 동두부에는 단백질뿐만 아니라 지방도 6배로 농축되어 있다. 100g당 열량도 얼리지 않은 두부의 6배다. 언두부를 모두부처럼 먹기에는 열량과 지방이 과하다.

엉터리 건강 뉴스는 수명이 길다. 칼로리는 낮으면서 단백질 섭취량을 높일 수 있으니 두부를 얼려 먹으면 좋다는 뉴스가 미디어와 소셜네트워크를 타고 계속 퍼진다. 자연치료 전문의가 MBN에서 내놓은 주장을 같은 방송사의 다른 건강 프로그램에서 다음 해 1월 전문가만 식품영양학자로 바꾸어 그대로 반복하고, 2016년 12월에는 다른 건강잡지에서 기사로 쓰고 카드뉴스로 만들더니, 드디어 올해(2018년) 여름에는 공중파 MBC 뉴스에서도 '두부·블루베리, 꽁꽁 얼려 먹어야 좋다'는 제목의 동영상을 페이스북에 올렸다.

창피할 정도로 근거가 빈약한 이야기임에도 불구하고, 원문에 나오지도 않는 내용과 어휘로 포장된 설명이 매년 여름이면 대한민국 뉴스 사이트들에 반복하여 등장한다. 음식과 건강에 대한 것인 이상, 신문과 방송에 나온다고 해서 진짜 뉴스가 아니다. 가짜 뉴스를 베낀 가짜 뉴스가 수두룩하다.

터무니없는 건강 뉴스가 계속 보도되는 것은, 상식을 벗어나더라도 화제성이 크면 더 많이 다루는 미디어의 속성 때문이다. 조금만 따져봐도 이치에 맞지 않는 뉴스를 미디어가 서로 베끼고 확대·재생산하면, 어느새 처음의 가짜 뉴스가 믿음의 근거로 변한다. 뉴스에 나왔는데 틀릴 리가 없지 않으냐는 생각이다. 그렇지 않다. 뉴스에 백번 나와도 틀린 건 틀린 거다.

식품 냉동의 과학

　　얼린 음식에 대한 뉴스에도 부분적 진실은 들어 있다. 얼리면 음식의 상태가 변한다. 이때 식품의 품질을 떨어뜨리는 제일 큰 원인은 냉동 과정에서 생겨나는 불안정한 얼음결정이다. 무수한 얼음결정이 만들어지고 녹았다가 다시 생성되며 크기와 모양이 변한다. 날카로운 얼음결정이 음식물 속 세포 구조물에 구멍을 숭숭 뚫으면 세포 속 수분과 영양분이 빠져나간다. 고기를 얼렸다가 해동시키면 육즙이 빠져나오고 채소를 얼렸다가 녹이면 이파리가 축 처지는 이유다.

　　같은 이유로 블루베리를 얼렸다가 녹이면 식물 세포벽 속에 갇혀 있던 항산화 물질이 조금 더 많이 바깥으로 빠져나오는 이점이 생길 수도 있다. 하지만 이에 대한 과학자들의 연구를 종합해보면 냉장이나 실온 보관보다는 덜하지만 항산화 물질이 손실된다는 결과가 제일 많고, 원상태와 별 차이 없이 유지된다는 결과가 그다음, 냉동 보관 중에 항산화 물질이 증가한다는 결과는 가장 적다. 냉동은 커다란 영양 손실 없이 식품을 장기간 보관하기 위한 훌륭한 방법이지만 냉동으로 식품의 영양가치나 '효능'이 더 좋아지지는 않는다.

　　급속 냉동을 하면 얼음결정의 크기가 더 작게 만들어진다. 극저온을 유지할수록 결정의 크기를 작게 유지할 수 있다. 결정의 크기가 작을수록 세포 구조물의 손상이 덜하다. 녹았다 재결정되며 얼음결정이 커지면서 수분이 이동하면 음식의 조직감이 달라진다. 냉동 전에 바삭했던 피자 크러스트는 눅눅해지고, 촉촉했던 토핑은 수분을 빼앗기고 말라붙는다. 전체적으로 음식 속 수분이 줄어드는 만큼 무게당 영양분 함량은 증가한다. 얼린 블루베리와 두부 속 영양성분이 늘어난다는 건 음식을 건조하면 영양분이 늘어난다는 것과 다를 바 없다(물론 음식을 말리면 건강에 좋다는 주장도 대중매체에 자주 오르내리는 영양가 없는 뉴스다). 매일같이 고칼로리 음식을 악마화하는 매체가, 말리거나 얼려서 칼로리를 농축하면 건강에 엄청나게 좋은 것처럼 말하는 것은 자기모순이다.

수분이 줄어드는 게 좋은 일은 아니다. 식품을 냉동 보관할 때 품질을 유지하려면 이러한 수분 손실을 막는 게 필수적이다. 서해안 꽃게의 포장 과정에서 급속 냉동한 꽃게 박스에 찬물 샤워를 하여 얼음막을 입히는 것도 같은 목적이다. 해산물 냉동에 주로 사용되는 얼음막glaze은 냉동된 식품의 표면이 공기에 노출되는 것을 막아 수분 손실과 지방의 산화를 방지한다. 육류를 얼릴 때 포장재로 꽁꽁 싸매는 것도 탈수와 산화로 화상을 입은 것처럼 고기 겉면의 색이 변하는 냉동 변색freezer burn을 막기 위한 것이다.

한 번에 다 먹을 수 없을 정도로 많은 양의 식품을 구입한 경우라면 얼려두는 게 나을 때도 있겠으나, 방송에서 떠드는 효능을 기대하고 멀쩡한 음식을 얼려 먹을 이유는 없다. 그럴 바에는 처음부터 냉동되어 유통되는 식품을 사다 먹는 게 낫다. 가정용 냉장고의 냉동실을 이용해서는 음식을 급속으로 냉동하기 어렵다. 커다란 얼음결정이 생길 수밖에 없고 그만큼 해동했을 때 맛과 품질이 떨어진다.

냉동식품이라고 너무 오래 보관하는 것도 좋지 않다. 가정용 냉동실 온도는 보통 영하 20℃ 이상인 데다가 문을 열거나 자동 성에 제거 기능이 작동할 때마다 온도가 높아지므로 얼음결정이 더 커지는 걸 막기 어렵기 때문이다. 집 냉장고에 오랫동안 보관한 아이스크림 겉면에 성에꽃이 피고 말라붙어 혀끝을 겉도는 이유다.

얼린다고 음식의 효능이 높아지진 않지만, 냉동 과일이나 채소를 먹더라도 영양 손실을 크게 걱정할 필요가 없다. 얼린다고 두부가 약이 되는 건 아니지만, 동두부는 생두부와는 다른 질감과 맛으로 미식의 즐거움을 선사한다. 화제성이 덜하고 상식에 반하는 내용은 아닐지라도 얼린 음식에 대한 진짜 정보는 이런 거다. 끝으로 한마디만 덧붙이자. 뉴스는 무엇보다도 진실해야 한다.

터무니없는 건강 뉴스가 계속
보도되는 것은, 상식을 벗어나더라도
화제성이 크면 더 많이 다루는 미디어의
속성 때문이다. 조금만 따져봐도 이치에
맞지 않는 뉴스를 미디어가 서로 베끼고
확대·재생산하면, 어느새 처음의
가짜 뉴스가 믿음의 근거로 변한다.

구운 고기 1인분은
담배 700개비만큼 해로울까?

북한 사람이 운영한다는 파리 15구의 조그만 한식당을 찾았다. 냉면도 궁금했지만 우선 불고기를 시켰다. 바로 양념을 했는지 선명한 붉은빛의 소고기를 달콤짭짤한 국물을 두른 불판 한가운데 올린 채로 휴대용 가스레인지와 함께 내왔다. 별다른 채소 없이 양념에 무친 고기 위에 참깨만 살짝 뿌린 형태는 10여 년 전 이마트에서 팔던 모란봉소불고기와 비슷했지만 조금 더 두툼했다(요즘에는 같은 브랜드의 양념과 소스만 판다). 그런데 깜짝 놀랄 일이 생겼다. 불판 위에서 고기 겉면이 70% 정도 익었을 즈음, 식당 주인이 와서 고기를 뒤집는가 하더니 곧바로 국물에 빠뜨리는 것이었다. 고기가 타지 않도록 막기 위해서라고 했다. 특이한 방식이었지만 생각보다 맛이 좋았다.

가장자리에 두른 국물이 끓으며 수증기가 발생하지만, 불판 위의 고기가 타는 걸 막기에는 역부족이다. 국물이 있는 받침대 부분은 100℃로 낮게 유지될지 몰라도 화구에 가까운 중심부는 온도가 높다. 불판 가운데 그대로 두면 고기가 탈 수밖에 없다. 특별한 환기 시설이 없어 식당 전체가 불고기 냄새와 연기로 가득 찰 가능성이 높았다. 1935년 평양 모란대 송림에서 고기 굽는 냄새가 산책하는 사람에게 불쾌감을 줄 지경에 이르러 당시 명물이었던 불고기 옥외 영업을 금지했다는 신문기사가 떠올려질 만한 상황이었다.

2가지 불고기의 경쟁

역사를 뒤돌아보면, 불고기에는 치열한 2가지 조리방법 사이의 경쟁이 있다. 보통은 국물의 유무에 따라 나눈다. 등심, 안심 같은 연한 부위를 조금 두껍게 잘라 너비아니처럼 양념하여 석쇠에 구워 먹는 옛 방식과 목심, 앞다리, 설도, 우둔 같은 더 질긴 부위를 육절기로 얇게 잘라 국물이 자작한 불판에 구워 먹는, 현대에 더 가까운 방식이다.

하지만 진짜 경쟁은 불과 물 사이에 있다. 물이 조리에 얼마나 개입하느냐에 따라 화학반응이 달라진다. 가운데가 봉긋 솟은 형태의 불고기 판에 구울 때의 고기 상태는 숯불 위에서 석쇠를 돌려가며 구울 때와 비슷한 점이 많다. 불판 중심 부분의 온도가 140℃에 이르면 당과 아미노산이 화학적으로 반응하여 구운 고기 특유의 풍미와 갈색을 만들어내는 마이야르 반응이 격렬해진다.

경사진 불고기 판을 처음 만든 사람은 물에 삶은 고기보다 불로 구운 고기를 더 좋아했던 것이 틀림없다. 고기에서 흘러나온 수분이 기울어진 불판을 타고 가장자리로 내려가므로, 고기 표면 수분의 양이 줄어들고 온도가 상승하면 마이야르 반응이 일어나기 더 쉬운 조건이 되기 때문이다. 더군다나 사이사이 구멍이 뚫린 불판을 벌건 숯 위에 올린 경우는 석쇠로 구울 때와 거의 차이가 없다.

반면에 전골냄비나 팬에 양파, 당근, 파를 듬뿍 올려 불고기를 조리할 때의 화학반응은 다르다. 채소에서 흘러나온 수분과 양념이 섞여 만들어진 국물이 빠져나갈 여지 없이 고기와 함께 끓는다. 100℃에서 끓는 물의 속성 때문에 온도가 더 이상 높아지지 않으므로 마이야르 반응이 훨씬 느린 속도로 일어난다. 물을 매개로 익는 국물 불고기에 '불맛'은 없다. 불고기라는 이름이 무색하다. 국물 자작한 서울식 불고기는 어찌 보면 불고기보다 '물고기'라는 이름이 더 어울리는 음식이다.

구운 고기 먹어도 괜찮은가

언양 불고기, 광양 불고기처럼 남쪽에는 수분 없이 불에 굽는 방식이 건재한데, 서울에서는 왜 국물 불고기가 크게 유행한 걸까. 더 저렴한 부위를 사용할 수 있으며 빨리 익혀 먹을 수 있다는 장점에 더해, 탄 고기와 건강에 대한 염려가 한몫했을 가능성이 있다.

1965년 10월 22일 자 《동아일보》 3면에는 〈불고기는 유해?〉라는 기사가 실렸다. 송아지나 돼지를 통째로 구운 불고기 1인분은 담배 700개비를 피우는 것만큼이나 암을 일으키는 벤조피렌을 체내에 공급할 수 있다고 보건 전문가 R. S. 스폴딩Robert Spalding이 영국 보건협회에 보고했다는 것이다. 불에 그슬린 음식은 거의 벤조피렌을 포함하고 있으며 불에 오래 구운 고기를 즐기는 아이슬란드 사람들에게 위암이 많은 것은 이 때문이라고 지적한 외신 기사 말미에는 그러한 주장이 충분히 근거 있다는 국내 전문가의 설명이 덧붙었다.

이 기사에서 언급한 불고기는 스테이크다. 영자신문을 통해 확인해보니 송아지나 돼지를 통째로 구운 불고기라는 말은 없고, 바비큐라는 말이 나온다. 집 뒷마당 바비큐로 구운 큼지막

한 스테이크 1장에 담배 700개비만큼의 벤조피렌이 들어 있다는 이야기다. 여기에 바비큐라는 단어를 풀이하는 과정에서 송아지나 돼지를 통째로 굽는다는 설명이 잘못 추가된 셈이다 (여염집 뒷마당에서 스테이크, 소시지, 갈비를 구울 수는 있어도 송아지나 돼지를 통째로 굽기란 어려운 일이다). 이후에도 벤조피렌에 대한 기사는 신문 헤드라인을 여러 번 장식하여, 벤조피렌이 뭔지는 몰라도 어디서 들어본 느낌이 드는 용어 중 하나가 되었다.

어쨌거나 그릴에 고기를 구우면 유기물이 불완전 연소하여 벤조피렌을 비롯하여 PAH(Polycyclic aromatic hydrocarbons, 지방과 육즙이 불에 타면서 생성되는 물질)라고 불리는 성분이 증가하는 것은 사실이다. 큼지막한 스테이크를 직화로 겉이 까맣게 되도록 구워 먹으면 담배 수백 개비에서 흡입하는 만큼의 벤조피렌을 섭취할 수도 있다. 담배 20개비를 피울 때 호흡기로 들이마시는 벤조피렌의 양은 0.4~0.8㎍(마이크로그램. 1㎍은 0.001g), 200g 스테이크 하나를 그릴에 구워 먹을 때 섭취하는 벤조피렌의 양은 10㎍이다. 담배 250~500개비를 피울 때와 스테이크 한 덩이를 먹을 때 들어오는 양이 맞먹는다.

하지만 이런 식으로 비교해서 담배보다 스테이크가 더 나쁘다고 말할 수는 없다. 먹어서 섭취하는 벤조피렌은 장 점막의 대사효소에 의해 상당 부분 해독되므로 폐로 들이마시는 벤조피렌에 비해 인체에 미치는 영향이 덜하다. 게다가 담배 연기에는 그 밖에도 수많은 유해 성분이 들어 있으며 심장, 혈관에도 치명적이다. 전체 사망 위험 증가를 놓고 보면 숯불에 구운 고기 34kg을 먹을 때와 담배 2개비가 동일한 수준이다. 흡연이 폐암의 원인이라는 것은 1950년대에 이미 입증된 사실이다. 음식 속 벤조피렌도 발암물질로 간주되지만 인과관계에 대한 논란이 있으며 흡연에 비할 바가 못 된다.

국제암연구소IARC에 의하면 매년 흡연으로 인한 암으로 사망하는 사람 수는 100만 명, 과도한 가공육 섭취로 인한 암으로 사망하는 사람의 수는 3만 4,000명이다. 동물실험에서 벤조피렌을 포함한 PAH, HCA(Heterocyclic amine, 고기를 150℃ 이상에서 조리하면 생성되는 물질)가 암을 유발하기는 했으나 사람이 일상생활에서 음식으로 섭취하는 양의 수천 배를 주어 동물로 실험한 결과를 인체에 그대로 적용하기는 어렵다. 2015년 10월 국제암연구소에서 적색육을 2군 발암물질로 분류하면서도 PAH, HCA와 암 발생률의 관계에 대한 결론을 내리지 않은 것도 같은 맥락이다. 구운 고기를 너무 자주, 너무 많이 먹어서 좋을 건 없지만, 지나치게 걱정할 필요도 없다. 2011년 식약처에서 밝힌 자료에 따르면 식품을 통한 한국인의 1일 벤조피렌 섭취량은 하루 37ng(나노그램. 1ng은 10억분의 1g)으로 외국에 비해 낮으며 유해영향이 거의 없는 수준이다.

고기, 어떻게 먹을 것인가

"양념에 재운 고기를 꺼내어 그릴에 굽는다. 겉은 갈색이 되고 속은 아직 덜 익을 정도까지 구워야 한다. 어느 한쪽으로 도 1~2분 이상 굽지 말아야 한다." 1970년대 불고기 요리법 같지만 실은 2011년 미국《뉴욕타임스》에 실린 푸드라이터 마크 비트먼Mark Bittman의 불고기 레시피다. 요즘 서울에서 불고기 하면 국물 불고기를 먼저 떠올리는 것과는 달리 뒷마당 바비큐를 즐기는 미국에서 불고기의 대세는 그릴에 구운 방식이다. 하지만 이렇게 유독 구운 고기를 좋아하는 미국인들의 경우에도, 그릴에 굽거나 바비큐한 고기로 섭취하는 벤조피렌은 하루 전체 벤조피렌 섭취량의 21%에 불과하다. 벤조피렌을 포함하여 하루 섭취하는 PAH의 대부분은 곡물, 식물성 기름, 채소에서 온다.

그래도 걱정이라면, PAH는 기름이 불에 타면서 생기므로 350~400℃ 이상의 고온에서 조리할 때 주로 생긴다는 사실을 기억해두자. 삼겹살을 숯불에 구울 때 숯에 기름이 떨어져서 고기에 검댕이 묻을 때를 생각하면 이해가 쉽다. 이렇게 숯불에 떨어진 지방이 불완전 연소하면 PAH가 만들어진다.

고기를 구울 때 생성되는 다른 화학물질들의 유해성에 대한 논란도 많지만, 일주일에 한 번 정도 구운 고기를 즐기는 사람이 걱정할 이유는 없다. 국물 불고기처럼 삶고 끓이고 찌는 식으로 낮은 온도(100℃)로 조리하면 거의 생성되지 않으며, 직화구이보다는 200℃ 이하로 오븐에서 간접가열로 구울 때 적게 생긴다. 열원으로 목재보다는 숯을 사용하는 게 낫고, 열원이 위쪽에 있는 브로일러에 고기를 구워도 지방과 열원의 접촉을 막아 PAH 생성을 줄일 수 있다. 고기를 자주 뒤집으면서 굽거나 심하게 탄 부분은 도려내는 것도 좋은 방법이다. 어떻게 먹느냐야 각자의 선택이지만, 적당히 조금씩 맛보면 고기만큼 풍미와 영양이 훌륭한 음식도 없다는 사실만은 잊지 말자.

살 안 찌는
마법의 식사법을 찾아서

간헐적 단식과 저탄고지 다이어트의 허실

매년 1월 2일은 다이어트의 날이다. 검색 트렌드를 통해 보면 그렇다. 12월 중순부터 연말까지 먹고 마시는 모임이 이어지면서 다이어트 관련 검색량은 최저점에 도달한다. 하지만 마음 저편으로 치워뒀던 다이어트를 새해 첫날 다시 찾아보는 사람들이 많다. 그리고 1월 2일이면 피크에 도달한다. 체중감량이나 과식을 방지하는 방법에 대한 새해 첫 기사나 방송이 등장하는 것도 딱 이때쯤이다. 2019년에 제일 먼저 화제가 된 다이어트는 간헐적 단식이었다. 이 주제를 다룬 〈SBS 스페셜〉이 1월 13

일에 방송되었기 때문이다.

　나는 이 방송 첫 장면에 등장했다. 레스토랑에서 한 끼 식사로 5가지 음식을 주문해서 먹는 장면을 찍었다. 음식에 대한 글을 쓰려면 가능한 한 많이 먹어봐야 한다. 취재하다 보면 과식할 때가 많다. 지난달에는 한 번에 호빵 5~6종씩을 여러 번 비교 시식했다. 그렇게 먹고 나서 다음 끼니를 또 챙겨 먹으면 체중이 금방 불어나기 때문에 다음 한 끼는 건너뛴다. 일종의 간헐적 단식인 셈이다.

간헐적 단식의 허실

　하지만 간헐적 단식에 어떤 마법이 숨어 있지는 않다. 2015년 호주 연구팀이 40건의 연구를 종합 분석한 결과, 간헐적 단식과 기존의 칼로리 제한 다이어트의 효과에 별다른 차이가 없는 것으로 나타났다. 2017년 미국 연구팀이 100명의 비만자를 대상으로 연구한 결과도 동일했다. 최신 연구 결과를 더해도 결론은 같다. 《미국 임상영양학회지The American Journal of Clinical Nutrition》에 실린 2018년 연구에서는 150명의 참가자를 세 그룹으로 나누어, 주중 5일은 식사하고 2일은 500kcal로 섭취를 줄이도록 한 5:2 간헐적 단식 그룹, 칼로리 섭취를 평소보다 20% 줄인 칼로리 제한 그룹, 아무 변화 없이 평소처럼 식사하도록 한 그룹을 비교했다.

처음 12주 동안에는 간헐적 단식의 기세가 좋아서 칼로리 제한 다이어트보다 체중감량 효과가 컸다. 하지만 이후 체중이 다시 불어나 결국 50주가 지났을 때는 칼로리 제한 그룹과 차이가 없었다. 건강 지표 면에서도 간헐적 단식이 칼로리 제한 다이어트보다 특별히 나은 점이 없었다. 일부 연구에서 간헐적 단식이 인슐린 민감성을 높여준다는 결과가 나왔지만 이렇게 되려면 5:2 단식의 경우 이틀을 연이어 굶는 식으로 단식 기간을 늘려야 한다. 이틀을 굶는다는 건 대부분의 사람에게 매우 어려운 일이다(앞서 언급한 2018년 연구에서는 일주일에 이틀을 굶긴 했지만 연속해서 단식하진 않았다).

간헐적 단식은 총 섭취 칼로리를 줄이는 칼로리 제한 다이어트의 하나로 봐야 한다는 과학자들이 많다. 간헐적 단식이나 칼로리 제한이나 중도 포기 비율도 비슷하다. 그럼에도 불구하고 간헐적 단식에는 몇 가지 장점이 있다. 칼로리 제한 다이어트를 할 경우 음식을 먹을 때마다 칼로리를 따져야 하는 어려움이 있지만, 간헐적 단식은 먹는 시간을 줄이는 방식이므로 복잡한 계산이 필요 없다. 매일 일정한 식사량을 유지하는 모범생 다이어트가 불가능한 나 같은 사람에게 체중 유지를 위한 가장 현실적인 방법이기도 하다.

저탄고지 다이어트의 허실

2019년 10월 말에는 저탄수화물 고지방 식이요법인 '저탄고지 다이어트'를 다룬 〈MBC 스페셜〉이 방송됐다. 앞으로도 저탄수화물 다이어트의 인기는 꾸준할 가능성이 높다. 저탄수화물 다이어트는 기본적으로 살은 인슐린 때문에 찌는 것이고 인슐린 분비를 자극하는 탄수화물을 줄이면 체중이 줄어든다는 이론이다. 과거 인기를 끈 황제 다이어트, 앳킨스 다이어트, 팔레오 다이어트 등의 저탄수화물 다이어트는 탄수화물을 악의 축으로 지목하고 고기나 생선처럼 단백질이 풍부한 음식은 많이 먹어도 되도록 허용했다.

반면 최근 인기를 끌고 있는 저탄고지 다이어트에서는 단백질도 문제 삼는다. 단백질이 풍부한 음식도 인슐린 분비를 자극하여 이론상 저탄고지 다이어트를 방해하기 때문이다. 그래서 저탄고지 다이어트에서는 하루 섭취 열량의 20~30%를 단백질로 섭취하고 지방 섭취를 최대한 늘리도록 한다. 단백질 섭취 비율은 그대로 두고 탄수화물을 줄이고 지방을 늘리는 것이다.

여기서 한 걸음 더 나아가 탄수화물 섭취를 하루 50g 이하로 줄이면 키토제닉 다이어트가 된다. 모자란 당 대신 지방을 에너지원으로 사용하는 과정에서 케톤이 생겨나고, 이 케톤이 대사를 촉진하여 '지방을 태우는 몸'이 되어 그만큼 체중감량이 더

쉬워진다는 것이다.

하지만 저탄고지 다이어트의 효과는 이론만큼 분명치 않다. 2016년 미국 국립보건원^{NIH}의 케빈 홀$^{Kevin\ D.\ Hall}$ 박사 연구팀은 영화 〈올드보이〉 방식으로 저탄고지 다이어트의 효과를 알아보는 실험을 진행했다. 17명의 과체중 또는 비만인 참가자들을 병원에 가두고 4주는 고탄수화물 식단, 다음 4주는 열량은 2,400kcal 정도로 동일하게 하되 하루 탄수화물 섭취를 31g으로 제한하고 지방을 212g 섭취하는 엄격한 저탄고지 식단을 따르도록 한 것이다. 단백질 섭취는 두 경우 모두 동일하게 하루 91g으로 맞췄다. 저탄고지 식단을 따르자 예상대로 참가자들의 인슐린 수치는 떨어졌고 계속 낮은 수준을 유지했다. 하지만 체중 감량 효과는 기대에 못 미쳤다.

다이어트를 시작한 첫 주에는 참가자들의 대사량이 하루 100kcal 증가하여 이론에 잘 들어맞는 것 같았다. 하지만 시간이 지나면서 대사량이 다시 줄어들었다. 실험 말미에서는 고탄수화물 식단과 별다른 차이가 없는 것으로 나타났다. 지방을 태우는 몸이 된다는 이론과 달리 실험 참가자들의 지방 감소는 저탄고지 다이어트 중에 더 느려졌다. 저탄고지 다이어트로 체지방량이 줄고 근육이 늘어났다는 체험담과는 달리 근육 손실도 나타났다.

실험에서 4주 동안 고탄수화물 식단을 따른 뒤에 저탄고지 다이어트를 시도했으니 효과가 없었다는 반론이 있다. 실험 첫 4주 동안 실험 참가자들의 칼로리 소모량을 평소와 비슷하게 맞추면서 고탄수화물 식단을 따르도록 했지만, 이 기간에도 의도치 않게 체중감량이 있었던 것이다. 이미 약간의 체중감량이 일어난 뒤에 저탄고지 다이어트를 했으니 효과가 떨어진 게 아니냐는 이야기다.

하지만 저탄고지 다이어트가 지방을 태우는 몸으로 만들어주지 않는다는 걸 보여주기엔 충분한 연구 결과다. 인슐린 수치가 떨어지면 뱃살이 빠진다는 단순한 이야기는 솔깃하지만 사실이 아니다. 다른 여러 연구 결과를 종합해봐도 저탄고지 다이어트에 숨겨진 마법은 없다. 저탄고지 다이어트는 딱, 다른 다이어트만큼만 효과적이다.

어떤 다이어트를 선택할 것인가

원시인처럼 사냥해서 잡은 짐승 고기와 야생의 베리류로 먹어야 건강하다는 팔레오 다이어트와 동물성 식품을 엄격하게 금지하는 비건 다이어트를 합친 페건 다이어트도 생겨났다. 베지테리언에 약간의 융통성을 더한 플렉시테리언 다이어트도 이와 비슷하게 채식 위주에 육류를 약간만 더하는 방식을 권한다. 원시시대 선조가 곡물뿐 아니라 손에 잡히는 거의 모든 것을 먹었다는 반론이 계속되는 데다가 이렇게 엄격하게 음식 종류를 제한하는 다이어트는 지속하기 매우 어렵다는 걸 감안하면 이들 유행 다이어트도 오래가기는 어려울 듯하다.

다이어트 트렌드의 다른 한쪽에 직관적 식사intuitive eating가 있다. 고난의 다이어트와 세세한 규칙을 포기하고, 내 몸의 배고픔과 배부름 신호에 따라 먹고 싶은 것을 죄책감 없이 즐기라는 것이다. 미국에서는 다이어트에 지친 사람들이 안티다이어트anti-diet 메시지에 환호하면서 이와 관련된 책들이 아마존 베스트셀러에 오르기도 했다. 직관적 식사가 긍정적 신체 이미지 형성과 자존감 향상에 도움이 된다는 연구 결과도 있다. 하지만 체중조절에는 기존의 다이어트와 비교하여 큰 효과가 없는 것 같다. 직관적 식사가 체중조절을 위한 방법이 아니라는 사실을 감안하면 자연스러운 결과다.

그럼에도 불구하고 방송에서 새로운 다이어트 식품을 소개할 때마다, 인스타그램 스타가 노니, 새싹보리, 시서스, 레몬밤, 칼라만시, 오일만주스, ABC주스 같은 각종 분말과 주스를 한 손에 들고 날씬한 몸매를 자랑하는 사진을 올릴 때마다 흔들리는 사람이라면, 직관적 식사의 메시지에 귀 기울여볼 만하다(새로운 다이어트 제품은 뱃살이 아니라 통장 잔고를 줄인다).

다이어트에 정답은 없다. 아무리 먹어도 살이 안 찌는 마법의 식사법도 없다. 하지만 어떤 방법으로 다이어트하든 살이 빠지는 것도 사실이다. 문제는 나에게 맞는 지속 가능한 식사법을 찾아 유지하는 것이다. 새해 첫머리는 남들이 좋다는 다이어트보다 나의 삶을 들여다보기 좋은 때다.

프랑스 음식을 많이 먹으면
프랑스 여자라도 살찐다

··
프렌치 패러독스의 역설
··

　지난(2017년) 10월 파리에 다녀왔다. 열흘의 여행 기간에 햄버거 한 번, 일본 라멘 두 번, 베트남식 소고기요리 한 번, 터키 사람이 만든 케밥을 한 번 먹었다. 나머지 24끼는 모두 프랑스식으로 먹었다. 그중에서도 고지방식을 즐기면서도 심장병 발생률이 낮다는 프렌치 패러독스에 가장 가까운 식사는 파리 14구의 한 비스트로에서 맛본 저녁이었다. 돼지고기와 간을 갈아 만든 지방이 송송 박힌 테린으로 시작해서 소시지와 돼지 뱃살 요리를 거쳐 라이스푸딩과 수플레로 식사를 마치는 사이 레드와인 반병을 비웠다. 미국 탐사보도 프로그램 〈60 minutes〉의 진행자 몰리 세이퍼Morley Safer의 말에 딱 들어맞는 완벽한 프랑스식이었다.

돼지머리 파테, 블랙푸딩(선지소시지), 감자튀김과 같은 고지방식을 즐기면서도 미국인에 비해 프랑스인들의 심장병 발생률이 낮은 이유는 뭘까? 세이퍼가 내놓은 답은 레드와인이었다. 하지만 프렌치 패러독스를 전 세계에 알린 1991년 〈60 minutes〉의 짧은 꼭지를 다시 보고 있으면 뭔가 석연치 않다. 디테일부터 틀렸다. 방송에서 소개된 메뉴 중 하나인 더블팻 양요리는 고지방식처럼 들리지만, 더블팻으로 번역된 프랑스 원어 표현 'gras-double'은 지방과는 관계없다. 소의 위에서 두꺼운 부위라는 의미다. 서두에 잘못된 이야기가 나오면 이어지는 내용도 의심해 보는 게 합리적이다. 레드와인이 심장병 위험을 줄이는 비결이라는 세이퍼의 주장은 사실일까?

와인과 건강의 문제

이후 20여 년 동안 과학자들의 연구가 이어지며, 문제가 생각보다 복잡하다는 사실이 드러났다. 초기 연구에서 레드와인의 비밀을 풀어줄 것으로 촉망받던 레스베라트롤이란 물질은 와인 속 실제 함량이 너무 낮다고 판명되었다. 하루 1,000mg을 섭취하려면 레드와인 500L를 마셔야 하는 수준이니, 프랑스인이 1년에 마시는 와인(43.4L)으로도 턱없이 모자란다. 이 정도면 어떤 건강상의 유익을 얻기도 전에 와인으로 배가 터져 사망할 확률이 높다.

덴마크에서 진행된 대규모 연구에서는 와인을 조금씩 즐기는 사람들의 심장질환 위험이 30% 정도 낮게 나타났지만, 다른 연구에서는 맥주를 마시는 사람들의 경우에도 비슷한 위험 감소가 나타났다. 와인을 마시는 사람들이 운동을 더 열심히 하고, 양질의 식사를 하며, 흡연을 덜 하고, 고등교육을 받을 가능성이 높다는 사실 또한 연구 결과에 영향을 미쳤을 수 있다.

프랑스 사람들이 술을 마시는 패턴도 그들의 심장 건강에 도움이 될 가능성이 있다. 술을 한 번에 몰아 마시는 폭음 성향이 있는 나라에서는 심장병 발병률이 주말 직후에 증가한다. 매일 조금씩 술을 마시는 프랑스인들의 혈압은 주중 내내 일정한 편인데, 주말에 전체 음주량의 66%가 몰리는 북아일랜드 사람들의 혈압은 주말 직후인 월요일에 제일 높아졌다가 다시 주말이 가까워지면서 낮아지는 경향을 보인다.

하루 1~3잔 정도의 와인이 심혈관계 건강에 약간의 도움이 될 수 있다 하여 마시면 마실수록 좋다는 얘기는 아니다. 연구자들은 과거 프랑스 사람들의 1인당 알코올 소비량이 세계적으로 높은 수준이었을 때는 질병이 만연했으며, 알코올 소비가 줄어들면서 사망률도 감소했음을 지적한다. 술 종류에 관계없이 과음은 건강에 해롭다. 하루 몇 잔까지가 적정한 수준인지에 대한 논란도 끊이지 않는다.

알코올이 인체에 미치는 영향은 복합적이다. 적당한 음주는 심혈관계에 유익할 수 있으나 발암 위험 또한 높일 수 있다. 술을 마시면 얼굴이 빨개지는 나 같은 사람에게는 더욱 그렇다. 아세트알데히드가 제대로 분해되지 못하고 쌓일 가능성이 높기 때문이다. 프렌치 패러독스를 믿고 연말 파티에서 레드와인을 무한정 마실 수는 없는 일이다.

프랑스 여자는 정말 살찌지 않을까

여행 일주일째 되던 날에는 에피큐어에서 점심을 먹었다. 영화 〈미드나잇 인 파리〉의 주인공 길과 그의 약혼녀가 묵었던 고급 호텔 안에 위치한 레스토랑답게 아름다움으로 가득한 곳이었다. 하얀 접시 위에 음각으로 새겨진 장미 문양과 테이블 위 꽃병의 붉은 생화, 유리창 너머 정원의 녹색 잔디가 선명한 대비를 이루며 미적 감각을 자극했다. 음식들도 예뻤다. 하지만 양은 정말 적었다. 프랑스 여자는 살찌지 않는다더니, 괜히 그런 게 아니었구나. 그렇게 적게 먹으니 살이 찌려야 찔 수가 없겠지. 카톡으로 음식 사진을 본 한국의 친구들이 한탄했다.

1990년대 미국을 뒤흔든 프렌치 패러독스가 와인과 심장의 관계에 초점을 맞췄다면 2000년대 그 초점은 프랑스 식문화와 체중 쪽으로 옮겨졌다. 2003년 미국 펜실베이니아주립대의 연구 결과에 따르면, 프랑스 레스토랑에서 제공되는 음식량은 미국보다 평균 25% 정도가 적다. 주는 대로 먹어도 미국인보다 4분의 1을 적게 먹는 셈이다. 게다가 프랑스인들은 대체로 더 천천히 오랫동안 식사한다. 연구를 주도한 폴 로진Paul Rozin 교수는 음식 제공량의 차이가 프렌치 패러독스를 설명하는 답이 될 수는 없겠지만, 프랑스인이 더 날씬하고 그로 인해 건강한 이유 중 하나는 될 수 있을 거라고 말했다.

프랑스와 미국에서 2004년(국내는 2005년에 번역 출간) 미레유 길리아노Mireille Guiliano의 책 『프랑스 여성은 살찌지 않는다』가 베스트셀러로 떠오르면서 프랑스 식습관에 대한 대중의 관심이 커졌다. 프랑스 여성은 양질의 음식을 천천히 먹고 음미하며 와인을 마시므로 날씬한 몸매를 유지한다는 것이다. 미국 교환학생으로 가서 1년 만에 감자포대처럼 살쪄서 돌아왔다가 프랑스 정통 식사로 다시 예전의 몸매를 되찾았다는 길리아노의 경험담을 읽다 보면 프랑스에 가면 맛 좋은 음식을 마음껏 먹으면서도 살은 찌지 않겠다는 생각이 든다.

막상 파리를 가보니 프랑스 식습관에 대한 이런 이야기들이 프랑스 식문화의 한 단면만을 비췄던 건 아닐까 하는 의문이

들었다. 여행에서 프랑스식으로 먹은 24끼 중 8번을 미쉐린 스타 레스토랑에서 맛봤다. 식기는 커다랗고 플레이팅된 음식량은 일관성 있게 적었다. 하지만 코스 메뉴를 전부 합친 양은 만만치 않았다. 여행 끝에 이르러 체중이 무려 2kg 늘고, 얼굴은 동그래졌다. 우리는 패스트푸드 음식의 양이 얼마나 과도한가에 관심을 기울이지만, 파인다이닝 레스토랑에서 제공하는 음식도 매일 먹기에 적당한 양은 아니다.°

프랑스 여성이 날씬한 것은 사실이다. 프랑스 여성은 프랑스 남성보다도 더 건강하다. 남성의 경우 비교적 낮은 심장병 사망률을 다른 사망요인들이 상쇄하여, 결과적으로 다른 유럽 남성 사망률과 비슷하다. 반면, 여성의 경우는 심장병 사망률이 낮을 뿐 아니라 전체 사망률도 낮다. 1945년부터 통계자료를 이웃 영국과 비교하면 프랑스 여성의 기대수명이 2년 길다. 2009년 《인구와 사회Population and Societies》에 실린 보고서에 의하면 프랑스 여성의 체질량지수(BMI, 몸무게를 키의 제곱으로 나눈 값)는 평균

° 물론 프랑스 사람이 항상 긴 코스로 먹는 것은 아니다. 파인다이닝 레스토랑에 비해 비스트로처럼 조금 더 캐주얼한 레스토랑에서는 코스 구성이 간단하고 음식량은 많이 제공된다. 지금은 코스 요리 하면 프랑스를 떠올릴 정도로 코스식 서빙이 프랑스의 상징이 되었지만 본래 이런 방식은 러시아에서 시작되었다. 19세기 초 프랑스에서 러시아식을 차용하면서 코스 요리가 유행했고 지금에 와서는 프랑스식의 상징으로 자리 잡았다.

23.2로 유럽에서 제일 날씬하다. 영국 여성의 BMI가 26.2로 제일 높다. 다만 이게 좋은 현상이라고만 볼 수는 없다. 프랑스 여성은 유럽에서 체중에 대한 걱정이 제일 많은 것으로 나타났기 때문이다. 프랑스 여성의 저체중자 비율이 유럽에서 제일 높았지만, 그들 중 단지 절반만 자신이 너무 말랐다고 생각했다. 날씬함에 대한 기준이 너무 높다는 이야기다.

하지만 프랑스 여자는 살찌지 않는다는 이야기를 프랑스 음식에 먹어도 살찌지 않는 특별한 효과가 있다는 식으로 오해하면 안 된다. 동일한 음식을 먹는 프랑스 남성의 과체중 비율이 연령대별로 여성보다 15~20%씩 더 높게 나타난다. 프랑스 음식에 먹어도 살찌지 않는 마법의 효과는 없다. 프랑스 음식을 많이 먹으면 프랑스 여자라도 살찐다. 날씬한 프랑스 여자가 살이 찌지 않는 것은 프랑스 음식을 적게 먹기 때문이다.

프렌치 패러독스는 진실일까, 거짓일까

일부 전문가는 애초에 프랑스인들의 심장병 사망률이 낮다는 보도 자체가 잘못되었다는 주장을 펴기도 한다. 국가 통계상 심장병 사망 보고가 실제 수치보다 낮아서 착시현상을 일으켰다는 것이다. 실제로 더 엄격하게 진행된 최근의 연구 결과를 보면 프랑스인들의 심장병 사망률은 다른 나라들보다 낮긴 낮지만 두드러지게 낮지 않고, 동물성 지방의 섭취량 역시 높긴 높지만 엄청난 수준으로 높지는 않다.

　일각에서는 프랑스의 낮은 심장병 사망률은 식단 변화가 건강에 미치는 영향이 나타날 때까지 시간이 걸리기 때문이라는 시간 지연 이론을 펼치기도 했다. 1999년 《영국의학저널British Medical Journal》에 실린 논문처럼 프랑스인들의 식단이 다른 서구 국가처럼 변화하며 심혈관계 사망률 역시 비슷하게 증가하는 것은 시간문제라는 주장이다. 하지만 이 역시 사실이 아닌 것으로 드러났다. 2008년 프랑스에서 발간한 다른 보고서에 따르면 시간이 지날수록 프랑스의 심장병 사망률도 감소했다. 비록 그사이 다른 유럽 국가의 심장병 사망률이 크게 줄어들어서 이제 프랑스와 다른 나라의 차이는 작아지긴 했지만 말이다.

　프렌치 패러독스에 대한 또 다른 설명은 프랑스 내에서도 지역 차이가 존재한다는 것이다. 남부에 사는 사람들이 북부에 사는 사람들보다 심혈관계 사망률이 낮다는 이론이다. 즉, 프렌치 패러독스는 남프랑스에만 적용되는 이야기라는 것이다. 실제로, 위도상 유럽 남부에 위치한 스페인 바르셀로나와 프랑스 툴루즈의 사망률이 비슷하다. 같은 연구자들에 의하면 이들의 사망률을 비슷하게 만드는 것은 물리적 위도가 아니라, 사람들의 전체 식생활 패턴이다. 소박한 지중해식에 가까운 식사를 하는 사람들일수록 심혈관계가 더 튼튼하다는 이야기다. 프렌치 패러독스라는 개념을 처음 제시한 연구자 중 한 명인 피에르 뒤시메티에르 Pierre Ducimetière는 그동안 연구 결과를 종합해볼 때 프랑스 문화에 대한 환상이나 상술 외에는 별 의미가 없다고 결론짓는다.

그리하여 놀라워 보였던 프렌치 패러독스는 역설적으로 평범한 진실을 다시 우리 앞에 드러낸다. 채소와 과일이 풍부한 식단으로 식사를 즐기라. 고지방 섭취를 레드와인으로 해결하려고 하지 말고 적당량의 와인을 마시는 사람들의 생활방식을 따라 운동하고 금연하라. 진실은 늘 가까운 데 있는 법이다.

놀라워 보였던 프렌치 패러독스는
역설적으로 평범한 진실을 다시
우리 앞에 드러낸다. 채소와 과일이
풍부한 식단으로 식사를 즐기라.
고지방 섭취를 레드와인으로 해결하려고
하지 말고 적당량의 와인을 마시는
사람들의 생활방식을 따라 운동하고
금연하라. 진실은 늘 가까운 데
있는 법이다.

식품 사기 전성시대

수제 식품의 진실

터질 것은 터지고야 만다. 유기농 밀가루로 만든 수제 쿠키와 케이크라던 제품이 대형마트 완제품을 사다가 재포장한 것이었음이 드러났다. 처음에는 아니라고 발뺌하던 업체는 결국 잘못을 시인하고 문을 닫았다. 정확히 언제부터 어떤 제품으로 사기를 친 걸까. 나는 언제부터 속은 걸까. 사람들은 자괴감에 빠졌다. 충북 음성의 수제 과자점 미미쿠키는 이렇게 SNS로 흥해서 SNS로 망했다.

강력한 법적 조치 없이 식품 사기꾼들을 막기란 불가능에 가깝다. "식품 사기를 쳐서 얻는 이득이 엄청나게 크기" 때문이다. 제품 포장만 바꾸고 수제품이라 속여 2배 이상의 가격으로 폭리를 취한 미미쿠키 사태를 두고 국내 전문가 한 말이 아니다. 영국의 식품 안전 전문가 크리스 엘리엇Chris Elliott 교수가 '말고기 스캔들' 이후 3년을 되돌아보며 《가디언》의 인터뷰에서 한 말이다.

세기의 식품 사기로 불리는 말고기 스캔들은 2013년 1월 테스코와 알디 등 영국, 아일랜드 대형 할인마트에서 판매한 소고기 햄버거 패티에 말고기와 돼지고기 등의 다른 고기가 섞여 있음이 확인되며 촉발됐다. DNA 검사 결과 제품 다수에 돼지 DNA가 검출되었고, 테스코가 자사 브랜드로 판매한 제품에는 말고기가 무려 29%나 들어 있음이 밝혀지며 소비자들을 화나게 했다(심지어 말고기 100%인 볼로네즈스파게티도 있었다).

소비자의 관심이 높아지고, 더 까다롭게 식품을 고르는 사람이 늘어나면서 식품 사기 범죄도 더 극성을 부린다. 건강에 더 좋은 음식, 더 신선한 식품, 또는 환경에 더 나은 식품에 비싼 값을 치르는 소비자가 존재한다는 것은 식품 사기꾼이 소비자를 기만하여 한몫 잡기에 딱 좋은 상황인 셈이다. 말고기 사건이 터지기 2년 전에 이미 영국의 농산물 판매점, 델리카테센, 레스토랑 6곳 중 1곳이 허위로 유기농, 신선, 수제 식품이라 선전하며 일반 상품을 판매한다는 충격적인 조사 결과가 있었다. 수제 포테이토케이크(감자채로 만든 전 비슷한 음식)라고 광고한 메뉴가 실제로는 냉동 해시브라운이었고, 수제 카빙 햄hand-carved ham은 미리 포장된 냉동품이었으며, 홈메이드 파이로 판매된 제품이 실제로는 대량생산품을 사다가 소포장을 한 것이었다.

오늘날 식품 사기는 세계 공통의 걱정거리다. 미미쿠키와 비슷한 사건이 지구촌 여기저기서 벌어지고 있다. 2016년 미국 미시간주립대의 추산에 따르면 전 세계 식품 사기는 매년 56조 5,000억 원이 넘는 엄청난 규모다. 미국에서 판매되는 와사비 제품의 95%는 더 저렴한 호스래디시로 만든 가짜다. 2017년 미국 전역의 28개 레스토랑에서 판매 중인 랍스터 메뉴를 DNA 분석한 결과, 그중 35%에 저렴한 다른 해산물이 들어 있는 것으로 나타났다. 1981년 스페인에서 무려 2만 명이 독성물질을 함유한 유채유로 제조한 가짜 올리브유를 먹고 그중 300명이 사망한 비극이 벌어졌는데, 30년 뒤인 2011년 스페인 코르도바에서 해바라기씨유 70~80%에 올리브유 20~30%를 섞어 팔던 업자들이 또다시 적발됐다. 등급이 낮은 올리브유를 섞어 만든 가짜 엑스트라버진 올리브유와 다른 종자유로 만든 가짜 올리브유도 여전히 유통된다.

유기농, 수제 식품과 건강

미미쿠키 사례를 자세히 들여다보면 식품 사기 속에 숨은 또 다른 거짓말이 보인다. 유기농과 수제가 건강에 더 좋다, 더 안전하다는 거짓말이다. 유기농 달걀과 유기농 밀가루로 솜씨 좋은 제과사가 소량으로 구워낸 과자와 대량생산된 과자의 영양상 차이는 크지 않다. 어린 자녀에게 수제 쿠키를 먹인다고 마트에서 파는 과자를 먹일 때보다 더 건강해진다고 볼 근거도 없다. 일부 소비자는 미미쿠키가 재포장된 대량생산품이었음을 알고 나자 아토피성 피부 증상이 악화했다고 호소하기도 했지만, 이는 노시보 효과(nocebo effect, 가짜 약으로 부작용을 경험하는 것)였을 가능성이 높다.

수제 쿠키나 케이크가 건강에 특별한 유익이나 차별점을 주지 못한다는 사실은, 수제 맥주로 바꿔 생각해보면 쉽게 이해할 수 있다. 수제 맥주라는 번역이 적절한가는 논란이 있지만, 소규모 양조장에서 만든 크래프트 맥주가 공장에서 대량생산된 라거 맥주보다 건강에 좋다고 주장하는 사람은 드물다. 맛과 향이 독특할지는 몰라도 인체에 미치는 영향에는 차이가 없다. 그냥 둘 다 술이다.

마찬가지로 내추럴 와인의 다름과 새로움을 논하는 건 이해되지만, 이산화황 미첨가 또는 최소 사용으로 건강에 더 좋다고 주장하는 건 무리다. 발효 과정에서 자연히 이산화황이 생겨나기도 하지만, 세간에 나도는 이산화황과 두통의 관계에 대한 속설도 아무 근거가 없다. 내추럴 와인을 마셔도 머리 아프다.

와인 속 두통 유발 성분이 정확히 무엇인지 아직 모르지만, 발효 중에 생겨나는 타이라민, 히스타민과 알코올 때문일 가능성이 높다. 인구의 1% 이하로 추정되는 이산화황에 과민반응인 사람(주로 천식 환자)을 제외하면 건강 때문에 내추럴 와인을 마실 이유는 없다.

과일과 채소를 많이 먹느냐, 술과 고기를 자주 즐기느냐에 따른 건강상의 차이에 비하면, 일반 과일, 공장 맥주, 기존 와인과 유기농 과일, 수제 맥주, 내추럴 와인의 건강상 차이는 무시할 만큼 작다. 사람의 건강에 중요한 것은 수제나 유기농 식품이 아니라 전체 식사 패턴이다.

블라인드 테이스팅의 진실

음식 사기의 범람은 우리의 감각과도 관련된다. 〈백종원의 골목식당〉으로 뜨거웠던 막걸리 논쟁의 이면에는 웬만한 전문가라도 맛만으로 무슨 막걸리인지 맞히기는 어렵다는 사실이 있다. 막걸리 12종 중 백종원은 겨우 셋, 막걸릿집 사장은 둘을 맞혔다. DNA 테스트 결과가 언론 보도되기 전까지 영국과 아일랜드 사람들은 냉동식품에 들어간 게 소고기인지 말고기인지 구별하지 못했고, 미미쿠키에서 판매한 쿠키와 롤케이크를 구입한 소비자들은 자신들이 맛본 게 실은 코스트코에서 판매 중인 양산품이었음을 누군가 문제 제기하기 전까지 깨닫지 못했다. 맛으로는 수제인지 유기농인지 구별하기 어렵다.

맛으로 어떤 막걸리인지 맞히는 게 불가능하다는 얘기는 아니다. 저명한 와인 칼럼니스트 제이미 구드Jamie Goode가 말한 것처럼 "어떤 상황에서도 정확히 블라인드 테이스팅할 수 있는 사람이 극소수 또는 단 1명만 존재한다고 해도 그러한 능력이 실재한다는 것을 증명하기에 충분"하다. 미미쿠키 제품이 수입 양산품이었음을 먼저 눈치챈 사람이 있었다는 사실은 소수지만 감각이 더 예민한 사람이 있음을 보여준다.

하지만 우리 대부분은 다른 사람의 말에 흔들리는 상대 미각을 가진 사람들이다. 수제라는 말만 들어도 더 맛있게 느껴지고, TV에서 과자를 굽고 음식을 만드는 과정을 멋지게 보여주면 맛보기도 전에 맛 좋을 거라는 생각에 빠진다. 한국인의 미각만 특별히 뒤처지거나 둔감한 게 아니다. 어디서부터 직접 만든 것인지 알 도리가 없는 정체불명의 홈메이드 음식이 메뉴를 장식하고 있는 건 세계 공통의 현상이다.

인간의 감각은 쉽게 흔들린다. 실험정신이 투철한《더 푸드 랩》의 저자 켄지 로페즈 알트J. Kenji Lopez-Alt는 달걀노른자에 색소를 넣어 더 짙은 오렌지색으로 만들어주면 방사 사육 달걀이겠거니 생각하고 더 맛있게 느낀다는 점을 간단한 실험으로 보여줬다. 반대로 양쪽 모두 녹색 색소를 넣어 색깔을 구별 못 하게 하면, 방사 사육 달걀과 일반 달걀을 구별하기 어려웠다. 미각이 예민한 사람은 생각보다 많지 않다. 우리가 느끼는 맛은 시각에 크게 흔들린다. 수식어와 색깔만으로 음식 평가 점수를 높일 수 있는 현실에서 레스토랑 주인이 손님을 속이고 싶은 유혹에 빠지기란 얼마나 쉬운 일인가.

그러나 상대 미각 때문에 불행할 이유는 없다. 덕분에 우리는 닭이 뛰노는 모습만 상상해도 달걀을 더 맛있게 즐길 수 있고, 수제라는 말만 들어도 과자의 향을 더 깊이 느낄 수 있다. 맛으로만 승부를 내면 대다수가 좋아하는 보편적 양산품이 승리할지 모른다. 하지만 인간은 그렇게 단순하지 않다. 우리는 지식과 감각의 총합으로 음식을 즐긴다. 음식 이면의 풍성한 스토리를 알고 나면 다양한 맛을 더 깊게 느낄 수 있다. 다만 그 스토리가 허구가 아닌 진실이기만을 바랄 뿐이다.

우리가 느끼는 맛은 시각에 크게
흔들린다. 수식어와 색깔만으로 음식
평가 점수를 높일 수 있는 현실에서
레스토랑 주인이 손님을 속이고 싶은
유혹에 빠지기란 얼마나 쉬운 일인가.

3부

음식은
사회를 반영한다

다솜이는 정말
한우 채끝살 짜파구리를
좋아했을까?

영화 〈기생충〉 속 짜파구리의 사회적 의미

　　시작은 아무도 모른다. 1990년대 PC통신의 시절 게시판에 오른 레시피라고 기억하는 사람들도 있고, 군대에서 즐겨 먹었다는 증언도 있다. 봉준호 감독의 영화 〈기생충〉이 92회 아카데미 4개 부문에서 수상하면서 짜파구리가 화제가 되자, 2009년 농심이 운영하는 인터넷 커뮤니티에 한 네티즌이 자신만의 이색 레시피로 소개하며 처음 등장했다는 설도 나왔다. 하지만 사실은 그렇지 않다.

　　농심이 운영했던 인터넷 커뮤니티 '라면짱의 비법전수' 코너에 tys8238이란 아이디로 짜파구리 레시피가 올라온 날짜는 2009년이 아닌 2008년 12월 6일이다. 같은 회사에서 운영하는 블로그에 소개된 다른 글을 보면 2008년 9월에 이미 남자친구가 좋아한다며 짜파구리 레시피를 올린 사람이 있다. 게다가 2009년 1월 2일에는 가수 보아가 짜파구리를 좋아한다며 중독성 있는 맛이라고 언급한 기사도 떴다. 인터넷 포털사이트에서 짜파구리 레시피가 네이버 실시간 검색어 4위에 오르며 화제가 된 것도 2009년 1월 15일이다. 그 뒤 조용하다가 2012년 4월에 다시 기사와 함께 떠올랐다. 댓글을 보면 17년 전인 1995년에 친형과 먹었다, 2005년에 자신이 개발한 레시피를 도용했다는 식으로 여러 주장이 난무하지만, 언제 누가 최초로 짜파구리를 만들어냈는지는 알 수 없다. 그럼에도 불구하고 이 레시피를 창조한 나라가 한국이라는 사실은 분명하다.

번역가 달시 파켓Darcy Paquet은 〈기생충〉의 영어 자막 번역에서 짜파구리가 제일 어려웠다고 답했다. 달시 파켓은 고민 끝에 라면과 우동을 합친 람동Ramdon으로 번역했다. 하지만 그런 단어는 존재하지 않는다. 이웃 일본도 라면과 우동을 많이 먹지만 일본인 대다수는 라면과 우동을 섞어 먹을 생각을 하지 않는다. 과거 일본《산케이신문》서울 특파원 구로다 가쓰히로黒田 勝弘가 비빔밥은 양두구육의 음식이라며 섞어 먹는 문화를 비판했듯이 짜파구리는 일본인의 머릿속에서는 상상할 수 없는 음식이다.

라멘Ramen과 우동Udon은 모두 일본을 통해 영어권으로 전파된 단어이지만, 람동은 영화 〈기생충〉 덕분에 만들어진 신조어인 것이다.

많은 한국인은 섞어 먹는 걸 즐긴다. 통영에 가면 우동에 짜장을 얹어 먹는 우짜가 있고 의정부에 가면 부대찌개가 있다. 짜파게티와 너구리를 섞어 먹어야지 하는 아이디어가 떠오른 것도 아마 동시다발적이었을 것이다. 한국인이라면 누군가 떠올릴 법한 생각이고 한국인이라면 쉽게 받아들일 음식이 바로 짜파구리다.

본능적 감각과 사회적 편견

아카데미상 수상으로 영화 〈기생충〉이 세계적 화제가 되면서, 람동이라는 번역어 대신 고유명사로 짜파구리가 쓰일 정도라고 한다. 짜파구리는 〈기생충〉에서 가장 인상적으로 등장하는 음식이다. 영화가 짜파구리 장면 이전과 이후로 나뉜다고 볼 수 있을 정도로 중요하다.

그런데 궁금한 게 하나 있다. 다송이는 정말 한우 채끝살 짜파구리를 좋아했을까? 다송이가 짜파구리를 제일 좋아한다는 것은 엄마 연교의 대사를 통해 나온다. 하지만 정말 다송이가 짜파구리를 좋아했는지는 알 수 없다. 영화에서 짜파구리를 다 먹어치운 건 다송이가 아니라 엄마다. 다송이는 짜파구리는 좋아했을지 몰라도 한우 채끝살은 싫어했을 가능성이 높다.

대본에 의하면 다송이는 열 살, 초등학교 3학년이다. 그런데 영화 속 다송이의 모습은 그보다 더 어린 아이처럼 보인다. 다송이는 아직 본능적 감각에 대해 문화적 의미 부여가 덜 된 상태다. 영화에서 다송이는 김 기사(기택)와 가정부 아주머니(충숙), 제시카 선생님의 냄새가 같다며 신기해하지만 그냥 그뿐이다. 냄새에 사회적 의미를 부여하지는 않는다. 이후 다송이 아빠 박 사장이 동일한 냄새를 두고 선을 넘는 냄새라고 말하는 것과는 다르다.

후각으로 냄새를 감지하는 것은 생리적 현상이지만 그 냄새에 의미를 부여하는 것은 사회적이다. 다송이는 아빠와 동일한 냄새를 맡을 수 있는 후각을 지녔지만(엄마 연교는 이 냄새를 잘 감지하지 못한다), 아직 그 냄새에 대한 사회적 편견은 형성되어 있지 않다.

짜파구리는 라면이다. 라면은 본능적으로 맛있게 먹을 수 있는 음식이다. 단맛, 짠맛, 감칠맛은 어린이들도 좋아하는 맛이다. 모 대기업 오너의 아들이 아홉 살에 처음으로 라면을 먹고 말을 잇지 못했다는 일화도 충분히 가능한 게 라면은 아이들에게 별다른 훈련이 없이도 감동을 주는 음식이기 때문이다. 하지만 한우 채끝살은 어른의 음식이다. 소고기 스테이크를 처음부터 좋아하는 어린이는 많지 않다. 닭고기처럼 연한 고기나 잘게 간 고기는 먹더라도 상대적으로 질긴 텍스처의 소고기는 싫어하는 아이들이 많다.

32~48개월 어린이를 대상으로 한 2015년 네덜란드 연구 결과, 음식의 텍스처를 달리하면 아이들의 거부감이 증가하는 것으로 나타났다. 아이들은 덩어리진 텍스처보다 부드러운 질감을 선호했다(실제 실험에서는 그냥 요거트와 잘게 으깬 라스베리를 넣은 요거트, 라스베리 조각을 사용했다). 맛과 색상을 달리했을 때는 별 영향이 없었다. 고깃집에서 비싼 소고기는 잘 안 먹고 마지막에 나오는 후식 아이스크림에 더 즐거워했던 어린 시절의 기억은 대부분 있을 것이다. 냄새에 별다른 의미를 부여하지 않는 어린 다송이라면 짜파구리에 한우 채끝살을 넣었다고 특별히 반기거나 좋아하지 않았을 것 같다.

한우 채끝살 짜파구리의 사회적 의미

봉준호 감독은 인터뷰에서 "부잣집 아이라고 해 캐비어만 먹지는 않을 거다. 초딩 입맛을 보여주고 싶었다"며 "엄마 연교가 그 위에 한우 채끝살을 올려달라고 한 건 아마 엄마의 마음이었을 테고"라고 설명했다. 여기서 잠시, 2013년 TV 예능 프로그램 〈아빠! 어디가?〉에서 짜파구리가 등장하며 전국적 인기를 끌었던 때로 되돌아가 보자. 당시 라면에 영양 균형을 맞추기 위해 추가한 것은 삶은 달걀이었다. 짜파구리는 라면과 라면의 조합이므로 영양 면에서는 라면 2개를 먹을 때와 별로 달라지는 게 없다. 밀 단백질이 들어 있긴 하지만 아무래도 보충이 필요하다. 제일 흔한 방법은 라면에 달걀을 곁들이는 것이다. 〈기생충〉 속 엄마 연교 역시 단백질을 보충할 생각으로 한우 채끝살을 더하도록 지시했다. 매우 사실적이다.

덴마크 코펜하겐대 식품자원경제학 연구자들에 따르면, 실제로 영양학적 지식에서는 빈부의 격차가 나타나지 않는다. 당류와 포화지방을 적게, 섬유질을 많이 섭취하는 게 건강에 좋다고 생각하는 건, 부유하고 교육 수준이 높은 가정이나 가난한 집이나 마찬가지라는 것이다. 계층별 음식 선택에서 차이가 나타나는 것은 누적된 경험에 따른 선호도의 차이 때문이다.

우리는 자주 접해서 친숙한 음식의 맛을 더 높이 평가한다. 아이가 처음 접하는 생소한 음식을 좋아하고 받아들이려면 최소한 8회에서 15회까지 그 음식을 경험해봐야 한다. 문제는 그때까지 버려지는 음식이다. 경제적 여유가 없는 가정에서는 8회에서 15회까지 버려지는 음식을 감당할 수 없다. 버클리대에서 영양정책을 연구하는 케이틀린 대니얼Caitlin Daniel 박사는 음식 낭비를 우려하여 채소와 과일의 구매를 꺼리는 게 자녀의 입맛 형성에 영향을 미칠 가능성이 있다고 주장한다.

덴마크 연구에서 밝혀진 점도 비슷하다. 고학력·고소득인 경우 자라면서 채소와 과일을 접할 기회가 많으니 사람들의 입맛도 그에 맞춰지고, 저학력·저소득인 사람은 가공식품을 접할 기회가 많으니 포화지방과 당류를 선호하는 입맛을 갖게 된다는 추측이다. 덴마크 연구에서 고학력자일수록 소고기에 대한 선호도가 높게 나타난 것도 아마 같은 이유에서였을 것이다.

저술가 하이드룬 메르클레Heidrun Merkle는 『식탁 위의 쾌락』에서 오늘날 부유층이 "자신들이 먹는 음식을 선택함으로써 사회적으로 경계선을 긋고 있다"라고 지적한다. 영화 〈기생충〉의 다송이는 부잣집 아이지만 아직 어려서 부자와 가난한 자의 입맛 차이를 잘 모르고 있었다. 한우 채끝살 짜파구리는 다송이 엄마가 그 경계선을 자녀의 마음에도 긋고 싶어 한다는 걸 보여주는 장치다. 음식을 통해 그어진 경계선은 어떤 결과를 가져올까?

혼자 먹는 동안이라도
절대적으로 혼자인 사람은 드물다

세상 참 빨리 변한다. 20여 년 전, 내가 대학생이던 시절만 해도 달랐다. 나는 가끔 혼밥을 즐겼다. 별맛 없는 학생회관 밥도 혼자 집중해서 먹다 보면 더 맛있게 느껴졌고 밥숟갈을 뜨며 상념에 빠져드는 재미도 쏠쏠했다. 하지만 그때만 해도 혼밥을 바라보는 주변 시선이 불편할 때가 많았다. 지나가던 친구들은 다가와 왜 밥을 혼자 먹는지 의아해하거나 다음에는 함께 먹자며 위로의 한마디를 건네기도 했다.

이제는 혼밥이 대세다. 2014년 구인구직 업체 알바몬이 대학생 674명을 대상으로 한 설문조사에서 대학생 72%가 하루 한 끼 이상 친구나 식구 없이 혼자 밥을 먹는다고 답했다. 2017년 11월 결혼정보 회사 듀오가 20~30대 미혼남녀 260명을 대상으로 설문조사를 한 결과도 이와 비슷했다. 응답자의 71%가 혼밥을 즐긴다고 답했다. 혼밥 하는 사람 수가 늘어나면서 이에 맞춰 공간을 재배치한 식당도 눈에 더 많이 띈다. 일본식으로 바 형태의 좌석을 늘리고 옆자리가 신경 쓰이지 않도록 칸막이를 친 곳도 있다.

혼밥 레벨 테스트도 인기다. 누가 어떤 기준으로 만들었는지 알 수 없지만, 편의점에서 밥 먹기부터 마지막 단계인 술집에서 혼자 술 마시기까지 모두 9단계로 되어 있다. 학생식당에서 밥 먹기는 겨우 2단계에 불과하다. 그래서인지 유튜브에도 패밀리레스토랑, 고깃집, 횟집과 같은 상위 단계에 도전하는 이들의 동영상이 주류를 이룬다.

하지만 혼밥 레벨 테스트는 역설적이다. 난이도에 따라 혼밥의 단계를 나눈다는 것은 남의 눈을 의식하지 않고 혼자 먹는다는 게 쉽지 않음을 방증하기 때문이다. 거의 어디서나 1인 식사가 가능한 일본에서도 레스토랑 가이드 구루나비가 2,116명의 회원을 대상으로 설문조사를 한 결과, 혼자 음식점에 가본 적 없다는 사람이 14.6%나 됐다. 특히 고깃집에서 혼자 먹기를 꺼리는 사람은 전체 응답자의 40%가 넘었다. 혼밥의 원조로 불리는 일본만화『고독한 미식가』에도 주인공 고로가 남자 혼자 디저트 전문점에 가는 걸 어색해하는 장면이 나온다.

식사의 의미

인간에게 식사는 단순한 영양 섭취 이상의 사회적 의미를 지닌다. 편의점과 패스트푸드점, 고깃집과 횟집이라는 장소에 따라 혼밥의 난이도가 달라지는 것은 영양이 아니라 사회적 의미 때문이다. 편의점과 패스트푸드점에서의 간단한 식사는 영양 보충에 주된 의미를 두지만, 고깃집과 횟집에서의 식사는 사회적 친교의 의미가 강하여 혼자 먹기 어려운 것이다. 장소는 그대로 두고, 시간 배경만 바꿔도 혼밥의 빈도가 달라진다. 혼밥하는 미국인의 비율은 아침에는 61%에 달하지만 저녁 식사 때는 34%로 뚝 떨어진다. 같은 맥락에서, 평소 혼밥이 아무렇지 않던 사람도 명절이면 감정이 불편할 수 있다.

함께 모여 음식을 나눠 먹는 동물도 있긴 하지만, 서로 얼굴을 맞대고 대화를 나누며 때를 맞추어 식사하는 것은 인간뿐이다. 먹을거리를 앞에 두고 싸우거나 욕심내지 않고 자기를 조절하며 협동적으로 식사하는 능력 덕분에 오늘날 인간이 존재한다고 믿는 인류학자들도 많다. 우리가 다른 사람과 함께 먹는 것을 즐길 뿐 아니라, 다른 사람이 먹는 장면을 보는 것만으로도 즐거워하는 것도 식사에 영양 공급 차원을 넘어서는 사회적 의미가 있기 때문이다.

혼밥 하면서 책, 신문을 읽거나 TV를 보거나 스마트폰으로 먹방을 보는 것도 인간 특유의 사회성과 관련된 행동이다. 식당에서 혼밥 할 때도 정도 차이는 있을지언정 식당 주인, 종업원과 약간의 인사를 주고받기 마련이다. 혼자 먹는 동안이라도 절대적으로 혼자인 사람은 드물다. 그러므로 무조건 혼밥을 반사회적 행동으로 치부할 수는 없다.

생각보다 복잡한 혼밥과 건강의 관계

혼밥이 건강에 해로운 것은 사실 아닌가 반문할 수 있다. 혼밥에 대한 연구가 아직 그리 많지는 않다. 하지만 점점 늘어날 것임이 분명하다. 세계적으로도 혼밥이 대세이기 때문이다. 마켓리서치 회사 NPD그룹에 따르면 2016년 유럽 레스토랑 전체 방문의 30%가 1인 식사로, 사상 최고 수준이었다. 미국에서는 전체 식사의 절반이 나 홀로 이루어진다. 혼밥과 건강에 대한 연구 결과가 뉴스 헤드라인에 전보다 더 자주 등장하는 이유다.

이제껏 혼밥에 대해 보도된 연구 결과 대부분은 부정적이다. 2013~2014년 국민건강영양조사에 참여한 한국 성인 남녀 7,725명을 분석한 결과, 하루에 두 끼 이상 혼밥을 하는 남성은 비혼밥족에 비해 대사증후군에 걸릴 확률은 64%, 비만 위험은 45%가 높게 나타났다. 일본의 연구에서는 혼밥 하는 사람이 비혼밥족에 비해 우울증 위험이 높게 나타났다. 하지만 혼밥이 건강에 해롭다는 결론을 내리기에는 아직 이르다. 상관관계가 인과관계를 보여주는 것은 아니기 때문이다(이것만 기억해도 음식, 식습관과 건강에 대한 엉터리 뉴스 절반 이상을 거를 수 있다).

비만으로 대사증후군을 걱정하는 사람들이 혼밥을 많이 하는 것일 수도 있고, 우울한 사람들이 다른 사람과 함께 식사하기를 꺼리는 것일 수도 있다. 알약의 효과를 연구할 때는 한쪽에는 진짜 약, 다른 한쪽에는 가짜 약placebo을 주고 실험하지만, 혼밥과 같은 생활방식이 가져오는 차이를 알아보기 위해 사람을 대상으로 실험을 설계하고 실행하기란 어려운 일이다.

연령대에 따라 혼밥이 미치는 영향이 다를 수도 있다. 미국 델라웨어대의 의료인류학자 멜리사 멜비Melissa Melby가 호주와 일본의 20~40세 성인 72명을 대상으로 한 설문 연구 결과, 혼자 식사하면 더 건강한 식생활을 한다는 답변자가 많았다. 친구들과 어울려 먹고 마시다가 과식, 과음하고 다음 날 후회한 경험이 있는 사람이라면 이해할 수 있는 결과다. 2019년《미국임상영양학회지The American Journal of Clinical Nutrition》에 실린 영국 버밍엄대 연구에서 42건의 관련 논문을 분석한 결과, 대부분 함께 먹을 때 식사량이 늘어나는 경우가 많았지만, 반대로 그룹으로 모여서 식사하면 식사량이 줄어든다는 연구 결과도 있었다. 헷갈린다며 과학자를 탓할 수는 없다. 사람의 행동은 복잡하다.

진짜 문제는 따로 있다

공통의 다른 요인 때문에 혼밥과 질병 위험이 함께 증가하는 것일 수도 있다. 예를 들어 아이스크림 판매량이 증가하는 기간에 익사 사망자 수도 증가하지만, 아이스크림 판매 증가가 익사 사망자 증가의 원인이 아닌 것과 같다. 아이스크림과 익사 사망자 수는 모두 날씨라는 공통 요인으로 일어난 현상이다. 마찬가지로 잦은 혼밥과 질병 위험 증가의 공통 원인으로 지목할 만한 요소가 하나 있으니, 바로 외로움이다.

사회신경과학의 대가이며 외로움이 건강에 미치는 영향에 대한 연구로 유명한 시카고대의 존 카치오포John T. Cacioppo 교수는 『인간은 왜 외로움을 느끼는가』에서 중년에 외로움을 느끼는 사람은 그렇지 않은 사람보다 술을 더 많이 마시고 운동은 더 적게 하며 기름진 음식을 즐겨 먹는다는 점을 지적한다. 혼밥은 외로움으로 인한 결과인가, 아니면 혼밥 때문에 더 외로운 기분이 드는 것일까?

답은 사람마다 다르다. 외로움에 대한 개인의 감성이 다르기 때문이다. 사람마다 유전적 성향이 다르다. 사회환경이 더 중요하긴 하지만 유전적으로 외로움에 더 취약한 사람이 있다는 것이다. 매일같이 친구를 만나야 만족스러운 사람이 있는가 하면 혼자 있는 시간을 즐기고 적은 사교활동에 만족하는 사람도 있다. 사람마다 혼밥에 대해 느끼는 감정이 다를 수 있다.

『고독한 미식가』의 주인공 고로는 책 제목과 달리 전혀 고독하거나 외로워 보이지 않는다. 혼밥 하면서 낯선 사람들과의 교류를 즐기고, 때로는 사색에 빠지며 오롯이 혼밥을 즐긴다. 최근 배달음식이나 간편식을 넘어서 미리 음식을 만들어두고 소분하여 먹는 밀 프렙이 인기를 끌고, 혼밥족을 위한 요리책 출간이 이어지는 것 역시 비슷한 흐름이다. 혼자 먹는다고 외롭지 않은 사람에게 혼밥이 어떤 해를 주기는 어렵다.

하지만 자신의 의지와 관계없이 매일같이 고독을 씹으며 괴롭게 혼밥을 이어가는 경우도 분명히 존재한다. 카치오포 교수에 의하면 외로움을 타는 건 자연스러운 일이며 배고픔이나 통증처럼 몸이 보내는 신호다. 평소에 괜찮던 혼밥이 어느 날 갑자기 괴롭게 느껴진다면 외로움이 신호가 되는 순간이라는 것이다. 끊어진 사회적 유대를 얼른 회복하라고, 잠시 혼밥을 멈추고 '함께밥'을 찾아가라는 신호 말이다. 건강한 삶을 살기란 그리 어렵지 않으니 그때그때 다른 몸의 이야기에 귀를 기울이기만 하면 된다.

혼밥 하면서 책, 신문을 읽거나
TV를 보거나 스마트폰으로 먹방을
보는 것도 인간 특유의 사회성과 관련된
행동이다. 혼자 먹는 동안이라도
절대적으로 혼자인 사람은 드물다.
그러므로 무조건 혼밥을 반사회적
행동으로 치부할 수는 없다.

괴식은 그 음식을
먹지 않는 사람에게만
괴식이다

괴식과 맛의 과학, 그리고 건강

포테이토칩에서 향수 맛이 났다. 1992년 프랑스 영화 〈사랑한다면 이들처럼〉에서 주인공 앙트완과 아내 마틸드가 술 대신 향수를 섞어 칵테일처럼 마시는 장면을 보고 나서부터 궁금했던 그 맛을 편의점에서 사 온 과자에서 맛보게 될 줄은 몰랐다. 하지만 라벤더&블루베리맛 허니버터칩은 분명히 라벤더 향수 맛이었다. 원재료 함량으로 보면 블루베리가 라벤더 허브차보다 90배 더 많이 들어 있었음에도 블루베리 향보다는 라벤더 향이 더 진하게 느껴졌다. 체리블라썸 허니버터칩을 먹을 때도 느낌은 비슷했다. 벚꽃 향의 화장품을 입에 넣으면 이런 느낌일 것 같았다. 맛이 없진 않았다. 기존 허니버터칩의 달콤한 맛과 은은한 벚꽃 향이 썩 잘 어울렸다(일부 시식 평과 달리 체리 향은 나지 않았다. 체리블라썸은 체리가 아니라 영어로 벚꽃을 칭하는 말이다).

괴식怪食이란 무엇인가. 술 대신 향수를 마시는 정도라야 괴식인가, 아니면 향수 맛이 나는 포테이토칩도 괴식에 포함할 수 있을까. 논란에 불을 지핀 것은 지난(2019년) 6월 20일《중앙일보》에 실린 기사였다. 〈닭껍질 튀김, 돼지꼬리 구이… 1020 왜 '괴식'에 열광하나〉라는 표제의 기사는 괴식의 3가지 유형으로, 지독하게 짜거나 단 식품, 외형이 신기한 먹거리, 어울리지 않는 조합으로 구성된 메뉴를 들었다.

기사의 기준에 따르면 닭껍질 튀김과 돼지꼬리 구이는 외형이 신기한 먹거리여서 괴식, 뚱뚱이 마카롱과 흑당버블티는 지독하게 달아서 괴식, 볶음김치맛 김치킨과 짬뽕라면맛 소스와 오징어볼을 치킨과 함께 버무린 오징어짬뽕치킨, 미니언즈 핫치킨맛 초코스틱, 육개장 사발면 맛 포테토칩은 어울리지 않는 조합이어서 괴식이 되는 셈이다.

육개장 사발면 맛 포테토칩에 너무 놀라지 마시라. 요즘 편의점 매대에는 짱구 허니시나몬 볶음면도 있고, 옥수수와 체다치즈로 고소한 콘치즈면도 있다. 냉장 진열대에 인디안밥 우유와 초코바나나킥 우유도 실재한다. 과자는 라면이 되고 라면은 과자가 되는 시대다. 정신 똑바로 차리지 않으면 과자 사러 편의점 갔다가 컵라면이나 우유를 들고 올 수도 있다.

괴식과 맛의 과학

제품을 실제로 맛보면 괴이하다는 느낌은 별로 들지 않는다. 짱구 허니시나몬 볶음면을 코에 가져가면 짱구의 시나몬 향이 느껴진다. 하지만 막상 입에 넣고 씹으면 불닭볶음면의 안 매운 버전에 가까운 맛이다. 코로 냄새 맡을 때와 입 속에 넣었을 때의 풍미가 이렇게 달라지는 것은 들숨과 날숨 때 후각의 차이 때문이다.

음식을 앞에 두고 코로 냄새를 맡을 때는 코로 들이마시는 공기를 통해 그 향기를 인식한다. 전문용어로 정비측 후각 orthonasal olfaction이라고 부른다. 하지만 음식을 입에 넣고 씹을 때 방출되는 향기는 입 뒤쪽에서 비인두를 타고 비강의 빈 공간으로 흘러들어 가며 냄새를 인식하므로 후비측 후각 retronasal olfaction이라고 부른다.

개는 정비측 후각이 발달해 있지만 사람은 후비측 후각이 더 중요하며 잘 발달한 감각이다. 음식을 먹을 때 추억이 떠오르고 과거의 감정이 되살아나는 것은 주로 후비측 후각 덕분이다. 와인을 마실 때만 들숨과 날숨의 향이 다른 게 아니다. 짱구 허니시나몬 볶음면도 그렇다. 들숨 때는 짱구 향, 날숨 때는 볶음면 맛이다. 들숨 때는 재미있고 신기하지만 날숨 때는 먹을 만한 음식이 되는 것이다. 달콤한 콘치즈 같은 냄새가 나지만 막상 입에 콘치즈면을 넣고 씹으면 스위트콘을 넣어 만든 수프 맛이 나는 것도 같은 이유에서다.

육개장 사발면 맛 포테토칩 역시 괴식이라고 보기에는 맛이 평범했다. 이 제품에서는 육개장 사발면의 향이 나지 않았다. 라면을 먹을 때와 과자를 먹을 때의 온도 차 때문에 그런 게 아닌가 싶어 그릇에 감자칩 몇 조각을 넣고 뜨거운 물을 부어보았다. 잠깐이지만 라면 향이 느껴졌다.

확인을 위해 식품공학 전문가 노중섭 박사에게 물어보았다. 그는 라면을 끓여 먹을 때 휘발성 성분이 복합적으로 작용하여 내는 풍미가, 과자를 맛보는 상온에서는 그대로 발현이 되지 않으므로 동일한 시즈닝seasoning을 넣는 것만으로 같은 맛을 내기는 어렵다고 설명했다. 이에 더해 향을 내는 원료가 액상이냐 가루냐 또는 지용성이냐 수용성이냐에 따라서도 냄새가 차이 날 수 있다고 했다. 라면 맛 과자를 만들고 과자 맛 라면을 만드는 일에는 복잡한 과학이 필요하다.

괴식과 건강

《중앙일보》 기사는 한국 신문기사의 전형적 공식을 따라 이어졌다. 괴식 문화는 이전의 웰빙 트렌드에 역행하는 일종의 반反문화이며 소셜미디어를 통해 서로의 존재감을 확인하는 밀레니얼 세대의 특성이 반영된 결과라고 현상을 분석하면서 괴식은 건강상의 문제로 이어질 수 있다는 전문가의 지적으로 훈훈하게 마무리했다.

하지만 기사에 대한 독자들의 반응은 싸늘했다. '싫어요'를 누른 사람의 수가 498명으로 '좋아요'를 누른 사람(30명)보다 압도적으로 많았다. 댓글도 날 선 비판이 주를 이뤘다. 다른 나라 음식을 자기들이 익숙하지 않다고 괴식이라고 부를 수 있느냐, 예전부터 돼지꼬리 수육을 즐겨 먹었는데 그걸 굽는다고 왜 괴식이냐, 젊은 층을 못마땅한 시선으로 보는 꼰대 마인드라는 등의 반론이었다. 충분히 공감할 수 있는 주장이다. 우리가 토스카나의 닭벼슬 요리나 집시의 고슴도치 요리에 익숙해지기는 어렵겠지만 우리에게 익숙하지 않다고 괴식이라고 몰아붙일 수는 없다. 하지만 괴식이 건강에 해로울 수 있다는 건 사실 아닌가?

반드시 그렇진 않다. 생소한 식재료나 어울리지 않는 조합이라고 해서 특별히 건강에 더 해로운 것은 아니다. 감자칩에 라벤더나 벚꽃의 향을 넣는다고 해서 열량이나 영양성분이 크게 달라지지 않는다. 점심으로 라면을 먹느냐 비빔밥을 먹느냐의 차이에 비하면 컵라면으로 신라면 큰사발을 먹느냐 콘치즈면을 먹느냐의 차이는 사소하다. 콘치즈면 1인분은 신라면 큰사발보다 탄수화물이 5g 적고 당류와 지방은 각각 1g 많으며 단백질 함량은 동일하다. 맛이 다를 뿐 원재료에서는 큰 차이가 나지 않으니 영양 면에서도 비슷할 수밖에 없다.

굳이 건강상 주의를 필요로 하는 음식이라면 괴물짜장, 내장파괴버거처럼 양이 엄청나게 많은 경우를 들 수 있겠으나 이 또한 괴식이라 특별히 더 해롭다고 보기는 어렵다. 뭐든지 지나치게 많이 먹어서 좋을 게 없다는 평범한 상식의 연장일 뿐이다.

인도네시아에서 즐겨 먹는 닭껍질 튀김을 괴식의 범주에 넣는 것이 합당하냐에 대한 논란이 있지만, 만약 괴식으로 간주한다고 해도 고칼로리라는 걸 제외하면 영양상 나쁠 게 없다. 하버드 보건대학원의 월터 윌렛Walter Willett 교수는 껍질이 닭고기의 다른 부위보다 지방이 많긴 하지만 건강에 좋다는 불포화지방이 대부분이므로 요리할 때 굳이 벗겨낼 필요가 없다고 지적한다. 그렇다면 닭껍질만 먹는다고 해서 크게 해롭다고 보기도 어렵지 않은가.

다만 한 가지 주의할 점이 있다면 KFC에 가서 닭껍질 튀김만 먹고 올 가능성은 낮다는 것이다. 지난주 내가 그랬다. 치킨버거에 코울슬로와 콜라까지 다 먹고 나니 섭취 열량 1,100kcal를 훌쩍 넘겼다. 닭껍질을 벗겨서 튀김옷을 입힌 가슴살과 닭껍질 튀김을 함께 먹고 있으니 기괴하진 않았지만 애매하게 묘한 느낌이 들기도 했다. 다음에 방문할 때는 KFC가 닭껍질을 많이 팔려고 닭껍질 튀김을 내놓은 건 아니라는 걸 꼭 기억해야겠다. 닭껍질 튀김을 처음 내놓은 인도네시아 KFC는 2017년에 초콜릿을 뿌린 치킨을 출시하여 화제를 불러일으킨 전력이 있다. 닭껍질 튀김이 처음 국내 출시되었을 때 국내 언론도 인도네시아를 강타한 KFC 닭껍질 튀김이 한국에 상륙했다며 호들갑이었다. 괴식이 나오면 띄워주면서 동시에 먹지는 말라는 언론매체에 대중이 반발할 만하다.

영화 〈기생충〉에 한우 채끝살 짜파구리가 등장해 눈길을 끌었지만 몇 년 전만 해도 너구리와 짜파게티를 함께 섞는 걸 괴식이라고 생각하는 사람들이 있었다.° 괴식은 지역 식문화와 시대에 따라 변하는 상대적 개념이다. 그러니 누군가 괴식이라 이름 붙인 음식에 대한 지나친 편견을 버릴 수 없거든 기억하라. 괴식은 그 음식을 먹지 않는 사람에게만 괴식일 뿐이다.

° 2014년 네이버 오픈사전에 실린 괴식의 정의는 "라면형 과자 뿌셔뿌셔를 라면처럼 끓여 먹고 너구리와 짜파게티를 함께 섞는 등 기이한 식습관을 일컫는 네티즌들의 신조어"였다. 현재 항목이 삭제되었다.

그날의 평양냉면이
천하일미였던 까닭

음식의 사회성으로 본 평양냉면 논쟁

지극히 평화로운 만찬이었다. 남북의 두 정상이 나란히 앉아 옥류관 평양냉면을 맛보는 자리에 다행히 까칠한 미식가는 없었다. 면 색깔이 거뭇하다, 육수 갈색빛이 너무 진해 보인다, 식초와 겨자로 모자라 양념장까지 넣는 건 평양냉면답지 않다, 꾸미로 올라갈 달걀이 국물에 빠진 모습이 어색하다는 불평도 들리지 않았다.

맛으로만 따진다면 최상의 맛과는 거리가 있었다. 냉면 제면기가 설치된 통일각에서 평화의 집까지는 300m 이상 떨어져 있다. 철제 통에 냉면 사리를 담아 차에 싣고 옮기는 데 2분 30초, 다시 그릇에 옮기고 꾸미를 얹고 육수를 부어서 내어놓는 시간을 감안하면, 면을 뽑은 지 최소 10분 이상이 지난 시점에야 비로소 냉면을 맛보았을 거라는 추측이 가능하다. 평양에서 공수해 온 제면기가 고장 나는 바람에 주메뉴인 냉면이 예정보다 늦게 만찬장 식탁에 올랐다. 고치긴 했다지만 기계의 상태가 완벽하진 않았는지 북한 실무자들은 평양냉면 맛이 제대로 구현되지 않았다며 아쉬워했다. 그럼에도 불구하고 만찬에 초대되었던 사람들은 그날 냉면이 "천하일미"였다는 평을 남겼다.

정상회담 냉면과 식사의 의미

남쪽 예술단이 4월 2일 평양에서 맛본 냉면이 4.27 남북정상회담에 오른 냉면보다 맛은 더 나았을 것임이 분명하다. 전날 성황리에 공연을 마친 예술단 멤버들은 다음 날 직접 옥류관을 찾아가 냉면을 맛봤다. 제면기를 옮길 일도 없었고, 기계가 고장날 일도 없었으며, 4번에 걸쳐 냉면 사리를 차와 사람이 이 건물에서 저 건물로 옮길 일도 없었다. 평양 창전거리의 옥류관에서 먹는 '진짜' 평양냉면이었다.

언론과 대중의 관심도 온통 맛에 쏠렸다. 가수 백지영과 최진희의 맛 평가, 걸그룹 레드벨벳이 냉면을 먹는 모습, 냉면이 담긴 놋그릇, 고명으로 올린 잣, 무김치, 편육, 오이, 실처럼 채 썬 달걀지단, 빨간 양념장과 쇠젓가락까지 상세히 소개하는 기사가 여럿이었다(개인적으로, 김정은 위원장을 비롯한 북한 사람들이 짜장면 비비듯 젓가락을 양손에 잡고 면을 풀어헤치는 장면에서 제일 놀랐다).

하지만 평양냉면 붐은 그때 일지 않았다. 전국의 평양냉면집이 인산인해를 이룬 것은 4월 27일 점심부터였다. 마트의 즉석냉면 판매량도 2배에서 3배까지 급상승했다. 해외 언론도 평화의 상징이 된 차가운 면 요리에 큰 관심을 보였다. 애틀랜타에서 바비큐 식당을 운영 중인 가수 이지연이 〈CNN 투데이〉에 출연해 평양냉면을 소개하기도 했다.

자주 간과하지만 음식을 먹는다는 건 사회적 의미가 담긴 행동이다. 냉면 외교는 음식이 친교의 매개체이며, 함께 식사하는 일이 상호 신뢰를 구축하는 데 무엇보다 중요한 상징이 된다는 점을 여실히 보여줬다. 맛과 건강 문제로만 생각해서는 음식이라는 대상을 온전히 이해하기 어렵다.

예를 들어, 치즈는 좋은 음식인가, 나쁜 음식인가? 2014년 9월 17일 영국의 타블로이드 신문 《데일리 미러》 기사를 보면 치즈는 비만의 원인이 되는 나쁜 음식으로 보인다. 그 기사의 헤드라인은 "치즈를 너무 사랑한 김정은, 터질 듯 뚱뚱해져 절뚝거려"였다. 과도한 치즈 섭취 때문에 체중이 불어나 건강에 문제가 생겼을 거라는 지적이었다. 이 기사는 정말 치즈와 건강에 대해 말하는 기사였을까? 그렇지 않다. 그보다 3년 앞서 같은 신문에는 케이트 미들턴Kate Middleton 영국 왕세손비가 치즈를 먹고 체중을 감량했으며, 이를 따라 하려는 사람들로 인해 치즈와 육류의 판매가 급증했다는 기사가 실렸다.

같은 음식이 한 사람에게는 비만의 원인이 되고 다른 사람에게는 다이어트의 비결이 된다는 것은 논리적으로 모순이다. 겉으로는 음식과 건강에 대한 이야기처럼 보이는 두 기사에 숨겨진 진실은 음식의 사회성이라는 거울을 통해서야 제대로 보인다. 음식의 가치는 다른 무엇보다도 사회적으로 결정된다. 저명한 인류학자 클로드 레비스트로스Claude Lévi-Strauss의 말 그대로 인류에게 좋은 음식이란 "먹기에만 좋은 게 아니라 생각하기에도 좋아야 한다". 그 생각은 개인적이면서 동시에 사회적이다.

음식의 효능에 관심을 갖는 이유

정상회담 다음 날 집 근처 평양냉면집을 찾았다. 벽면 액자에 메밀의 효능이 눈에 띈다. 체지방 감소, 비만 예방, 간 기능 회복, 이뇨 작용, 노화 예방과 피부 미용, 변비 예방과 치료에 도움. 문구를 읽다 보면 내가 병원에 왔는지 음식점에 왔는지 헷갈릴 때가 있다. 메밀에 다양한 영양성분이 들어 있는 것은 사실이지만, 그들 성분에 나열된 질병을 치료하는 효과가 있다는 근거는 부족하다. 양적 계산도 잘못된 경우가 많다.

신문기사와 방송에 심심찮게 등장하는 메밀의 단백질 함량이 두부보다 높다는 이야기도 그렇다. 메밀 100g당 단백질 함량은 11.5g으로 같은 무게의 두부(9.3g)보다 높다지만 도정한 메밀 생것이 그렇다. 수분 함량이 적기 때문이다. 생면을 삶은 메밀국수의 단백질 함량은 100g당 6.6g이다. 건면 메밀국수에는 밀가루가 상당량 섞여 있어서, 밀국수 건면 삶은 것(4.6g)과 메밀국수 건면 삶은 것(4.8g)의 단백질 함량은 비슷하다. 메밀이 다른 곡물과 비교해서 단백질 함량이 높긴 하다. 하지만 메밀 생것을 그대로 먹지 않는 사람에게, 메밀이 두부보다 단백질 함량이 높다는 이야기는 과장이다. 음식의 효능에 대한 이야기들 대부분이 따져보면 엉터리다.

사실도 아닌데 왜 음식의 효능에 대한 광고와 안내판은 사라지지 않을까. 인류 대부분이 겪어온 식량 부족을 우리 역시 겪었고, 전쟁과 수탈의 상처가 아직 채 가시지 않았으며, 과거의 극심한 영양부족에 대한 아픈 기억이 남아 있기 때문이다. 오륙십 년 전보다 경제적 형편이 나아지고 평균 기대수명이 늘어나면서 건강 정보에 대한 관심은 커졌다. 하지만 음식의 효능에 대한 거의 본능에 가까운 믿음을 버리기란 어려운 일이다. 과학자들의 복잡한 설명을 이해하기보다 특정 음식을 먹었더니 이렇더라는 이웃의 체험담이 훨씬 쉽게 다가온다. 첨단 과학기술을 누리고 있지만 과학적 사고방식을 받아들인 사람의 수는 아직 많지 않다. 냉면집에 메밀의 효능 광고판이 좀처럼 사라지지 않는 이유다.

평양냉면 논쟁에 숨은 진실

평화로운 정상회담이 끝나기도 전에 논쟁이 시작됐다. 진짜가 왔다, 면에 대해 설교를 늘어놓는 '면스플레인'의 종말이 왔다며 환호하는 사람들이 있는가 하면, 현대 평양의 평양냉면보다 원형에 가까운 것은 서울의 평양냉면이라고 반론하는 사람들도 있었다. 국수의 질김도를 보정하기 위해 메밀가루에 녹말가루를 넣어 매끈하고 질깃하게 뽑은 면에 간장 육수를 탄 것보다는 100% 순면에 소금으로 간한 서울의 냉면이 진짜라는 주장이다.

일견 맞는 말 같기도 하다. 음식문헌 연구자 고영이 칼럼에서 소개한 1936년 6월 4일 자 《조선중앙일보》 기사를 보면 평양냉면이 서울로 올라오며 "담박한 맛은 없어지고" "간장국이 짭짤히 엉킨" 서울식 미각으로 변했다는 설명이 등장한다. 덜 자극적이다, 싱겁다는 맛 평가를 보면 북한의 평양냉면은 여전히 담박한 듯하나, 정상회담 평양냉면 육수의 간장 빛깔을 보면 평양과 서울이 현대에 와서 조금 엇바뀐 느낌이다.

그럴 수밖에 없다. 음식은 사회를 반영하기 때문이다. 서울의 평양냉면은 오늘날 서울 사람들이 추구하는 음식과 사회의 한 단면을, 평양의 평양냉면은 그들이 추구하는 가치의 한 단면을 반영한다. 비슷하면서도 다른 서울과 평양의 냉면이 만나는 순간, 각자의 정체성은 더 선명하게 빛난다.

이대로 글을 마치려니 미식가들에게 미안하다. 세상에 까칠한 미식가만 있는 건 아니다. 무던한 미식가도 있고, 사교적인 미식가도 있으며 고독한 미식가도 있다. 그렇다. 고정관념의 좁은 틀에 맞춰 바라보기에 미식가의 세계는 너무도 다양하다. 그런데 잠깐! 평양 사람들도 마찬가지다. 면에 식초를 뿌려 먹는 걸 즐기는 사람도 있을 거고, 육수를 그대로 마시는 걸 좋아하는 사람도, '면스플레인'하기 좋아하는 사람도 있을 테다.

그리고 마침내 휴전선 너머 저편의 다양한 사람들과 그들의 음식을 있는 그대로 만날 수 있는 세상이 시작됐다. 정상회담 뒤 평양냉면 맛을 보겠다며 줄을 선 시민들의 얼굴이 하나같이 즐거워 보인 건 아마도 그런 이유에서였을 거다.

채식주의라는 말에
풀밭을 떠올리고 있다면

　　백화점 식품매장에서 비건이나 베지테리언 식품 찾기는 아직 어렵다. 2017년 현대백화점 판교점 식품관 베즐리 매장에는 작게나마 채식주의 빵 코너가 따로 있었고, 2019년 3월에는 비건 베이커리 야미요밀이 입점하기도 했다. 지금은 베즐리의 비건 식빵이 전부다. 가격표에 붙은 베스트 상품이란 문구로 짐작해보건대 비건 식빵을 찾는 사람 수가 적진 않은 듯했다. 이즈니 버터에 무항생제 달걀노른자를 넣어 만들었다는 황금 식빵이 나란히 진열되어 있었다. 비교 시식을 위해 하나씩 구입했다.

비건 식빵의 맛은 호두가 들어간 걸 빼면 일반 식빵과 크게 다르지 않았다. 우유 대신 넣은 두유의 향이 느껴지긴 하지만 원재료를 확인하지 않고 먹으면 잘 모를 정도로 옅었다. 토스터에 구워 먹을 때의 식감은 비건 식빵이 황금 식빵보다 더 바삭했다. 황금 식빵은 굽기 전에도 노란색이 진했고 달걀노른자의 단백질로 인해 마이야르 반응이 더 활발히 진행되어서인지 토스터에 구운 뒤 갈색으로 변한 부분의 색깔도 비건 식빵보다 더 진했다. 그럼에도 불구하고 둘을 시식한 뒤의 느낌에는 차이점보다 공통점이 더 많았다.

사실 채식에 대해 묘한 편견이 있다. 고기 대신 풀만 먹는 모습이 먼저 떠오른다. 내가 그런 편견에 사로잡혀 있음을 깨달은 건 2001년 토론토에서 친구 자낙의 집에 방문했을 때였다. 자낙의 고향인 인도 구자라트주에서는 전체 인구의 60~70%가 채식을 한다. 자낙 가족도 모두 채식을 했다. 하지만 간식으로 내온 음식은 곡물로 만든 튀김과자 몇 가지가 전부였다. 채소는 하나도 없었다. 그들이 베지테리언이라는 말에 거의 자동으로 머릿속에서 풀밭이 그려졌지만 내 편견에 불과했다. 자낙 가족이 주로 먹는 음식도 곡물이었다.

먹지 않는 음식을 놓고 보면 보통 식단과 채식에 엄청난 차이가 있는 것처럼 느껴지지만, 실은 공통으로 겹치는 음식이 훨씬 더 많다. 저명한 인류학자 시드니 민츠^{Sidney Mintz}는 『설탕과 권력』에서 알곡이나 뿌리식물로 된 복합 탄수화물 주식에 맛을 내는 보조식품 또는 양념을 결합한 방식이 인간 식사의 기본적 양상이라고 단언한다. 마사이족처럼 예외가 있긴 하지만 농업 정착민이 세운 문명은 대부분 복합 탄수화물을 제공하는 식물을 바탕으로 세워졌다. 인류 문화의 기초는 채식이다. 채식이 건강이나 환경에 더 유익한가, 윤리적인가에 대한 논의에 앞서서 기억해야 할 점이다.

비건과 건강

채식에도 여러 가지가 있다. 고기는 먹지 않되 유제품과 난류는 먹는 락토오보베지테리언, 고기와 알은 먹지 않고 유제품은 먹는 락토베지테리언, 알 외에 동물성 식품은 모두 피하는 오보베지테리언, 동물성 식품과 동물 유래 제품을 모두 피하는 비건이 있다. 육류는 피하지만 생선은 먹는 페스카테리언, 채식을 추구하지만 상황에 따라 가끔 고기를 먹는 플렉시테리언은 엄밀히 말해 베지테리언으로 보기 어렵지만 넓은 의미에서 포함하기도 한다.

건강에 유익하다는 이유로 채식을 시작하는 사람도 많다. 제임스 캐머런 감독과 아널드 슈워제네거, 성룡이 제작을 맡아 화제가 된 다큐멘터리 영화 〈더 게임 체인저스〉도 채식이 인간의 신체 능력을 강화하고 건강을 증진한다는 주장을 주된 내용으로 한다. 하지만 인간은 잡식동물이므로 다양한 음식을 먹을 때 필요한 영양을 얻기 쉽다. 엄격한 비건보다는 유제품이나 난류를 먹는 락토오보베지테리언이 영양 균형을 맞추기 수월하다는 이야기다. 특히 아미노산의 경우 필수아미노산을 골고루 얻기 위해서는 아미노산의 구성비가 좋은 동물의 고기를 먹는 게 식물성 식품만 먹는 것보다 덜 복잡할 수 있다.

하지만 음식 선택에는 비용이 든다. 예나 지금이나 지구상 대다수 사람에게 고기를 먹는 일은 경제적 비용 면에서 훨씬 어려운 선택이다. 생존을 위해서는 어떻게든 식물성 단백질로 필수아미노산을 모두 얻어내야 했다. 현재 식문화의 상당 부분은 식물을 어떤 구성으로 섭취하여 영양 균형을 맞출 것인가 하는 과거 고민의 결과로 만들어졌다.

동아시아에서 쌀과 콩을 함께 먹거나 남아메리카에서 옥수수와 콩을 주로 함께 먹는 것처럼 각 지역의 식문화는 영양학적 지식 없이도 충분한 영양 균형을 이룰 수 있는 방식으로 발전해왔다. 채식하면 단백질이 부족할 거라며 반대하는 목소리도 종종 들리지만, 만약 채식으로 생존에 필수적인 영양을 얻을 수 없다면 지금의 인류 대부분은 살아 있지 못할 것이다.

건강 면에서 채식이 유익한 이유로, 잡식보다 채식하는 사람의 전체 열량 섭취가 적으며 섬유질 섭취량이 많다는 점을 들

수 있다. 실제로 2014년 1,475명을 대상으로 한 벨기에 연구에서는 가장 제한이 엄격한 비건이 섭취 열량이 제일 낮고 섬유질 섭취가 제일 높은 것으로 나타났다. 열량 과잉으로 비만이나 과체중이었던 사람과 섬유질 섭취 부족으로 변비로 고생하던 사람이 채식으로 전환하고 나서 때때로 건강이 좋아졌다고 느끼는 것도 이런 이유 때문일 것이다.

하지만 이와 동시에 비건의 단백질 섭취량과 칼슘 섭취량이 제일 낮게 나타났고 칼슘의 경우 권장량에 미치지 못했다는 점도 짚고 넘어가야 한다. 식단의 제한이 심할수록 단기적으로 체중감량과 같은 효과를 내기 쉬울 수 있지만 반대로 영양 결핍이나 부족의 문제도 생길 수 있다. 성장기 청소년에게는 철, 칼슘, 아연의 섭취를 방해하여 문제가 생길 수 있다. 식사를 통해 미네랄 섭취를 충분히 하고 있는지 점검이 필요하다.

비타민B_{12}의 부족은 또 다른 문제다. 비타민B_{12}는 동물성 식품에서만 섭취할 수 있는 영양소여서, 별도로 보충제를 복용하지 않을 경우 일주일에 육류 섭취를 한 번 이하로 제한하는 세미베지테리언의 경우 정상치 이하인 경우가 20%에 불과한데 반해 락토오보베지테리언은 47%, 락토베지테리언은 64%, 비건은 92%에 달할 정도로 정상치 이하인 사람의 비율이 증가한다(미국 위스콘신대 1982년 연구 결과). 엄격한 기준의 채식일수록 부족하기 쉽다는 의미다.

비타민B12는 간에 저장된 양으로 1~2년을 버틸 수 있으므로 갑작스럽게 결핍 증상이 나타나진 않지만, 장기적으로는 악성 빈혈과 같은 심각한 문제를 일으킬 수 있다. 된장과 같은 발효식품, 해조류에도 비타민B12가 들어 있긴 하지만 인체에서 흡수해 활용할 수 있는 형태가 아니어서 별 도움이 못 된다. 비건 식단을 따르는 사람이라면 보충제나 영양강화 식품으로 비타민B12를 충분히 섭취해야 한다.

식단을 식물성 식품으로 제한하더라도 먹을 수 있는 음식의 종류는 다양하다. 채식이 주는 건강상의 이점도 분명히 있다. 하지만 좋기만 한 건 세상에 없다. 균형을 잘 잡아야 유익을 얻고 부작용을 피할 수 있다.

비건 푸드의 전망

한국 인구에서 비건의 비중에 대한 통계자료는 아직 없다. 미국 수치는 조사기관에 따라 상당한 차이를 보인다. 데이터 분석 및 컨설팅 회사인 글로벌데이터의 분석으로는 2014년 전인구의 1%였던 비건이 2017년 5.5%까지 증가했지만 2018년 갤럽 조사에서는 베지테리언이 전인구의 5%, 비건은 2012년의 2%보다 조금 증가한 3%로 나타났다.

최근 국내에서도 비건 푸드에 대한 관심이 늘고 있지만 비건보다는 베지테리언이나 플렉시테리언의 수가 느는 방향일 가능성이 높다. 비욘드비프(완두콩과 쌀 단백으로 만든 식물성 대체육), 저스트에그(녹두에서 추출한 식물성 단백질로 달걀 맛을 구현한 제품)와 같은 동물성 식품과 비슷한 풍미와 질감을 내는 식물성 대체품이 계속해서 언론과 대중의 관심을 끄는 것도 같은 맥락이다.

엄격한 비건 식단을 오래 유지한 사람에게는 고기 맛이 나는 식물성 햄버거가 부담스러울 수 있지만, 이제 막 식물성 식품 비중을 늘려보려고 시도하는 사람에게는 채식으로 가는 디딤돌이 될 수 있다. 아직은 값이 비싼 편이어서 호기심으로 한두 번 먹고 마는 수준이지만 시간이 지날수록 새로운 식물성 식품이 식탁에서 차지하는 비중이 늘어날 것임은 분명하다. 그렇게 채식을 경험하는 사람이 늘어나면서 나와 다른 음식을 먹는 사람에 대한 존중심도 함께 늘어나길 희망한다.

농업 정착민이 세운 문명은 대부분
복합 탄수화물을 제공하는 식물을
바탕으로 세워졌다. 인류 문화의 기초는
채식이다. 채식이 건강이나 환경에
더 유익한가, 윤리적인가에 대한 논의에
앞서서 기억해야 할 점이다.

태어날 때부터 예쁜 복숭아를
더 좋아하는 아기는 없다

'못난이 농산물' 너머의 불편한 진실

스타를 직접 만나기란 역시 어려운 일이다. '못난이 감자'가 인기라는 말에 마트를 찾았지만 이미 매진된 뒤였다. SBS 예능 프로그램 〈맛남의 광장〉(2019년 12월 방송)에서 백종원 더본코리아 대표가 정용진 신세계그룹 부회장에게 전화를 걸어 못난이 감자의 구매를 부탁했고, 정 부회장은 이를 선뜻 수락했다. 이 방송 사흘 만에, 상품성이 떨어져 강원도 농가에서 버려지던 못난이 감자 30t이 완판되었다고 한다. 정말 그랬다. 적어도 이마트 광교점에서 못난이 감자는 찾아볼 수 없었다.

우리는 왜 못난이 채소를 기피할까? 여기서 '우리'는 주어로서 매우 적절하다. 국제연합식량농업기구[FAO]에 따르면 개발도상국에서 폐기되는 농산물의 40%는 수확 및 가공 단계에서 발생하는 반면, 한국과 같은 산업화 국가[developed countries]에서는 농산물 폐기의 40%가 소매 및 소비자 수준에서 발생한다. 못난이 채소와 과일이 버려지는 책임은 소비자인 '우리'에게 있다.

왜 우리는 못난이 감자를 꺼렸던 것일까. 그런데 왜 〈맛남의 광장〉 방송 뒤에는 많은 사람이 기꺼이 못난이 감자를 샀을까. 건강과는 별 관련이 없다. 못난이 채소나 과일이라고 영양 면에서 뒤떨어지는 것은 아니며, 맛은 대등하거나 오히려 더 좋을 수도 있다.

2018년 미국 다트머스대 경영대학원의 로런 그레이월[Lauren Grewal] 교수의 연구에 따르면, 소비자가 못난이 농산물 구매를 기피하는 것은 매력적으로 보이지 않는 못난이 과일과 채소를 선택하는 순간 자신을 부정적으로 인식하는 자기신호효과[self-signalling effect]가 나타나기 때문이다. 우리는 상품 구매를 통해 내가 누구인가에 대한 신호를 자신에게 보내게 된다. 고가의 자동차나 명품 가방을 구입하면 스스로 성공한 사람으로 여기게 되는 것처럼 못난이 농산물을 집어 들면 자기도 모르게 자신에 대한 부정적 이미지를 그려보게 된다는 것이다.

그레이월 교수는 못난이 농산물의 판매를 촉진할 방법도

실험을 통해 보여줬다. 그냥 "못난이 농산물을 사세요"라는 문구만 있을 때보다 "당신은 정말 멋져요! 못난이 농산물을 사세요"라는 문구를 놓았을 때 못난이 농산물을 선택하는 소비자 수가 93.3%나 증가했다. 자존감을 높여주는 문구가 있어서 못난이 농산물을 사더라도 자기 지각에 부정적 영향을 줄 가능성은 낮아지고 긍정적 자기 이미지가 강화된 것이다.

그레이월 교수의 실험 결과는 〈맛남의 광장〉 방송 뒤에 못난이 감자가 팔려나간 현상에 잘 들어맞는다. 전에는 못난이 감자를 사면 그 순간 자신도 못난 것처럼 느껴져 기피하던 소비자들에게 방송 내용은 "당신은 정말 멋져요! 못난이 농산물을 사세요"라고 적힌 광고판처럼 작용했다. 못난이 감자 선택이 스스로를 더 긍정적으로 보게 해준다면 못 살 이유가 없지 않은가.

못난이 농산물의 숨은 조력자들

'못생겨도 맛은 좋아' 캠페인을 진행 중인 지구인컴퍼니가 2017년 9월부터 2019년 10월까지 2년이 조금 넘는 기간에 판매한 못난이 농산물의 양이 75t이다. 이에 비하면 방송 사흘 만에 30t 완판은 대단한 성과다. 〈맛남의 광장〉 다음 방송에서는 전북 장수의 사과 농가를 찾아 태풍 피해로 늘어난 비상품 사과를 비췄다. 사과 농장주가 크기 미달, 낙과, 흠집이 있거나 외형이 고르지 못하다는 이유로 판매가 어려움을 토로한 장면도 좋았지만, 무엇보다 방송에서 사과를 두고 불필요한 비교를 하는 행태에 대해 분노하는 장면이 인상적이었다.

구아바에 비타민C가 사과의 60배가 들어 있다, 딸기에 비타민C가 사과의 10배다 하는 식의 방송은 비판받아 마땅하다. 사과에는 다양한 영양성분이 들어 있지만 비타민C의 함량이 높은 편은 아니다. 굳이 사과를 비타민C 함량의 비교 대상으로 하여 다른 과일에 대단한 효능이 있는 것처럼 보여줄 이유가 없다. 사과는 그 자체로 훌륭한 음식이며 특정 성분에 관계없이 다양한 방법으로 즐기면 건강에 충분히 유익하다.

못난이 감자는 완판되고 없었지만 다행히 보조개 장수사과는 마트에 진열되어 있었다. 1개에 690원 또는 5kg 1봉에 9,980원으로 일반 사과보다 50% 이상 저렴한 가격에 판매되고 있었다. 판매량을 정확히 알 수는 없지만 진열대가 절반 이상 비어서 직원이 다시 채우러 온 걸 보면 제법 잘 팔리는 듯했다. 몇 개 사다가 흠집이 생긴 부분을 잘라내고 일반 부사 품종 사과와 비교 시식했다. 신맛이 조금 더 강하긴 했지만 맛이 크게 떨어지진 않았다. 크기가 작은 편이어서 방송에서 소개한 것처럼 멘보사과, 사과피자, 사과튀김으로 요리해 먹기에도 좋아 보였다.

비슷한 시기 롯데마트에서도 상품성이 떨어지는 B급 사

과 판매에 나섰다. 일부 언론에서는 B급 사과 판매가 이마트를 모방한 숟가락 얹기라며 소비자 반응도 시원치 않다는 비판적 기사를 내기도 했다. 최소한의 조사도 없이 쓴 기사다. 이마트, 홈플러스, 롯데마트와 같은 대형마트의 못난이 과일 판매 행사는 이미 10여 년 전부터 있었다. 2012년에 이미 '낙과 할인 판매 행사 20분 만에 물량 완판'이라며 소개하는 기사를 찾을 수 있다. 그해 태풍 피해를 입은 과일 농가를 돕는다며 이마트, 롯데마트 등의 대형마트에서 일반 상품보다 50% 저렴한 가격으로 할인 행사를 진행했던 것이다.

경북 봉화군에서 우박으로 흠집이 팬 사과에 보조개 사과라는 이름을 붙여 판매를 시작한 게 2007년이다. 못난이 농산물 재배 농가와 식품가공업체를 연결해주는 파머스페이스, 온라인몰과 SNS 등의 다양한 채널을 통해 못난이 농산물을 판매 중인 지구인컴퍼니, 페어테이블과 같은 못난이 농산물 판매 전문업체도 활발하게 활동 중이다.

〈맛남의 광장〉은 여러모로 잘 만든 프로그램이다. 인기 TV 프로그램을 통해 못난이 과일, 채소가 화제가 된 것도 좋은 일이다. 하지만 그렇다고 모든 공을 한쪽으로 돌릴 수는 없다. 버려지는 농산물을 줄여 농민을 돕고 환경에도 기여하는 가치 소비를 추구하는 사람의 수가 더 늘어나려면 크든 작든 이들 모두의 선한 영향력이 필요하다.

못난이 감자 너머의 불편한 진실

　대형마트의 경우 소비자가 못난이 농산물을 외면하는 현상에 일정 부분 책임이 있다는 사실을 감안하면 못난이 채소, 과일 판매는 마땅히 해야 할 일이기도 하다. 대형 유통업체는 못난이 농산물 문제에서 이중으로 책임이 있다. 보기 좋은 농산물만 골라서 판매하는 관행 때문에 마트에서 버려지는 농산물이 많은 것도 문제이지만, 미관상 규격에 맞는 농산물만을 보고 자란 소비자가 못난이 농산물을 기피하는 성향이 강해지는 것도 문제이기 때문이다.

　미국 몽클레어주립대의 심리학자 데브라 젤너^{Debra Zellner} 교수는 "태어날 때부터 완벽한 모양의 복숭아를 더 좋아하는 아기는 없다"라면서 우리가 경험을 통해 과일이 어떻게 생겼는지 배운다는 점을 지적한다. 마트에 반듯하게 진열된 비슷비슷한 크기와 모양의 과일과 채소밖에 본 적이 없으니 그걸 표준처럼 생각한다는 것이다. 못난이 사과와 감자도('못난이'라는 이름도 소비자에게 부정적 이미지를 줄 수 있다. 앞서 언급한 보조개 사과처럼 이름을 달리하는 것도 소비 촉진을 돕는 좋은 방법이다) 존재하는 게 당연하다는 걸 받아들여야 불필요한 기피 현상이 줄어들고 이들이 버려지는 것을 막을 수 있다는 이야기다.

　가격이 저렴한 못난이 농산물의 소비가 늘면 일반 농산물의 소비가 줄고 가격이 하락할 수밖에 없다는 우려의 목소리도 있다. 이러한 B급 농산물의 물량 자체가 많지 않아서 이들의 인기가 올라간다고 하여 일반 농산물 시장에 부정적 영향을 미치지는 않을 거라는 반론도 있다. 실제 효과를 알 수 있으려면 가격과 판매량에 대한 더 자세한 통계자료와 연구가 필요하다.

하지만 분명한 사실 하나는 못난이 농산물의 문제가 줄어들더라도 과잉생산으로 버려지는 식품의 문제가 모두 사라지는 것은 아니라는 것이다. 세계에서 78억 명이 먹다 남긴 음식물 쓰레기가 음식 생산물의 25%에 달한다. 부유한 나라에서 소비자들이 낭비하는 음식물 양이 2억 2,200만 t으로 사하라 이남 아프리카의 전체 식품 생산량 2억 3,000만 t에 육박한다. 불편하지만 현실이며 이제 정말 고민해야 할 현실이다, 우리가.

음식에 대한 편견은
사람에 대한 차별에서 비롯된다

································
화교의 요리, 한국인의 중식
································

『중국집』. 최근 읽은 책 제목이다. 피아노 조율사이자 중식 애호가인 조영권 씨가 쓴 중식 노포 탐방기인데, 내공이 담긴 저자의 글과 이윤희 작가의 만화가 잘 어울린다. 오늘은 그중 다섯 번째로 소개된 평택 육교반점에 갔다. 책에는 잡채밥만 소개되었지만 기왕 간 김에 탕수육까지 주문했다. 조리할 수 있는 화구도 하나, 요리사도 한 명이어서 양해를 구한다는 안내문대로 주문한 메뉴가 모두 나오는 데는 10분이 조금 넘는 시간이 걸렸다.

바로 튀겨 소스를 부은 탕수육은 바삭한 식감을 끝까지 유지하면서 잡내 없이 깔끔한 모범생 스타일이었다면, 잡채밥은 여러모로 특이했다. 맛은 웍의 숨결이 가득한 잡채밥의 전형을 따르고 있었지만, 맨밥이 아니라 볶음밥이 나왔고, 그냥 볶음밥이 아니라 돼지고기와 채소를 잘게 썰어 넣어 제대로 만든 볶음밥이었으며, 잡채 위에 반숙 달걀프라이를 얹어냈다.

중국 음식은 논쟁적이다. 탕수육은 '부먹'인가 '찍먹'인가 아니면 '볶먹'인가. 탕수육 소스에 케첩과 간장은 사용해도 무방한가. 잡채밥에 달걀프라이를 올려야 하나 말아야 하나. 탕수육과 잡채밥만으로도 열띤 토론이 가능하다. 여기에 지역별 중국 음식의 다양성이 더해지면 논쟁은 불타오른다. 부산 잡채밥에 짜장 소스를 얹는 것은 잡채 맛을 해치는가, 더 다양한 맛의 변주를 즐기도록 하는가. 전주의 물짜장은 짜장인가 울면인가. 다들 열변을 토하고 있을 때, 누군가 끼어든다. "중국 음식 많이 먹어봤자 건강에 좋지 않다."

중국 음식은 졸음을 유발할까

논쟁의 시작은 1960년대 미국으로 거슬러 올라간다. 중국에서 미국으로 이민한 지 얼마 안 되었던 로버트 호 만 궉Robert Ho Man Kwok이란 의사가 1968년 《뉴잉글랜드의학저널NEJM》에 중국음식점에서 식사하고 나면 목의 감각이 마비되고 힘이 빠지며 가슴이 두근거린다며 MSG 부작용을 의심하는 글을 쓴 것이다. 흔히 이들 증상을 묶어 중국음식증후군Chinese Restaurant Syndrome이라고 부른다. 하지만 MSG는 뇌혈관 장벽을 거의 통과하지 않는다. 뇌 속 글루탐산 농도에 별 영향이 없으니 중추신경계에 졸음과 같은 효과를 나타내기 힘들다.

이런 전문 지식 없이도, 역사적 사실을 되돌아보면 중국음식증후군은 MSG에 대한 문제 제기를 가장했을 뿐, 실은 중국음식에 대한 비난과 공격의 시작이었음을 알 수 있다. 당시 MSG가 미국인이 사랑하는 캠벨 수프부터 이유식까지 다양한 식품에 사용되고 있었는데도 그것들을 먹고 중국음식증후군과 비슷한 증상을 느낀다는 사람이 없었던 것이다.

중국 음식을 먹고 나면 졸린 건 사실이 아니냐고 반문할 수 있다. 하지만 식곤증은 보편적 현상이다. 학창 시절 어머니가 싸주신 점심 도시락을 먹고 나서도 졸렸던 때를 생각해보라. 음식과 졸음의 관계는 복잡하다. 2016년 미국 스크립스연구소에서 초파리를 대상으로 실험한 결과 단백질과 염분이 식후 졸음을 유발했다. 연구에 따르면 음식 속 단백질은 잠을 유발하기도 하고 반대로 깨우기도 한다. 탄수화물 섭취가 인슐린 분비를 자극하여 뇌로 수송되는 음식 속 세로토닌의 양을 늘려서 졸릴 수도 있으며, 영양성분과 관계없이 음식을 소화하는 과정에서 부교감신경이 활성화되어 긴장이 풀리고 잠이 쏟아질 수도 있다. 많은 사람의 의심과 달리 중국 음식만 먹고 나면 졸리거나 중국 음식에 특별히 졸음 유발 성분이 들어 있다고 보기 어렵다.

중국 음식과 건강

고지방 고칼로리에 나트륨 함량이 높아서 건강에 해롭다는 주장은 어떤가. 식약처 『외식영양성분자료집』에 의하면 짜장밥의 열량은 1인분 742kcal로 비빔밥(707kcal), 김치볶음밥(755kcal)과 크게 다르지 않다. 지방 함량도 비슷하다. 짜장밥, 비빔밥, 김치볶음밥 1인분으로 섭취하는 지방은 각각 22g, 19g, 20g이다. 짬뽕의 나트륨이 4,000mg으로 외식 메뉴 중 제일 높지만 열무냉면(3,152mg)과 소고기육개장(2,853mg)도 만만치 않다. 국물을 남김없이 다 먹으면 나트륨 과잉이 되는 것은 다른 대중 음식에서도 고르게 나타나는 특징이다.

짜장면이나 짬뽕과 같은 면 요리에 나트륨 함량이 유독 높은 것은 면에 소다를 넣어 반죽하기 때문이다. 특히 배달을 주로 하는 곳일수록 면이 불어 터지는 것을 막기 위해 소다를 넣은 면을 사용할 확률이 높다. 고혈압 때문에 걱정이라면 짬뽕 국물까지 싹싹 비우는 것보다는 면을 먼저 먹고 국물은 적게 먹는 게 낫다. 하지만 매일 점심으로 짜장밥을 먹는 사람이 비빔밥을 먹는 사람보다 건강을 더 염려할 이유는 거의 없다.

저명한 영양학자 매리언 네슬Marion Nestle의 말처럼 영양은 '미션 임파서블'이 아니다. 충분한 칼로리와 영양소를 섭취하되 과하지만 않으면 된다. 중국 음식을 많이 먹으면 건강에 해롭다는 이야기는 그래서 틀렸다. 어느 나라 음식이든 많이 먹으면 건강에 해롭다. 적당히 먹으면 어느 나라 음식이든 훌륭한 건강식이 될 수 있다. 고지방에 파스타 위주의 이탈리아식이나 저지방에 쌀 위주의 일본식이나 마찬가지다.

한국식 중화요리의 불편한 진실

넷플릭스 다큐멘터리 〈풍미 원산지〉를 보라. 광둥성 차오산 요리만 해도 재료가 엄청나게 다양하다. 양념게장부터 푸닝 된장, 말린 무, 해초, 날생선, 액젓, 어묵, 익모초까지 이어지는 요리의 향연을 보고 있으면, 기름에 볶고 튀기는 방식의 고열량 음식이 중화요리의 전부가 아니며 전통 한식에도 중국의 영향이 상당했음을 짐작할 수 있다. 그런데 왜 오늘날 한반도에서 중국 음식 하면 짜장, 짬뽕, 탕수육으로 범위가 좁아졌을까.

음식에만 초점을 맞추고 사람을 빠뜨린 미식 담론은 공허하다. 이 시점에서 한국식 중화요리는 누가 만든 것이며 누가 먹는 음식인가에 대한 질문이 필요하다. 본래 세계 화교의 주류는 광둥성 또는 푸젠성 출신이며 중국 요리도 이들 중심이다. 반면 근대 한반도의 중화요리는 거리상 가까운 산둥성에서 넘어온 화교를 중심으로 발전했다. 초창기 중국음식점은 중국에서 이주한 화교를 주요 고객으로 했지만 시간이 지날수록 주요 고객층은 한국인으로 바뀌었다.

인천대 중국학술원의 이정희 교수는 『화교가 없는 나라』에서 일제강점기에 세 종류의 중화요리점이 있었다고 설명한다. 종업원이 20~40명 되는 고급 중화요리점, 그보다 규모가 작은 종업원 2~10명의 중화요리음식점, 그리고 호떡집이다. 고급 중화요리점에서는 산동요리에 더해 북경요리와 광동요리 등 다양한 고급 요리를 팔았고, 중화요리음식점은 우동, 잡채, 양장피, 만두를 주메뉴로 했다. 호떡집에서는 호떡만 판 게 아니라 꽈배기, 계란빵, 국화빵, 공갈빵과 같은 중국식 빵을 팔았다.

이정희 교수가 책에 쓴 것처럼 "화교 중화요리점은 한국식 중화요리를 창조하고 조선과 한국의 외식산업을 주도"했다. 오늘날 한국의 중화요리가 기름지고 고열량에 채소는 부족한 음식인 것처럼 무시당할 때가 많지만, 중화요리에는 다양한 채소가 많이 쓰인다. 과거 화교는 조선 주요 도시의 상업용 채소 재배에서 커다란 비중을 차지했다. 조선 화교는 오이, 가지, 파, 양배추, 토마토, 호박과 같은 다양한 채소를 집약적으로 재배했다. 이들의 고향이 채소 재배의 오랜 역사를 가진 산둥성이라는 점을 생각하면 자연스러운 일이었다.

음식에 대한 편견은 그것을 만들고 먹는 사람에 대한 차별과 편견에서 비롯된다. 중국 음식의 범위가 좁아지고 중국 음식이 건강에 해롭다는 편견이 생긴 것은 사람들이 중화요리음식점에서 다양한 요리를 즐길 만큼 주머니 사정이 좋지 않았던 것과도 관련되지만, 1960년대 말 한국 정부의 화교에 대한 규제와 차별이 강화되면서 많은 화교 중화요리점 업주가 식당 문을 닫고 해외로 재이주한 사실과도 무관치 않다. 더 근본적으로는 한국 화교의 고향인 중국 본토와 한국 간의 교류가 줄어들면서 이들의 활동이 위축되고 사회가 정체되었기 때문이다.

1992년 한중 수교와 함께 중국과의 교류가 다시 활발해지고 대림 차이나타운으로 대표되는 신화교 사회가 빠른 속도로 커지면서 양꼬치, 마라탕, 훠궈와 같은 새로운 중국 음식이 유행하기 시작했다. 2018년에 드디어 한반도 화교 137년사를 조망하는 이정희 교수의 역작 『한반도 화교사』와 『화교가 없는 나라』가 출간되었고, 2019년 2월에는 주간지 《시사IN》이 특집기사로 기자들의 '대림동 한 달 살기'를 다뤘다. 음식 너머의 사람에 대한 관심과 존중심으로 일독을 권한다.

유기농은 언제나 옳다?

유기농을 둘러싼 여러 가지 문제

유기농에 관한 한 어느 방향으로든 꼰대가 되기 쉽다. 유기농은 환경보호를 위한 건데 우리는 너무 건강에만 치우쳐 있다는 비판 역시 그렇다. 한국농촌경제연구원 자료에 따르면, 국내 소비자의 88.3%가 안전성을 친환경농산물 구입 동기로 꼽은 데 반해, EU에서는 83%의 사람들이 환경보호를 이유로 골랐다는 설명이 덧붙여진다. 언제 나온 통계를 가지고 이렇게 말하는지 모르겠다. 2017년 유럽 위원회European Commission의 28개국 설문조사 결과에 따르면 응답자의 78%는 유기농산물이 다른 농산물보다 환경보호에 도움이 된다고 믿는 것으로 나타났다. 하지만 동시에 응답자의 72%는 유기농산물 품질이 더 좋고 응답자의 70%는 기존 농산물보다 더 안전하다고 답했다.

최근 자료를 보면 현대 유기농의 발원지라 볼 수 있는 영국에서도 '나와 내 가족의 건강에 좋을 거'라는 믿음이 유기농산물을 구입하는 주요 동기다. 영국 로컬푸드 운동을 주도하는 두 시민단체, 토양협회The Soil Association와 서스테인Sustain의 2012년 공동 보고서에서는 그 수치가 52%나 되었다. 유기농이 높은 동물복지 기준을 가지고 있어서(34%), 더 윤리적이어서(33%) 구매한다는 비율보다 훨씬 더 높게 나타났다.

다른 나라에서도 마찬가지다. 호주 태즈매니아대 연구팀이 1991년부터 2016년까지 235건의 연구자료를 메타 분석한 결과에 따르면, 소비자 구매에 가장 큰 영향을 끼치는 속성은 유기농이 건강에 유익할 거라는 믿음이었다. 코로나19로 세계 각국에서 유기농산물 판매량이 급증한 것도 같은 맥락이다. 건강에 대한 관심이 커지면 유기농 소비가 증가한다. 미국에서만 올해(2020년) 봄 유기농산물 판매량이 작년 같은 기간보다 20% 증가했다.

영국의 식물학자 앨버트 하워드Albert Howard 경은 비록 한 번도 유기농이란 말을 쓴 적은 없지만 유기농업의 선구자로 불린다. 그는 "토양, 식물, 동물, 인간의 건강에 관한 모든 문제를 하나의 커다란 주제로 다뤄야 한다"라고 주장했다. 그러니 태동기부터 건강이 유기농의 개념에 포함되어 있었다고 볼 수 있다. 인간의 건강뿐만 아니라 토양, 식물, 동물의 건강을 포괄한 전체 환경 생태계의 문제로 봐야 할 필요를 강조하긴 했지만 말이다.

유기농산물과 건강에 대한 진실

유기농이 건강과 관련 있다는 주장도 자칫하면 꼰대스럽게 들릴 수 있다. 이에 대해서는 두 주장이 첨예하게 맞선다. 하나는 유기농이라고 특별히 건강에 유익하거나 안전하진 않다는 것이고, 다른 하나는 유기농산물이 건강에 더 유익한 건 사실이라는 주장이다. 과학자들이 내놓는 연구 결과도 매번 다르다.

2012년 9월 미국 스탠퍼드대 연구팀은 유기농산물과 일반농산물(기존의 관행 농산물)의 영양과 건강에 미치는 영향을 비교한 237건의 연구를 종합 분석한 결과를 발표했다. 결론은 영양이나 안전성 면에서 둘의 차이가 거의 없다는 것이었다. 유기농산물에 인 함유량이 약간 높고 유기농 우유나 닭의 경우에 오메가3 지방산 함량이 높긴 했지만 선택에 영향을 줄 정도는 아니라는 말이다. 또한 유기농산물을 섭취할 경우 잔류 농약에 대한 노출이 적긴 했지만, 일반농산물도 대체로 허용치 내여서 안전한 것으로 나타났다.

2014년 7월에는 스탠퍼드대 연구를 반박하는 연구 결과가 《영국영양저널British Journal of Nutrition》에 실렸다. 343건의 관련 연구를 종합해서 유기농산물과 일반농산물의 영양과 안전성을 비교한 결과, 비타민, 미네랄 등 영양소 함량 면에서 둘의 차이는 거의 없었고 단백질 함량은 일반농산물이 더 높았다. 여기까지는 2년 전 스탠퍼드대 연구와 비슷했다.

하지만 유기농 채소와 과일의 특정 항산화 물질 함량이 일반 채소, 과일보다 20~40% 높은 것으로 나타났다. 유기농산물의 경우 농약 사용량이 적어 식물이 병충해에 스스로 맞서 싸워야 하므로 항산화 물질을 더 많이 만들어낼 가능성이 있다는 게 연구진의 추측이다. 하지만 여기에 대해서도 반론이 있다. 과일이나 채소에 들어 있는 성분은 엄청나게 다양하다. 특정 항산화 물질 수치 차이만 두고 유기농산물과 일반농산물의 영양상 차이점에 대한 전체 결론을 내릴 수 없다.

게다가 농업방식 역시 다양하다. 유기농업이라고 해서 단 하나의 형태가 아니며 국가별 인증기준도 제각기 다르다. 가령 미국에서는 유기축산물에 항생제 사용을 일절 금지하지만 영국에서는 제한적 사용을 허용한다. 유럽에서는 수경 재배한 농산물을 유기농에 포함하지 않지만 미국에서는 포함한다.

국내의 경우 유기농산물은 유기합성농약과 화학비료를 일절 사용하지 않고 재배한 농산물이며 이를 재배하는 땅도 농약과 화학비료를 3년간 사용하지 않아서 유기농 인증을 받은 경작지여야 한다. 친환경농산물의 중요한 또 다른 축인 무농약 농산물은 엄밀한 의미에서 유기농은 아니지만 그렇다고 기존의 일반농산물도 아니다(유기합성농약을 전혀 사용하지 않고 화학비료는 권장 시비량의 3분의 1 이내로 적게 쓴 것이다).

단 한 가지 형태의 유기농법이나 일반농법이 존재하는 게 아니므로 모든 농산물을 유기농이냐 아니냐로 잘라 구분하기도 어렵다. 각각의 카테고리에 이질적이고 다양한 농산물이 뒤섞여 있는데 둘을 비교해서 건강에 미치는 영향을 분석한다고 해서 소비자에게 의미 있는 결과가 될 수 없다. 터프츠대 영양학과 교수 제프리 블룸버그Jeffrey Blumberg를 비롯한 전문가 다수가 유기농산물을 먹느냐 일반농산물을 먹느냐보다 과일, 채소를 충분히 먹느냐 적게 먹느냐가 건강에 더 중요한 차이를 만들어낸다고 지적하는 이유다.

유기농산물이 더 맛있을까

맛의 차원에서는 어떨까. 마이클 폴란Michael Pollan은 『잡식동물의 딜레마』에서 신선한 유기농 채소의 맛이 전반적으로 훨씬 더 낫다고 평가했다. 천천히 성장하여 세포벽이 두꺼워지고 수분이 적어 향은 훨씬 강해진 느낌을 받았다는 것이다. 이런 폴란의 맛 평가는 그가 유기농 채소의 맛에 대해 가진 기대 때문일 가능성이 높다. 유기농 토마토에 유기농 올리브유를 뿌려 만든 브루스케타가 그냥 토마토에 올리브유를 뿌려 만든 브루스케타보다 더 맛있을 것 같은 기대감 말이다. 하지만 실제로 맛보면 그때그때 다르다. 비싼 유기농 채소의 풍미가 더 밋밋할 때도 종종 있다.

물론 유기농산물이나 유기축산물의 맛이 확연히 더 뛰어날 때도 있다. 최근에 맛본 유기농 황소 고기가 그랬다. 유기농 인증 풀 중심의 습식 사료를 먹여 넓은 사육 공간에서 키운 황소 고기는 거세하지 않은 수소의 고기라는 게 믿어지지 않을 정도로 고기 향이 부드럽고 구수했다. 마블링으로 판정하여 3등급이었지만 그런 등급이 의미 없다는 걸 입 안 가득히 퍼지는 진한 감칠맛으로 확인할 수 있었다.

하지만 유기농 사료를 주느냐 아니냐에 따라 고기 맛이 달라진다고 보기는 어렵다. 소에게 풀을 먹이느냐 곡물을 먹이느냐, 사육기간이 24개월이냐 36개월이냐에 따라서는 차이 날 수 있지만 말이다. 마찬가지로 유기농 토마토냐 아니냐의 차이보다는 토마토를 거둔 시기가 언제인가, 거둔 뒤 어떻게 저장되었으며 소비하는 시점이 언제인가에 따른 맛 차이가 더 클 수 있다. 팜투테이블farm-to-table 레스토랑 음식이 더 맛있게 느껴지는 이유다.

품종에 따른 차이도 크다. 분자요리 연구로 유명한 물리화학자 에르베 디스^{Hervé This}가 6곳에서 자란 3가지 품종의 딸기를 비교하며 내린 결론처럼 "맛에서는 생산지보다 품종이 더 중요"하다. 맛이 싱거운 종자의 토마토를 유기농으로 재배한다고 뛰어난 맛의 토마토가 되진 않는다.

유기농의 미래

맛이나 건강 면에서 유기 농축산물의 이점이 분명치 않더라도 동물복지나 환경 면에서 나은 것은 사실 아닌가 반문할 수 있다. 하지만 이 역시 간단치 않은 문제다. 유기농 사료를 먹고 더 나은 환경에서 자라는 건 분명히 동물복지 차원에서 좋은 일이다. 그러나 동물이 아플 때도 항생제 같은 약물치료를 받을 수 없다면 그것도 좋은 일인가는 의문이다. 다행히 많은 나라에서는 사육동물이 아플 때 약물치료를 받는 것을 어느 정도 허용하고 있지만, 미국처럼 그런 치료를 받고 나면 유기농 인증에서 제외하는 나라도 있다.

유기농이 환경에 미치는 영향도 다면적이다. 합성농약과 화학비료의 사용이 줄어서 나을 거 같지만 농업 자체가 탄소를 배출하는 등 환경에 파괴적이다. 게다가 유기농은 생산성이 관행농의 50~80% 정도밖에 되지 않아 더 많은 경작지를 필요로 한다. 유기농, 관행농으로 칼로 자르듯 나눠서는 해결할 수 없는 문제다. 이분법을 버리고 저탄소 농산물 인증제처럼 둘을 섞고 서로 보완한 형태의 다양한 농업방식이 더 많아지는 게 낫다. 어렵고 복잡하다고? 농사를 짓고 가축을 키우고 그걸 먹는다는 건 본래 이리도 복잡한 일이다. 그 복잡한 전체 현실을 있는 그대로 보자. 그것이야말로 유기농의 바탕이자 출발점이다.

끼니는 인간이 만든
사회적 약속일 뿐이다

명절은 끝났다. 불어난 체중을 어떻게 원상회복할 것인가. 16:8, 5:2, 1:1을 놓고 고민이 시작된다. 간헐적 단식을 해본 경험이 있는 사람이라면 낯익은 숫자 비다. 차례대로, 16시간을 굶고 8시간 동안에만 식사하는 방법, 일주일에 닷새는 평소대로 식사하고 이틀은 굶거나 최소한의 칼로리(500~600kcal)만을 섭취하는 방법, 하루건너 하루꼴로 단식하는 방법을 뜻한다 (이렇게 격일로 단식하면 실제 굶는 시간은 자는 시간을 합해 36시간에 달한다).

간헐적 단식은 인류 역사상 가장 오래된 식사법이며 동시에 요즘 대세로 떠오른 그야말로 핫한 다이어트다. 비욘세, 베네딕트 컴버배치, 휴 잭맨 같은 할리우드 스타의 체중감량법으로 유명하다. 몇 년 전에 유행했던 구석기 다이어트가 원시 인류가 무엇을 먹었을까에 초점을 맞춘 다이어트라면, 간헐적 단식은 우리 선조가 어떻게 먹었을까에 초점을 맞춘 다이어트 방법이다.

농사를 짓고 추수철 축제를 열기 전, 사냥과 채집으로 식량을 구해야 했던 인류 역사 초기에 매일같이 먹거리가 풍족했을 리는 만무하다. 주변 상황에 따라 잘 먹을 때도 있었을 테고, 도저히 먹을 것을 구할 수 없어 굶주리는 때도 있었을 테다. 간식은 고사하고 삼시 세끼를 챙겨 먹기란 불가능에 가까웠다. 우리 선조들의 기본적 식생활 패턴은 자신의 선택 의지와 무관하게 굶다가 먹다가 하는 일이 반복되는 간헐적 단식으로 맞춰졌을 가능성이 높다. 그러니 굶주림에 버틸 수 있는 방식으로 최적화된 몸은 가끔 굶어줘야 더 잘 작동한다는 생각이다. 앞서 소개한 것처럼 간헐적 단식의 구체적 실행방법은 다양하지만, 원리는 모두 동일하다. 가끔은 배가 고파야 건강에 이롭다는 것이다.

간헐적 단식의 실제 효과

단식이 필요한 이유는 인슐린 때문이다. 식사를 하고 나면 잘게 쪼개져 소화·흡수되는 포도당을 인체는 에너지로 쓰거나 또는 저장한다. 이때 세포 속으로 당이 들어갈 수 있도록 문을 열어주는 호르몬이 인슐린이다. 인슐린이 있어야 세포가 당을 에너지원으로 사용할 수 있다. 동시에 인슐린에는 쓰고 남은 포도당을 지방세포로 밀어 넣어 저장하는 효과도 있다.

배가 고파지면 처음에는 간과 근육에 저장된 글리코겐을 포도당으로 분해하여 사용한다. 하지만 시간이 더 흐르면 지방세포에 저장된 지방을 꺼내 쓰기 시작한다. 이렇게 지방을 에너지원으로 사용하려면 먼저 인슐린이 줄어들어야 하고, 그러려면 굶어야 한다. 반대로 간식을 하면 인슐린 수치가 떨어지기 어렵고 그만큼 지방을 에너지원으로 쓰기도 어렵다. 복부 지방을 줄이고 싶으면 최소한 10~12시간은 굶어야 한다는 말은 여기서 나온 것이다.

이론은 그렇다 치고 실제 효과는 어떨까? 간헐적 단식에 대한 현재까지의 연구 결과는 긍정적이다. 2015년 호주 연구팀에서 40건의 연구를 모아서 분석한 결과 10주 동안 체중이 3~5kg 줄어든 경우가 제일 많았다. 간헐적 단식을 하면 다음 날 폭식을 하지 않을까 염려하는 경우가 많은데, 실제로는 식욕이 줄어들

가능성이 높았다. 하루 굶는다고 해서 다음 날 2배를 먹는 게 아니라 평소보다 10~20%를 더 먹는 정도에 그친다는 이야기다.

하지만 간헐적 단식의 체중감량 효과가 기존 방식의 칼로리 제한 다이어트보다 더 효과적이진 않았다. 2017년 미국에서 발표한 다른 연구에서도 100명의 비만자를 세 그룹으로 나눠 간헐적 단식과 기존의 칼로리 섭취 제한 다이어트의 효과를 비교해보았다. 그 결과 둘 다 평소대로 먹는 것보다는 낫지만 체중감량 정도에서 별 차이가 없었다. 섭취 칼로리 제한이 살 빼기의 핵심이라는 명제에는 변함이 없는 셈이다.

체중감량이 다가 아니다

존스홉킨스대의 신경과학자 마크 맷슨Mark Mattson 교수는 여기에 딴지를 건다. 간헐적 단식에 체중감량 이상의 효과가 있다는 것이다. 간헐적 단식 연구의 권위자인 맷슨 교수는 수명 연장, 노화 방지, 인지기능 향상, 치매를 비롯한 다양한 질병 예방 효과가 칼로리 제한과는 관계없이 간헐적 단식으로 얻을 수 있는 유익이라고 주장한다.

실제로 그가 생쥐를 대상으로 한 실험에서 하루건너 하루 단식시킨 생쥐의 뇌에 '뇌유래신경영양인자BDNF'라는 뇌 신경세포를 보호하고 연결성을 향상하는 물질이 더 많이 생기는 것으로 나타났다. 배고픔이 주는 스트레스를 극복하기 위해 뇌가 적응하는 과정에서 더 건강해진다는 것이 맷슨 교수의 설명이다. 그러나 아직 대다수의 연구가 동물을 대상으로 한 것이라 사람에게도 동일한 효과가 있는지는 불분명하다.

노화 방지와 장수에 효과가 있느냐는 또 다른 차원의 문제다. 생쥐나 원숭이가 아닌 인간을 대상으로 장수 연구를 하기엔 인간의 수명이 너무 길다. 수십 년에 이르는 연구 기간에 연구자가 먼저 사망할 수도 있고, 다른 사람이 이어서 연구한다고 해도 비용이 어마어마하게 든다.

간헐적 단식과 장수에 대한 연구가 있긴 있다. 1957년 스페인의 요양원에서 120명의 60대 노인을 두 집단으로 나누고 한쪽은 평소대로 식사하도록 하고, 다른 한쪽은 하루는 단식을 통해 평소의 절반 정도로 섭취 칼로리를 제한하는(약 900kcal) 실험을 했다. 3년 뒤 두 집단을 비교한 결과는 놀라웠다. 평소대로 먹은 환자들이 병원을 찾은 날이 간헐적 단식 집단보다 2배 더 많았고 사망자 수도 13명으로 단식한 집단(6명)에 비해 7명 더 많았다.

하지만 너무 오래전 연구인 데다가 참여자 수가 너무 적어서 우연에 의한 차이가 나타났을 가능성이 높다. 게다가 60대 노인 환자를 굶기는 방식의 실험은 요즘 관점으로 보면 무모하다. 윤리적 문제로 시작조차 어려운 연구다 보니 재현도 불가능하다.

할까 말까, 간헐적 단식

간헐적 단식이라고 장점만 가득할 수는 없다. 우선 생각보다 힘들다. 많게는 실험 참가자의 65%까지 중도 포기자가 나온다. 부작용도 생긴다. 드물지만 불면증이나 입 냄새를 경험하는 사람도 있고 불안하거나 쉽게 짜증 내는 경우도 생기며 탈수 증상이 나타나거나 낮에 졸려서 힘들 수도 있다.

간헐적 단식이 장기적으로는 당뇨병 발병 위험을 높일 수 있다고 우려하는 목소리도 들린다. 간헐적 단식이 기대와는 반대로 복부지방을 늘리고 인슐린 저항성을 높여 췌장에 부담을 줄 수 있다는 것이다. 이에 대해서 아직 논란이 있지만, 만성질환을 앓는 사람이 전문가와 상의 없이 과도한 간헐적 단식을 시도하면 위험하다는 것은 틀림없는 사실이다. 한참 성장하는 청소년이나 영양결핍을 조심해야 할 노년층에게도 간헐적 단식은 답이 될 수 없다.

만약 한다면 어떻게 먹어야 할까? 정답은 없다. 하루건너 하루 굶거나, 일주일에 이틀 단식 또는 절식하거나, 하루 중 8시간 안에만 먹고 16시간은 굶는 방식 중 본인에게 맞는 방법을 택하면 된다. 과거 인류가 그랬던 것처럼 도저히 참을 수 없을 때는 조금이라도 먹고, 참을 만할 때는 가끔 굶는 정도로도 충분하다. 어제저녁 가족이 함께 모여 즐거운 잔치를 벌인 뒤에도 아침을 건너뛰면 안 된다는 생각에 억지로 먹지는 말자는 거다.

사실 끼니는 생리적 배고픔에 따라 먹는 자연스러운 행동과는 거리가 멀다. 인간이 만든 사회적 약속일 뿐이다(명절 잔칫상 역시 생리적 필요가 아니라 사회적 필요에 따른 것이다). '배가 안 고프면 안 먹어도 된다. 끼니를 거른다고 건강에 해로울까 봐 너무 걱정할 필요는 없다.' 이 사실을 기억하는 것만으로도 체중을 적절히 유지하는 데 큰 도움이 될 수 있다.

"부자와 가난한 사람의 차이는 이것이니, 부자는 먹고 싶을 때 먹지만 가난한 사람은 먹을 수 있을 때 먹는다." 4세기 전 영국의 정치인 월터 롤리Walter Raleigh 경이 이런 말을 남겼을 때만 해도 음식이 눈앞에 보이기만 하면 일단 먹고 봐야 할 궁핍한 처지인 사람들이 많았다.

하지만 먹고 싶을 때 먹는 게 어려운 건 풍족한 요즘도 마찬가지다. 간밤에 늦게까지 회식을 했건 말건 오늘 점심은 다같이 정오에 먹어야 하고, 저녁에는 또다시 빠질 수 없는 식사 모임에 참석해야 한다. 사회생활을 하면서 식사에서 자유를 누리기란 쉽지 않다. 과거에는 먹을 수 있을 때가 드물어 영양결핍을 걱정해야 했다면 이제는 먹어야 할 때가 많아서 영양과잉을 겪기 쉽다는 점이 다를 뿐이다. 간헐적 단식이 인기를 끄는 진짜 이유는 안 먹고 싶을 때 안 먹을 수 있는 자유를 찾고 싶어서가 아닐까.

먹고 싶을 때 먹는 게 어려운 건
풍족한 요즘도 마찬가지다.
간밤에 늦게까지 회식을 했건 말건
오늘 점심은 다 같이 정오에 먹어야
하고, 저녁에는 또다시 빠질 수 없는
식사 모임에 참석해야 한다. 사회생활을
하면서 식사에서 자유를 누리기란
쉽지 않다.

디저트로 밥 먹는 사람들

디저트와 건강, 그리고 문화

초콜릿타르트로 점심을 먹는다. 마카롱으로 저녁을 대신한다. 카눌레와 에클레어와 수플레, 몽블랑과 푸딩과 밀푀유, 그리고 케이크, 케이크, 케이크. 디저트로 식사하는 사람들이 늘고 있다. 크렘브륄레가 밥이고 아메리카노가 국이다.

밥 대신 디저트가 지금 대세라고 보긴 어렵다. 2015년 4월 대학내일20대연구소가 전국 20대 남녀 400명을 대상으로 한 온라인 설문조사에서 자신이 생각하는 디저트의 이미지로 '식사 대용으로 먹을 수 있는 음식'을 꼽은 사람은 응답자의 3.6%

에 불과했다. 열에 아홉은 식사 후에 먹는 입가심용 음식 또는 입이 심심할 때 먹는 음식이라고 답했다. 디저트를 밥으로 먹는 사람이 구체적으로 얼마나 되는지 보여주는 다른 통계자료를 찾기는 어렵다. 하지만 그런 사람의 수가 늘고 있는 것만은 분명하다.

청담동 기욤 같은 디저트 전문점이 신기했던 게 엊그제 같은데, 이제는 디저트를 전식, 본식, 후식으로 코스처럼 즐길 수 있는 곳이 여럿이고, 다수의 특급호텔에서 디저트 뷔페를 경쟁적으로 선보인다. 설문조사에서 밥 대신 디저트를 먹는다고 대답하는 사람은 적지만 실상 그렇게 먹고 있는 사람은 많다고 볼 근거가 있는 셈이다.

백화점에서도 디저트 강세는 두드러진다. 보도된 바에 따르면 신세계백화점에서는 2013년에 이미 디저트 매출이 조리식품을 앞질렀다. 롯데백화점 본점은 2014년 이후 디저트 매장 수를 21개에서 38개로 배 가까이 늘렸고, 현대백화점 판교점은 처음부터 78개의 디저트 브랜드를 입점시켜 문을 열었다. 다른 백화점 지하매장에서도 가장 길게 줄 선 곳은 대부분 디저트 매장이다. 타르트, 컵케이크, 마카롱, 티라미수, 브라우니, 생크림 롤케이크, 치즈케이크가 서로 순위를 바꿔가며 인파를 끌어모은다. 국내 디저트 시장 규모는 2013년 3,000억 원의 7배가 넘는 2016년 2조 2,000억 원 규모로 커졌다.

밥 대신 디저트 괜찮을까

이실직고하면 나도 가끔 디저트를 밥 대신 먹는다. 이 글을 쓰기 직전에도 아침 식사 대신 편의점에서 사 온 모찌롤 네 조각을 먹었다. 편의점에도 디저트 열풍은 대단하다. 인기상품은 금방 소진되어서 맛보려면 일찍부터 집을 나서야 한다(중고등학생이 학교를 마칠 시간보다 앞서 들르는 게 특히 중요하다).

모찌롤의 경우, 일본 편의점에서 판매되는 제품을 그대로 직수입한 모찌롤과 국내에서 제조한 모찌롤이 모두 인기다. 맛을 보면 충분히 납득이 된다. 중심을 꽉 채운 크림이 도지마롤 못지않다. 게다가 우유 맛이 진하다. 잘 만든 제과점 생크림케이크와 비슷한 유크림 맛과 질감이 느껴진다.

원재료를 확인하면서 또 놀란다. 유크림에 야자유, 팜유를 섞어 만든 가공 유크림인데, 전처럼 구별이 쉽지 않다. 1990년대 말 프랜차이즈 제과점에서 식물성 유지를 넣어 만든 생크림케이크 논쟁이 벌어졌을 때만 해도, 가공 유크림으로 만든 케이크는 혀끝에서 녹지 않고 겉도는 듯한 특유의 질감과 인공적으로 느껴지는 향 때문에, 우유크림케이크와 구별할 수 있었다. 이제는 그렇지 않다. 라벨 뒷면의 원재료를 확인하지 않고는 편의점 디저트에서도 가공 유크림 사용 여부를 알기 어렵다. 경이로운 기술 발전이다.

밥 대신 디저트를 먹는 게 건강 면에서 걱정스럽게 보일 수 있다. 하지만 따져보면 식후에 디저트를 먹는 게 더 걱정할 일이다. 편의점 모찌롤 케이크는 열량이 395kcal, 밀크카라멜 생크림 케이크는 740kcal이다. 카페 디저트도 1회 제공량이 300kcal에서 600kcal 사이를 넘나든다. 지방 함량이 높다 보니 열량 폭탄이 되는 것을 피하기 어렵다. 반면, 높은 지방 함량은 위에 더 오래 머물고 천천히 소화·흡수된다는 면에서 장점으로 작용하기도 한다. 치즈케이크와 브라우니의 당지수^{GI}는 40~50 수준으로 밥이나 빵보다 당분 흡수 속도가 느린 편이다. 디저트를 밥 대신 먹어도 생각보다 포만감이 오래가는 이유다.

영양 면에서 디저트는 한 끼 식사를 끝낸 뒤 굳이 추가로 먹을 필요가 없는 음식이다. 당분과 지방에 치우쳐 있기도 하고, 칼로리 과잉 섭취 면에서도 바람직하지 않다. 그럼에도 불구하고 디저트를 먹고 나야 비로소 제대로 식사한 느낌이 든다면, 당신과 나만 그런 건 아니라는 데서 조금이나마 위안을 얻을 수 있다.

고대 페르시아인들도 그랬다. 그들은 후식으로 아몬드 절임, 벌꿀에 적신 치즈케이크, 달콤한 견과류 같은 것들을 먹고 나야 식사다운 식사를 했다고 여겼다. 기원전 5세기의 역사가 헤로도토스의 기록에 따르면 페르시아 사람들은 당시 그리스인들이 식사를 마쳐도 여전히 배가 고플 거라고 놀려댔다. 그리스에서는 식후 디저트라 할 만한 음식이 없었다는 사실을 비웃은 것이다.

디저트와 다이어트의 관계

이후 유럽에 설탕과 함께 페르시아 식문화가 영향을 미치고, 마침내 차려진 음식을 치운 다음에 먹는 것이라는 뜻의 디저트라는 말이 사용되기 시작했지만, 페르시아에서처럼 식사 끝에 디저트를 먹는 관습이 정착하기까지는 제법 오랜 시간이 걸렸다. 19세기 프랑스의 천재 요리사로 불리는 마리 앙투안 카렘 Marie-Antoine Carême의 기록을 보면 식사의 처음부터 디저트가 등장한다. 식탁 중앙에 과일, 설탕절임, 캔디를 꽃과 함께 화려하게 장식하여 식사 시간 내내 놓아두었다. 각 코스가 끝날 때마다 디저트를 내기도 했고, 식사 중에 달콤한 요리를 제공하는 경우도 많았다. 디저트를 밥 대신 먹는 게 아니라 밥과 함께 먹는 게 과거에 오래도록 유행한 식사 방식이었다.

식사 끝부분에 디저트를 먹는 현대인의 관점에서는 우스꽝스럽게 보이지만, 건강 면에서는 디저트를 본식과 함께 먹는 과거식이 더 나을 수도 있다. 2013년 미국 퍼듀대 연구팀이 발표한 소규모 실험 결과, 디저트를 후식으로 주면 식사 중에 함께 줄 때보다 2~5세 어린이들의 음식 섭취량이 9% 늘어나는 것으로 나타났다. 전체 칼로리만 측정했고 음식의 종류를 따지진 않아서 이것만으로 정확히 판단할 수는 없지만, 디저트를 함께 주면 식사량이 줄어든다는 면에서는 긍정적이다. 식사 전에 입맛 떨어지게 단것 먹지 말라는 어머니의 훈계를, 거꾸로 소식과 다이어트에 활용할 수 있을지도 모른다는 이야기다. 인터넷에도 디저트를 먼저 먹으면 다이어트에 도움이 된다는 주장이 심심찮게 돌아다닌다.

그러나 방심은 금물이다. 평소에 식사량을 줄이려고 애쓰는 제한식이자restrained eater들에게는 역효과가 날 수 있다. 칼로리가 높은 디저트를 먼저 먹고 나면 보통 사람은 (단것을 먹고 난 어린 아이처럼) 식사량을 줄이지만, 평소에 식욕을 누르고 있던 사람은 자포자기의 심정으로 스스로 무장해제하고 과식할 수 있기 때문이다. 밥 대신 디저트는 장기적으로 효과가 증명된 다이어트 방법도 아니며 모든 사람에게 통하는 방법은 더욱 아니다.

디저트는 궁극의 미식이다

대중매체는 음식 문화를 건강을 위한 최선의 선택으로 신화화하곤 하지만, 식문화가 현대인을 비만과 성인병으로부터 구원하는 영웅은 아니다. 러시아에서 프랑스를 거쳐 세계로 퍼진 코스식 서빙은 다양한 음식을 우아하게 즐기는 방법이지만 과식하게 되는 건 마찬가지고, 식사 끝에 달콤한 디저트를 먹는 진행 방식 역시 세련된 식문화일 수 있지만, 건강 면에서 합리적 명분을 찾긴 어렵다. 건강만 생각한다면 식사 대신 디저트를 먹는 게 식사 뒤에 고열량 후식을 먹는 것보다는 나은 선택이며, 영양 균형을 생각한다면 그마저도 자주 먹는 것보다는 드문드문 즐기는 게 좋다.

미식의 차원에서는 다르다고 반문할 수 있다. 나도 동의한다. 디저트는 요리 기술의 정점이며 궁극의 미식이다. 디저트는 식재료 본연의 맛을 살려야 한다는 강박관념으로부터 자유로운 음식이며, 영양 기능의 굴레로부터도 온전히 벗어난 음식이다. 인간의 생존에 필수적이지 않은 음악과 미술 작품처럼, 안 먹어도 살 수 있는 음식을 먹고 즐기는 순간 미식은 예술이 된다. 밥 대신 디저트를 먹는 것은 식사를 예술의 경지로 끌어올리는 숭고한 행위일지도 모른다. 하지만 인간은 예술만으로는 살 수 없다. 밥도 필요하다. 디저트를 오래도록 즐기고 싶다면 꼭 기억해야 할 사실이다.

인간의 생존에 필수적이지 않은
음악과 미술 작품처럼, 안 먹어도 살 수
있는 음식을 먹고 즐기는 순간 미식은
예술이 된다. 밥 대신 디저트를 먹는 것은
식사를 예술의 경지로 끌어올리는
숭고한 행위일지도 모른다. 하지만
인간은 예술만으로는 살 수 없다.
밥도 필요하다.

4부

미식에
그런 정답은 없다

닭고기한테 이래서는 곤란하다

인정할 것은 인정하자. 대한민국 치킨은 세계 최고다. 인터넷에서 코리안 프라이드치킨을 찾아봐도 칭찬 일색이지만, 다양한 요리 과학 실험으로 유명한 MIT 출신 요리 덕후이자 『더 푸드 랩』의 저자 켄지 로페즈 알트 J. Kenji López-Alt 또한 그렇게 단언했다. 켄터키 프라이드치킨의 원조라는 자부심을 가진 미국 남부 사람들에게 미안하지만, "닭을 튀기는 일에 관한 한 한국인을 능가하는 이는 아무도 없다". 이는 쉽게 이뤄낸 일이 아니다. 닭을 튀긴다는 것 자체가 난도 높은 기술을 필요로 한다.

흔히 닭고기를 백색육이라고 부르지만, 자세히 보면 그렇지 않다. 부위별로 색상이 둘로 나뉜다. 백색육이라는 명칭에 걸맞은 옅은 색의 가슴살과 그보다 더 진한 색의 다릿살이다. 천적을 피해 잠시 날아오를 때 사용하는 날개와 가슴살을 이루는 근육은 짧은 순간 빠르게 움직여야 할 때 딱 알맞다. 이들 근섬유에는 지방을 태우는 장치가 들어 있지 않으니 주변에 지방을 많이 가지고 있을 필요도 없다. 닭가슴살에 지방 함량이 낮은 이유다.

반면 다릿살을 이루는 근육은 하루 종일 몸통을 떠받치고 서 있거나 걷고 뛰어다닐 때 사용된다. 지구력이 필요한 이들 근육은 지방을 연료로 사용하며, 또한 산소를 필요로 한다. 산소를 운반하고 사용하는 데 미오글로빈이라는 적색의 단백질이 사용된다. 이로 인해 단지 색상만 짙어지는 것은 아니다. 지방과 이를 에너지원으로 사용하는 과정에서 발생하는 다양한 풍미의 화합물은 다릿살을 무미에 가까운 가슴살보다 훨씬 풍부한 맛의 고기로 만들어준다.

문제는 여기서 발생한다. 짙은 색 고기와 연한 색 고기는 맛만 다른 게 아니라 조리 특성에서도 큰 차이를 보이는데, 이는 결합조직의 비율 때문이다. 닭, 칠면조와 같은 가금류 고기의 연한 정도는 결합조직을 이루는 콜라겐의 함량에 달려 있다. 다릿살은 무게를 지탱해야 하는 만큼 튼튼해야 하므로 결합조직 콜라겐의 비중이 높고 그래서 질기다. 콜라겐을 젤라틴으로 녹여 연하게 익히려면 70℃ 이상의 고온으로 비교적 장시간 조리해야 한다. 그러나 그렇게 했다가는 가슴살이 버텨내질 못한다. 조리시간이 조금만 길어져도 가슴살은 과잉 익힘으로 수분이 빠져나가고 퍽퍽하고 질겨서 맛없는 치킨이 되어버린다.

치킨에 최적화된 나라

닭다리가 맛있는 치킨을 만들자니 가슴살이 퍽퍽해지고, 가슴살이 촉촉한 치킨을 만들자니 다리가 질기다. 이 어려운 문제를 어떻게 해결할 것인가? 기름 온도를 높이는 방법으로는 어렵다. 재료 속 수분이 수증기로 증발하는 동안 튀김 표면의 온도는 기름 온도보다 낮은 100℃를 유지한다. 튀기는 과정에서 표면층 수분이 다 빠져나가면 기름과 접촉하는 면은 온도가 빨리 올라가고 갈변 반응도 일어나지만, 재료 내부에서의 열전달은 여전히 매우 느린 상태다. 아이스크림에 튀김옷을 입혀 튀겨도 내용물이 녹지 않는 원리지만, 치킨에 적용했다가는 끔찍한 결과물이 나온다. 기름 온도를 높이는 방식으로는 겉만 바싹 태우고 속은 설익은 치킨이 되고 마는 것이다.

과거로 돌아가 보면, 1950년대 KFC의 창업주 커널 샌더스 Colonel Sanders(본명은 Harland Sanders)의 해결책은 압력 튀김기였다. 온도를 높이는 대신 압력을 높여 튀기면 조리시간을 단축하면서도 수분의 증발을 막아 촉촉하면서도 속까지 잘 익은 치킨을 만들 수 있다. 당시 미국에서 닭은 지금보다 사육기간이 길고, 이로 인해 결합조직이 풍부한 짙은 색 고기가 풍부했으니, 적절한 해법이었다. KFC의 한국 진출에 앞서 1970년대 말에 이미 압력 튀김기가 수입되어 여러 매장에 도입된 것을 보면 이는 분명히 대한민국 닭튀김에도 유효한 방법이었다.

그러나 대한민국 프라이드치킨의 혁신은 여기서 멈추지 않았다. 치킨을 더 작게 조각내고, 튀김 재료로 영계처럼 더 작은 닭을 사용한 것이다. 본래 닭과 같은 가금류는 나이 들수록 결합조직이 증가하여 다릿살은 더욱 질겨지며, 가슴살은 더 두꺼워지고 퍽퍽해진다. 나이 어린 영계는 튀기는 데 시간도 줄어들 뿐 아니라, 바삭한 프라이드치킨으로 만들어도 과잉 익힘 없이 촉촉하고 연하다. 고기를 더욱 촉촉하게 해주는 염지와 튀겨낸 치킨에 무궁한 맛을 더해주는 양념을 통해 대한민국 치킨은 더더욱 놀랍게 변신했다.

부인할 수 없는 사실이다. 21세기의 대한민국은 그야말로 프라이드치킨에 최적화된 나라다. 미국 KFC의 국내 진출을 두려워하던 1984년의 켄터키 치킨(두산그룹 계열사인 한양식품이 1984년에 정식 도입하기 전에 시중의 통닭집 다수가 켄터키란 간판을 내걸고 영업했다)의 기억은 잊히고, 이제 우리는 원조 KFC보다 더 맛있다는 새로운 KFC(Korean Fried Chicken)로 세계를 넘보고 있다. 그러나 이야기는 해피엔딩으로 끝나지 않는다.

대한민국 치킨의 딜레마

장점을 뒤집으면 단점이 보인다. 프라이드치킨으로 통일된, 프라이드치킨에 최적화된 나라에서 닭의 다양성은 사라졌다. 찜닭도, 닭갈비도 9호짜리 작은 닭 일색이다. 간혹 닭고기를 씹을 때 이빨이 튕기듯 저항감이 느껴지면 그건 수입 닭다릿살이다. 퍽퍽한 닭가슴살을 근섬유 결에 따라 찢어 소금에 찍어 먹던 추억은 국내산 닭으로는 재현이 어려워졌다(다들 맛없다 해도 내 입에는 맛있다).

거대 기업이 병아리와 사료와 동물 약과 기자재를 농가에 공급하고, 농가는 병아리를 키우는 위탁 사육비용을 기업에 지급받는 방식의 수직계열화가 굳건히 자리 잡으면서 이제는 어딜 가도 작은 닭뿐이다. 프라이드치킨에 최적화된 어리고 작은 닭이 대세가 되면서 어떤 닭요리를 먹어도 닭고기 자체의 맛은 비슷해지고 말았다. 가슴살이나 다릿살이나 윙이나 맛과 조직감에서 별반 차이가 없다. 최적화라는 정답이 다양성을 죽였다.

작은 닭 일색의 프라이드치킨 시장에도 조금씩 변화가 찾아오고 있긴 하다. 15호 닭을 튀겨내는 치킨 전문점도 하나둘씩 생겨나고 있다. 15호 닭으로 튀겨낸 프라이드치킨의 맛은 어떨까? 좋고 나쁨의 문제를 떠나 큰 닭답게 부위별로 맛이 정말 다르다는 것과 둘이 먹어도 배가 부르다는 것만으로도 만족스럽다. 그러나 큰 닭이 작은 닭을 대체하여 또 다른 정답으로 자리 잡는 식으로는 다양성을 기대하기 어렵다. 시장의 중심이 9, 10호 닭에서 15호 닭으로 이동한다고 해서, 닭고기 판매가 한 마리 기준에서 부분육으로 바뀐다고 해서 다양해졌다고 보기는 어렵다.

　　정답을 포기해야 다양한 답이 보인다. TV에 출연한 맛 전문가는 옛날 씨암탉은 맛이 없었을 거라며 미식의 정답이 아니라는 식으로 몰고 가지만, 진정한 미식에 그런 정답은 없다. 요리와 식문화의 꽃은 수많은 알을 낳고 폐계가 된 닭을 잡아 갖은양념으로 요리하여 내놓는 폐계 전문식당에서도 피어난다. 폐계는 못 먹을 음식이 아니다. 시골형 고기에 가까운 음식일 뿐이다.

　　도시에서는 순전히 고기를 먹기 위한 목적으로 동물을 사육한다. 하지만 시골에서는 동물 각각의 가치와 생산력을 최대한 활용하고 돌보다가 최종적으로 고기로 활용한다. 소가 더 이상 농사일에 도움이 안 되고 닭이 더 이상 달걀을 낳지 못할 때에야 도축하는 것이다. 겨우 한 달 사육해서 잡는 육계보다 18개월이 지나 잡는 산란계인 폐계가 더 질기긴 하다. 하지만 바꿔 생각하면 18개월 사육한 닭이 풍미와 씹는 맛은 더 좋다. 폐계는 요즘 맛보기 힘든 시골형 고기의 맛을 고스란히 담아낸 음식이다.

얼마 전부터는 치킨의 최적 가격이 얼마인가를 두고 논쟁이 한창이다. 나 역시 생닭 한 마리 가격에는 둔감하지만 주변 치킨전문점의 메뉴 가격에는 신경이 쓰인다. 동네 치킨집을 검색할 때는 15호 닭에 대한 관심이 불타오르지만, 시장에서 15호 닭이 팔린다는 사실은 알아도 별 감흥이 없다. 닭고기한테 이래서는 곤란하다.

1928년 미국 대선 광고에 "모든 가정의 냄비에 닭고기를!"이란 선거 구호가 쓰인 지 아직 100년도 안 지났다. 이 말은 원래 16세기 프랑스 왕 앙리 4세가 모든 백성이 일요일마다 닭고기를 먹을 수 있도록 하겠다고 공언한 데서 비롯된 것이다. 이보다 앞서 중세 유럽에서는 땅으로부터 멀리 떨어져 하늘 높이 달려 있다는 이유로 과일을 가장 가치 있는, 귀족의 음식으로 바라보았고, 같은 관점에서 동물 가운데는 날짐승을 최고로 쳤다. 16세기 이탈리아에서는 "자신은 집에서 소고기나 양고기 따위나 먹고 있는데 남편은 밖으로 나돌면서 고급 닭고기와 자고새를 먹는다"는 여인의 푸념이 실제로 그럴 만한 일이었다.

그러므로 오늘 밤, 당신이 어디에선가 치맥을 즐기고 있다면, 마지막 한 조각까지 알뜰살뜰하게 발라 먹어야 할 이유가 충분한 것이다. 치킨에 쏠린 식탁에서 다양성을 어떻게 회복할 것인가? 일단 먹으면서 고민해보자.

실패해도 괜찮은 사회에서
양질의 디저트가 나온다

....
'편저트' 해부학
....

편의점과 특급 호텔의 시간은 나란히 간다. 편의점 냉장 진열대에 생딸기 샌드위치가 놓일 때쯤이면 호텔 라운지에서도 딸기 뷔페를 선보인다. 편의점 딸기 샌드위치의 인기가 시들해질 무렵 호텔 딸기 뷔페도 막을 내린다.

메뉴 차이는 크다. 딸기 수플레, 딸기 타르트, 딸기 마카롱, 딸기 슈크림, 딸기 티라미수까지 상상할 수 있는 거의 모든 디저트의 딸기 버전을 내놓은 듯한 호텔 딸기 뷔페에 비하면 편의점 딸기 디저트는 단출하다. 생딸기를 넣은 크림 샌드위치, 에클레어, 떠먹는 롤케이크가 주종이고, 그마저도 다 진열된 곳은 찾아보기 어렵다. 대신 비용도 저렴하다. 호텔 딸기 뷔페 가격이 평균 6만 원, 편의점 딸기 샌드위치는 2,300원이다. 뷔페 한 번 갈 돈으로 편의점 딸기 샌드위치 26개를 사 먹을 수 있는 셈이다. 먹을 수 있는 양에 제한이 없다는 사실을 감안하면 대식가들에게는 호텔 딸기 뷔페가 가성비 면에서 더 나은 선택이 될 수도 있다. 9,000kcal에 달하는 음식을 한 번에 먹은 뒤의 후폭풍을 감당할 수 있다면 말이다(딸기 샌드위치 내용량 157g 기준 열량은 340kcal이다).

디저트와 건강

호텔 딸기 뷔페와 편의점 디저트는 건강에 미치는 영향이 어떻게 다를까? 딸기 자체의 칼로리는 그리 높지 않다. 100g에 27kcal 수준이다. 500g 한 팩을 다 먹어도 밥 반 공기에 불과하다. 하지만 딸기 디저트에는 딸기 외에도 설탕, 밀가루, 크림과 같은 다른 재료가 들어가므로 열량이 높다. 딸기 샌드위치 하나만 해도 157g에 340kcal이니 금방 밥 한 공기를 넘어선다. 그리고 바로 이 지점에서 편의점 디저트와 호텔 뷔페의 차이가 드러난다.

한 번에 편의점 디저트 여러 개를 사다 혼자 다 먹는 경우는 드물다. 하지만 호텔 뷔페에서는 이야기가 다르다. 본전을 뽑아야 한다는 심리와 다양성으로 인한 식욕 자극이 결합하여 과식하기 쉽다. 생딸기 샌드위치 26개까지는 아니겠지만 뷔페에 가면 누구나 평소보다 많은 양을 먹는다는 사실은 분명하다. 우리는 종종, 대량생산된 저렴한 가공식품이 값비싼 레스토랑 요리보다 건강에 해로울 거라 생각한다.

그렇지 않다. 자주 먹을 일이 없을 뿐이지, 매일 먹는다면 호텔 딸기 뷔페가 편의점 딸기 디저트보다 건강에 더 해롭다. 필요 이상으로 많이 먹게 되기 때문이다. 집 앞 청과물 가게에서 내가 좋아하는 품종의 딸기를 사다가 직접 딸기 생크림 샌드위치나 또는 인스타그램에서 유행한다는 딸기 김밥을 만들어 먹어도 많이 먹으면 결과는 마찬가지다. 현대인의 식생활에서 질적 차이는 양적 차이를 능가할 수 없다. 케이크 하나를 먹어도 건강을 생각한다는 슬로건은 틀렸다. 건강에 중요한 건 어떤 케이크를 먹느냐보다는 케이크를 한 조각 먹느냐 열 조각 먹느냐의 문제다.

편의점 디저트 전성시대

지난(2019년) 3월 9일 자《머니투데이》기사에 따르면 GS25 '딸기 샌드위치'는 5개월 동안 860만 개, CU '리얼모찌롤'은 1년 동안 600만 개, '쇼콜라 생크림 케이크'는 1년 2개월 동안 350만 개가 팔렸다. 그야말로 편의점 디저트 전성시대다.

편의점 디저트 먹방과 시식 후기도 인기다. 모찌롤 해시태그 하나로 검색되는 인스타그램 게시물이 1만 9,000건이 넘는다. 가격, 가성비, 식감, 원재료 함량, 맛, 크림의 질감과 당도를 세세하게 분석한 시식 평부터 손등에 립스틱을 지우는 방식으로 빵의 촉촉함을 테스트해 올린 통통 튀는 비교 분석까지 볼 수 있다. 대세가 된 편의점 디저트를 관통하는 키워드는 젊음이다. 엊그제 '모찌롤케익'을 사러 편의점에 들렀을 때 이 사실을 뼈저리게 느꼈는데, 나보다 앞서 방문한 고등학생들이 전부 사 가서 하나도 구할 수 없었기 때문이다.

그렇다고 편의점 디저트를 너무 많이 먹는 청소년을 걱정할 필요는 없다. TV에서는 간혹 극단적 사례를 보여주면서 공포감을 유발하지만, 혼자 방 안에 박혀 편의점 디저트로 폭식하는 청소년보다는 여럿이 함께 나눠 먹는 경우가 훨씬 많다. 최근 출시된 '카페 스노우 크림치즈 수플레'처럼 여럿이 나눠 먹는 걸 전제로 나온 제품도 있다. 이 제품 뒷면에는 "3명이 나눠 먹기 좋은 사이즈"라는 문구가 명시되어 있다. 학창 시절 깔깔대며 크림빵을 나눠 먹던 기억을 잊고 요즘 애들 큰일 났다며 걱정하는 꼰대가 되지는 말자.

편의점 디저트로 본 한국 사회

맛은 또 다른 문제다. 몇몇 히트 상품만 놓고 보면 나아진 것 같지만, 조금 더 자세히 들여다보면 전반적 품질은 아직 그대로다. 트렌드에 맞춰 내놓긴 했지만 조악한 제품이 많다. CU에서 내놓은 '생딸기 에클레어'는 생딸기라는 제품명이 무색하게 무른 딸기가 얹혀 있었고, 발효가 진행되었는지 아세톤 냄새를 풍겼다. GS25에서 구입한 '카페 스노우 모찌롤 초코' 속 크림은 혀에서 녹지 않고 불쾌하게 미끄러졌다. 일본 제품을 그대로 수입한 것과 비교해보면 차이가 더 확연했다. 이러한 맛의 차이는 원재료 때문인가, 아니면 재료를 배합하는 기술 때문인가. 배합기술의 차이야 공장설비를 직접 보지 않고서는 확인하기 어렵지만 원재료는 제품 뒷면에서 확인할 수 있다. 하지만 이 역시 쉽지 않다.

다른 제품도 원재료를 읽기 쉬운 건 아니지만 GS25 '모찌롤' 뒷면의 원재료 표시는 눈이 고통스러울 정도로 가독성이 떨어진다. 동일 제조사에서 만든 '생딸기가 올라간 떠롤(떠먹는 롤케이크)'도 마찬가지여서, 까만 배경에 올려두어야 가까스로 글씨를 알아볼 수 있다.

이렇게 비교해본 결과, 제품별 맛의 차이는 주로 원재료에 있다는 심증이 굳어졌다. 크림이 잘 녹지 않고 입에서 겉도는 제품의 경우, 식물성 크림이 가공 유크림보다 앞자리에 표시된 경우가 많았다. 많이 사용된 순으로 원재료가 나열되므로 식물성 크림이 가공 유크림보다 많이 쓰인 제품이라는 의미다. 원재료로 사용된 가공 유크림의 조성도 제품별로 차이가 있어서, 유크림과 카라기난만 표시된 것도 있고, 팜유와 야자경화유가 들어있는 경우도 눈에 띈다.

그럼에도 불구하고 식물성 크림보다 가공 유크림이 우선 표시된, 즉 더 많이 사용된 제품이 크림의 풍미와 식감에 있어서 더 낫다는 원칙을 일관성 있게 적용할 수 있다. 가공 유크림과 식물성 크림을 각각 15.21%의 동일 비율로 넣은 '쇼콜라 생크림 케이크'와 함량 표시 없이 식물성 크림을 가공 유크림 앞에 표시한 '바나나 오믈렛'의 크림을 비교 시식해보면 혀에서 느껴지는 질감의 차이가 두드러진다.

배합기술의 차이도 무시할 수 없다. 언뜻 생각하면 유크림을 많이 넣을수록 맛이 좋을 것 같지만, 유지방 농도와 기포 속에 붙잡힌 공기의 양에 따라 맛이 다르다. 가볍고 산뜻한 맛을 내기에는 유지방 농도를 낮추고 공기 비율을 높인 크림이 더 유리하다. 일본 편의점의 모찌롤도 식물성 유지와 우유로 만든 휘핑크림이 주원료지만 그냥 맛봐서는 유크림 100%로 착각할 정도로 맛이 뛰어나다. 지방산의 조성이나 물리적 성질, 공기 포집 비율을 어느 정도로 세밀하게 맞추느냐에 따라 소비자의 맛 평가가 달라진다.

　브리야 사바랭Jean Anthelme Brillat-Savarin식으로 표현하면 편의점
디저트는 우리가 어떤 사회에 살고 있는지 그대로 보여준다. 제
일 잘 팔리는 제품을 놓고 보면 뭔가 나아진 것 같지만, 이를 뒤
따르는 제품은 그냥 분위기에 편승한 카피캣이 대부분이다. 일
본에서 직수입한 모찌롤이 히트하면 그보다 나은 제품을 개발
해서 들고 나오는 국내 제조사가 1곳이라도 있을 법한데 현실
은 그렇지 않다. 편의점 디저트뿐인가. 특급 호텔의 딸기 뷔페도
그렇고, 한식 퓨전 레스토랑도 그렇다. 기왕이면 더 뛰어난 기술
과 제품으로 앞서갈 생각을 하면 좋으련만 우리는 실패에 대한
두려움으로 적당히 묻어가려는 데 급급하다.

　음식은 우리를 바꿀 수 없다. 지금보다 음식의 품질이 나
아진다고 사회가 바뀌지도 않으며, 편의점 디저트에 유크림이
더 많이 들어간다고 해서 편의점 이용자의 삶에 큰 변화가 생길
리도 없다. 하지만 우리는 음식을 바꿀 수 있다. 양질의 음식은
실패해도 괜찮은 사회, 공정한 보상을 받을 수 있는 사회에서
만들어질 가능성이 더 높다. 편의점 디저트가 나아지길 바라는
진짜 이유는 그런 것이다.

음식은 우리를 바꿀 수 없다.
편의점 디저트에 유크림이 더 많이
들어간다고 해서 편의점 이용자의 삶에
큰 변화가 생길 리도 없다. 하지만
우리는 음식을 바꿀 수 있다. 양질의
음식은 실패해도 괜찮은 사회, 공정한
보상을 받을 수 있는 사회에서 만들어질
가능성이 더 높다.

건강식에 대한
집착을 녹여버리다

"배드 코리안Bad Korean이란 이름의 레스토랑을 만들고 싶다." 한식을 주제로 열띤 토론을 하던 중에 나온 얘기다. 한식은 건강식이라는 강박관념에서 벗어나 현대 한국 음식이 주는 쾌락에 집중한 음식을 자유롭게 즐길 수 있는 공간을 만들어보자는 생각이었다. 나에게 실제로 그런 곳을 오픈할 정도의 여유가 있진 않지만, 요즘도 종종 비슷한 상상에 빠진다.

세계 다른 어떤 나라의 음식과 비교해봐도 한식은 유독 건강에 집착이 심하다. 막국수 한 그릇에 메밀의 효능만 6가지,

족발 한 접시에는 7가지 효능이 붙는다. 팥죽이라고 효능이 빠질 리 없다. 팥에는 우유보다 단백질이 6배, 철분이 117배 더 많다니 대단한 식품처럼 느껴지는 것도 사실이다. 하지만 마른 팥이 그렇다. 팥을 삶고 갈아 쌀가루를 섞어 만든 팥죽의 단백질 함량은 100g당 3.1g으로 우유와 비슷한 수준이다. 수분 함량이 전혀 다른 두 식품의 영양을 비교하는 것은 그야말로 물장난에 불과하다.

팥과 우유의 철분을 비교하는 것도 옳지 않다. 우유는 다양한 영양소가 골고루 풍부하여 완전식품으로 불릴 정도지만, 철분은 예외다. 우유에는 철분이 거의 들어 있지 않다. 갓 태어난 송아지의 간에는 약 450mg의 철분이 저장되어 있고, 엄마소의 젖을 빨 때 함께 입으로 들어오는 약간의 목초에도 충분한 철분이 들어 있으니 굳이 우유에 철분이 들어 있을 이유가 없다. 이런 우유와 팥의 철분 함량을 비교하면 과장된 수치가 나오는 것은 필연이다. 게다가 팥에는 철분의 흡수를 방해하는 폴리페놀 성분이 풍부하므로 팥 속의 철분 흡수율이 그리 높다고 보기도 어렵다. 한식의 효능 찾기 놀이는 과학으로 포장되어 있으나 과학과는 거리가 멀다.

철분이 부족한 우유와 철분이 풍부한 팥이 만났으니 우유팥빙수는 환상의 궁합이며 최고의 건강식이라고 무릎을 치는 소리가 들린다. 그냥 다 헛소리며 잘못된 상상이다. 음식 속 영양성분이 늘 사이좋게 우리 몸으로 들어오려고 춤을 추진 않는다. 서로 훼방을 놓다가 장을 타고 그대로 빠져나가 버리는 경우도 흔하다. 우유에 풍부한 칼슘은 팥 속의 철분(팥 자체의 폴리페놀 때문에 흡수가 어렵다는 그 철분)이 흡수되는 것을 추가로 방해한다. 그런데 과연 이런 걱정을 할 필요가 있긴 할까? 혹시 후식으로 빙수 먹기 전에 미리 배에 채워 넣은 삼겹살을 잊으신 건 아닌지(철분 함량과 흡수율에서는 붉은 고기가 최고다).

음식 속의 다양한 영양물질들이 때로는 서로 충돌하고, 때로는 서로 도움을 주기도 하며, 아무 상관 없이 따로 놀 때도 있지만, 우리가 식탁에서 그런 영양소들 간의 복잡한 상호작용을 걱정해야 할 이유는 없다. 그저 다양한 음식을 골고루 섭취하는 것으로 충분하다.

옛날 빙수 요즘 빙수

다행히 빙수는 한식의 집요한 건강 강박을 떨쳐버렸다. 팥죽이나 팥칼국숫집과 달리 빙수 전문점에서는 팥의 효능 광고판이 좀처럼 눈에 띄지 않는다. 팥의 효능에 연연하지도 않지만, 팥과의 결합도 필수가 아닌 선택 사항이다. 우유와 시럽과 과일로만 만든 빙수가 있는가 하면, 아이스크림과 초콜릿으로 만든 빙수, 티라미수빙수, 치즈빙수도 있다. 짜장면과 흡사한 모양의 짜장빙수와 전주비빔밥처럼 비벼 먹는 비빔밥빙수도 실존한다. 춘장 대신 팥, 고추장 대신 블루베리 소스를 얹었다니 정말 짜 장면과 비빔밥 맛이 나진 않을 테지만. 제주도 한 카페의 오징 어빙수에는 진짜로 무늬오징어 몸통 살을 얹었다니 그 맛이 궁금해진다.

이토록 다양한 변주가 가능한 것은, 빙수가 전통 또는 원 조의 폐쇄성으로부터 벗어나 있는 음식이기 때문이다. 음식에 '옛날'이 결합되면, 과거에 대한 왜곡된 환상에 빠지기 쉽다. 가 마솥에 옛날 방식으로 팥을 쒀서 고운 얼음 위에 올린 빙수가 전통 팥빙수라면 그 전통은 언제 만들어진 것이며, 옛날이 가리 키는 시대는 언제란 말인가. 연중 얼음을 관리하는 빙고는 조선 시대에도 있었고, 그때 이미 상류층에서는 얼음을 잘게 부수어 과일과 함께 먹는 화채가 유행했다지만, 그런 것들은 지금의 빙 수와는 거리가 멀다.

얼음을 깎아 단팥을 얹어 먹는 팥빙수의 원형이 되는 음 식은 일제강점기 일본을 통해 들어왔으며, 겨울에 언 강과 저수 지의 천연빙을 여름까지 저장할 수 있는 냉장 시설이 갖춰지면 서 1910년대 중반에 이르러야 경성에 빙수 판매점이 나타나기 시작했다.

옛날 빙수 하면 팥빙수를 떠올리기 쉽지만, 1929년 방정 환이 잡지 《별건곤》에 쓴 기사를 보면 그 당시 이미 바나나물과 오렌지물, 딸기물 중 하나를 선택해서 과일빙수를 맛볼 수 있었으며, 노랑, 파랑, 빨강 식용색소를 뿌린 색동빙수, 건포도를 얹은 빙수, 황설탕을 넣은 빙수가 존재하였음을 알 수 있다. 특이하게도 그는 얼음 맛에 부족함을 느끼거나 아이스크림보다 못하다는 생각이 들면 빙수에 달걀 하나를 깨뜨려 섞어 먹으면 된다고 권하기까지 했다. 그러나 물론, 그렇게 하면 딸기 맛이 줄어들게 되므로 정말 빙수 맛을 즐길 줄 아는 사람이라면 피하는 게 좋다는 충고도 빠뜨리지 않는다. 요즘 식으로 말하면 '빙수 플레인'이다.

방정환의 빙수 예찬에서 놀라운 것은 1920년대 경성의 빙수가 팥빙수 일색과는 거리가 멀었으며, 지금의 관점에서 봐도 다양한 종류의 빙수가 있었다는 데 그치지 않는다. 어떤 빙수가 맛 좋은 빙수인가에 대한 시각이 지금의 대세와 크게 다르지 않다는 점이 더 놀랍다. 그는 입 속에서 느껴지는 질감을 중시했다. "사랑하는 이의 부드러운 혀끝 맛"처럼 녹아내리도록 얼음을 잘게 갈아 만든 빙수여야 한다는 것이다. 우박 같은 거친 얼음 입자를 사용한 빙수를 먹는 것은 가여운 일이며, 누런 설탕을 통알처럼 덩어리진 채로 넣어주는 빙수는 때려주고 싶을 정도로 밉다고 표현했다.

전통 방식의 빙수가 가리키는 시대가 1920년대라면, 그 원형은 팥빙수보다는 과일빙수에 가까우며, 당시 사람들도 먹을 수만 있다면 곱게 간 눈꽃빙수를 선호했던 셈이다. 빙수에는 수천 수백 년 전 원조 음식의 유래, 계승에 대한 '썰'이 없다. 원조를 따지기엔 그 역사가 짧다. 빙수는 먼 옛날보다 현재와 더 잘 어울리는 음식이다.

빙수는 궁극의 한식이다

음식의 미래를 그리다 보면 우리의 머릿속에는 새로운 식재료가 제일 먼저 떠오른다. 단백질원으로 고기의 시대는 저물고 곤충을 먹게 될 거라는 식이다. 하지만 식재료가 음식의 전부가 될 수 없다. 새로운 음식은 그 새로움을 뒷받침하는 기술이 선행되어야 만들어진다. 여름에도 얼음을 저장할 수 있는 기술과 현대 제빙산업 없이 빙수의 출현은 불가능한 일이고, 얼음을 더 곱게 가는 빙삭기, 롤러 사이에서 더 미세한 얼음 입자를 만드는 눈꽃빙수 제조기의 도움 없이 빙수의 현재를 말할 수 없다. 이제껏 인류가 먹지 않던 생소한 식재료만으로 음식의 미래를 열어갈 수는 없다. 퍼즐의 처음과 마지막 조각을 채우는 것은 기술이다.

기술은 음식을 평등하게 만들기도 한다. 과거 일부 특권층만 향유할 수 있었던 여름 얼음이라는 희소한 식재료는 냉장, 냉동 기술 덕분에 대중의 손으로 들어왔고, 다시 그 얼음이 갈아져 빙수가 되었다. 빙수가 처음부터 서민 대중의 음식이었다는 사실은 빙수로 인한 식중독 사고가 끊이지 않았던 과거의 기록에서 찾아볼 수 있다.

음식이 정말 재미있어지는 것은 이 부분이다. 역사 속에서는 상류층의 음식이 대중화되는 현상뿐만 아니라 거꾸로 서민 음식이 다시 상류층으로 순환하는 모습이 종종 보인다. 기술이 음식을 평등하게 만들면, 사람은 다시 음식으로 계층을 나눌 궁리에 빠진다. 고가의 애플망고, 돔 페리뇽으로 만든 셔벗, 월악산에서 채취한 벌집을 올린 사치스러운 호텔 빙수를 입에 넣으며 자기도 모르게 무언의 우월감에 빠져들기란 지극히 쉬운 일이다. 하지만 분식집 빙수나 호텔 빙수나 그 바탕에 깔린 기술은 동일하다. 누군가 더 비싼 빙수를 먹고 있다는 데 가려 잊힐 때가 있지만, 실은 우리 모두가 빙수를 먹고 있다는 면에서 평등하다.

다양한 여름 빙수에서 젊음의 활력이 넘치는 한식의 모습이 보인다. 건강식에 대한 집착, 기원과 전통을 찾아가야 한다는 과도한 압박감은 얼음과 함께 녹아 사라지고 혀끝에는 시원한 즐거움만 남는다. 그러니 누군가 나서서 '배드 코리안' 레스토랑을 오픈하지 않아도 될 거 같다. 빙수는 궁극의 한식이며, 한식의 미래다.

그때 초등학교 교실로
돌아간다면

김치 바로 보기

캐나다 이민 생활은 충격의 연속이었다. 어린 시절 듣고 믿었던 우리 음식에 대한 환상이 연이어 부서졌다. 중학교 3학년 어느 날, 수업 진도보다는 딴 얘기에 종종 열을 올리던 국어 선생님은 자신만만하게 말씀하셨다. 한국 사람이라면 외국에 이민 가서도 김치를 먹고 싶은 게 인지상정인데, 이 땅을 벗어난 배추가 어디 제대로 된 배추인가, 어렵사리 배추를 구하여 김치를 담가도 배추가 쉽게 물러져서 맛이 없다는 것이다.

막상 직접 외국에 나가 살아보니, 뻥도 그런 뻥이 없었다.

한국에서도 그렇듯 사 먹는 김치 맛이야 마음에 드는 경우도 있었고, 실망스러운 경우도 있었다. 하지만 캐나다 온타리오의 고랭지 배추로 담근 김치의 질감은 단단하면 단단했지 흐물거리는 법은 없었다. 날배추를 그대로 맛봐도 한국에서 맛본 배추와 별 차이를 느낄 수 없었다.

매운맛 하면 한국인이라는 모종의 자부심도 무너져 내렸다. 한번은 스리랑카 이민자의 집에 저녁 초대를 받았는데, 준비한 음식이 하나같이 강렬한 매운맛이라 먹는 시늉만 해야 할 정도였다. 인도, 태국, 멕시코, 남아공 이민자들도 마찬가지였다. 매운맛이 우리만의 전유물이 아니었다는 사실을 반복해서 깨닫게 되자 나중에는 조금 창피하기도 했다. 도대체 학교에서 뭘 배운 건가. 고추가 남아메리카로부터 다른 여러 나라를 거쳐 전해진 음식이라는 걸 알면서도 왜 나는 한국인만 고추의 매운맛을 제대로 즐긴다고 생각했을까. 음식에 대해 전해 들은 이야기들은 어디까지가 사실일까.

음식에 대한 대중의 믿음

의심의 싹이 더 커진 것은 2003년이었다. 그해 토론토는 사스(SARS, 중증급성호흡기후군) 환자 발생으로 인해 떠들썩했다. 하지만 중국 광둥성에서 처음 발생하여 홍콩, 대만, 캐나다까지 확산 일로에 있던 사스 바이러스가 대한민국에는 별 영향이 없었다. 한국인은 김치 덕분에 끄떡없다는 이야기가 이민 사회에서도 자주 회자됐다. 서울에 살고 있었다면 나도 이런 이야기를 별 의심 없이 받아들였을지 모르겠다.

하지만 당시 나는 캐나다 토론토의 이탈리안 커뮤니티 약국에서 일하고 있었고, 약국 환자 중에도 사스 감염으로 입원한 사람이 여럿이었으며, 그중 몇이 사망했다는 비보를 듣기까지 한 상태였다. 아픈 사람을 문병하고, 서로 악수와 포옹하는 데 익숙한 이탈리아 이민자 특유의 문화가 밀접 접촉으로 전파되는 사스 확산의 원인으로 지적됐다. 김치 때문에 한국에는 사스 환자가 안 생긴다는 말에 아무 근거가 없다며 반박하는 전문가들의 의견에 더 신뢰가 갔다.

그럼에도 불구하고 김치의 효능에 대한 대중적 믿음은 더 공고해지는 듯했다. 언론도 힘을 실어줬다. 2003년 7월 10일 자 《중앙일보》는 "김치 사스 예방 효과 과학적으로 입증"이란 헤드라인의 기사를 내기도 했다. 기사 말미에는 "사스균을 확보하기 어려워 김치 유산균의 항균 작용을 직접 실험하지 못했지만 다른 균을 죽이는 효과가 탁월한 것으로 보아 사스균에도 살균효과가 클 것으로 보인다"라는 연구팀의 인터뷰가 소개되었다.

하지만 2015년 메르스 바이러스는 김치의 효능에 대한 순진한 기대를 무너뜨렸다. 사스 바이러스의 친척뻘인 메르스 바이러스가 대한민국을 강타하여 186명을 감염시키고, 그중 38명이 사망하는 불행한 사태가 벌어지면서 음식으로 바이러스 감염을 피할 수 있다는 대중의 믿음에도 금이 가기 시작했다.

음식에 대한 글을 쓰다 보면, 초등학교 시절 선생님과 싸우고 있는 듯한 상상에 자주 빠진다. 잦은 외식과 수입식품 섭취가 건강에 가장 해롭다, 밀가루가 건강에 좋지 않다, 한국 사람은 김치를 많이 먹어서 건강하다는 식의 이야기는 따지고 보면 전부 학교에서 수업시간에 들은 것들이니 그런 느낌이 드는가 보다. 만약 지금의 내가 30여 년 전 초등학교 교실로 돌아간다면 선생님께 대든다고 매일 얻어맞지 않았을까 싶다.

지금까지도 이어지고 있는 음식의 효능에 대한 과도한 기대와 믿음은 학창 시절 수업시간에 아무도 선생님의 말씀에 반박하거나 의문을 제기하지 않고, 그냥 다 받아들인 결과일지도 모르겠다. 그렇게 굳어진 음식에 대한 관념은 때로 해로운 결과를 초래한다. 겨울철 독감 예방에는 백신 접종과 손 씻기가 더 중요하지만, 포털 뉴스 상위는 〈독감을 막아주는 음식 7가지〉와 〈독감 바이러스 음식으로 잡자〉가 차지하는 식이다.

고정불변의 김치는 없다

김치 하면 배추김치다. 그중에서도 고춧가루와 액젓, 마늘, 생강 등을 넉넉히 넣어 담근 김장 김치야말로 한국인의 맛이라고 여기는 사람들이 많다. 하지만 음식의 전통에 대한 대중적 관념 역시 무비판적으로 받아들인 이야기들이 모여 만들어진 것은 아닌가 고민해봐야 한다. 18세기에 기록된 이시필의 《소문사설譏聞事說》에는 오늘날의 깍두기(또는 섞박지)에 해당하는 김치 조리법이 소개되어 있는데, 당시 고춧가루는 선택사항이지 필수조건은 아니었다. "고춧가루를 많이 섞어놓으면 오래되어도 맛이 있고 그다지 짜지도 않다"면서 장점을 기록하고는 있으나, 대부분의 가정에서 담근 깍두기는 맛이 짜고 색깔이 깨끗하지 않다고 되어 있는 걸 보면, 그때만 해도 고춧가루가 빠진 김치가 주류였고, 김치에 고춧가루를 조금씩 더하기 시작했다는 점을 알 수 있다.

배추김치에 대한 기록이 등장하는 것은 19세기 초 빙허각 이씨가 엮은 《규합총서閨閤叢書》에 이르러서인데, 이 당시 배추김치도 우리가 먹는 김치와는 차이가 크다. 일제강점기의 《조선무쌍신식요리제법朝鮮無雙新式料理製法》(이용기 지음)과 같은 조리서로 가면 김치의 조리법이 현대와 비슷해지지만, 닭고기, 꿩고기, 소고기, 돼지고기 등의 다양한 고기가 재료로 사용되고, 국물로 설렁탕까지 넣었다는 기록을 보고 있으면, 이게 대체 김치가 맞나 의아한 느낌이 들기도 한다.

전통 식품의 상징 김치가 지금의 형태로 자리를 잡은 게 고작 100년도 되지 않았다는 생각에 실망할 필요는 없다. 지금이야 토마토가 이탈리아 음식의 상징 같지만, 콜럼버스^{Christopher Columbus}의 신대륙 발견 전까지 토마토는 이탈리아에 존재하지도 않았던 식재료이고, 지금처럼 토마토소스를 얹은 피자와 파스타를 즐겨 먹은 건 200년이 채 되지 않았다. 그 전까지는 치즈 또는 설탕과 향신료를 뿌려 먹는 파스타가 주류였다.

이탈리아 사람들이 토마토를 받아들이는 데 상당한 시간이 걸렸던 것처럼 고춧가루가 김치 속으로 들어오는 데도 시간이 걸렸다. 이수광이 1613년에 펴낸 《지봉유설芝峯類說》에는 고추를 '남만초라는 센 독毒'으로 언급하면서 이것을 소주에 타서 마시면 대부분 죽었다고 한다는 기록이 남아 있다. 정말 먹고 죽은 사람이야 없었겠지만, 생소하며 강렬한 매운맛을 내는 음식이 독으로 느껴진 것은 자연스러운 일이다. 하지만 마침내 고춧가루가 채소와 결합하여 새로운 김치가 탄생하자, 그것은 한국인의 맛이 되었고, 주류로 자리 잡았다.

김치의 미래

혼밥 혼술의 시대, 가족이 다 함께 모여 김장하는 일은 점점 더 보기 드문 일이 되어간다. 마트에서 사 먹는 김치만으로 충분히 맛있고, 김치냉장고의 도움을 받으면 연중 내내 김장 김치처럼 아삭하고 시원한 맛의 김치를 즐길 수 있다. 하지만 산업적 김치 생산이 주류로 자리 잡으면서 김치의 종류가 줄어들고 재료가 더 단순해졌다는 아쉬움이 남는다. 송이버섯, 수박, 복숭아, 살구로도 김치를 담갔던 조선시대와 비교하면 우리는 훨씬 더 적은 종류의 김치를 먹고 있다.

　　과거의 조리서를 반드시 재현하려고 애쓸 필요는 없다. 그대로 재현해봤자 맛있을 가능성은 낮다. 유럽 음식 역사 전문가 장 루이 플랑드랭Jean Louis Flandrin이 중세 요리책에 나오는 레시피를 따라 만들어보았더니 요즘 요리보다 나은 것은 거의 없다고 말한 것과 마찬가지다. 하지만 과거의 김치가 지금보다 훨씬 다양했다는 걸 알고 있는 것만으로도 현대적 전통의 속박에서 벗어나는 데 도움이 될 수 있다. 현대 요리 과학을 집대성한《모더니스트 퀴진Modernist Cuisine》에 수박 껍질 김치가 오르고, 영국《텔레그래프》에 적양배추로 담근 브릿치(Brit-chi, 스티비 팔Stevie Parle이 영국식 김치라면서 작명한 이름)가 오르는 시대에 고춧가루와 배추, 무를 벗어나볼 때도 됐다.

선물 세트는 우리가 살아온
역사의 기록이다

2015년 10월 국제암연구소IARC는 가공육을 1군 발암물질, 적색육을 2군 발암물질에 포함했다고 발표했다. 대형마트에서 햄, 소시지, 베이컨의 매출이 일제히 10% 이상 감소했다. 나는 걱정에 빠졌다. 이제 햄을 먹기 어려워지는 게 아닐까.

기우였다. 지금(2018년), 명절 선물의 베스트셀러는 스팸이다. 지난 추석 스팸 선물 세트 매출이 사상 최대를 기록했다더니, 아니나 다를까 내가 기거하는 집 찬장에서도 크고 작은 스팸과 런천미트 캔이 23개나 발견됐다. 적색육과 가공육을 지나치게 많이 먹는 건 환경에도, 건강에도 좋지 않겠지만, 조금씩 적당량을 섭취하면 걱정할 이유는 없다. 다행히도 그런 사실을 모두가 알고 있는 것 같다. 뉴스에 화들짝 놀랐다가도 다시 생각의 균형을 잡으며 살아간다. 명절 선물 세트로 스팸을 주고받는 걸 보면 확실히 그렇다.

세상은 더 나아지고 있기도 하다. 집에 캔 햄을 하나라도 가지고 있다면, 겉면에 영양정보가 적혀 있는지 확인해보라. 영양정보가 표시되어 있다는 건, 비교적 최근에 만들어진 제품이란 뜻이다. 이전에는 캔 햄과 같은 식육 통조림에 영양성분 표시가 의무사항이 아니어서 캔 햄 100g에 밥 한 공기만큼의 열량이 들어 있다는 걸 알 길이 없었다. 2017년부터 법이 바뀌었다. 이제는 열량, 탄수화물(당류), 단백질, 지방(포화지방, 트랜스지방), 콜레스테롤, 나트륨 함량이 1일 영양성분 기준치와 함께 반드시 표기되어야 한다.

영양정보는 소비자의 알 권리이기도 하지만, 먹을 때 반드시 필요한 정보이기도 하다. 캔 햄 100g의 열량이 305kcal이며, 지방 27g이 들어 있다는 걸 알고 나면 찌개에 넣어 그 기름을 다 먹으려던 생각을 바꿔, 물에 데치거나 팬에 굽는 방식으로 조금이라도 지방 섭취량을 줄이고 싶어지는 게 사람 마음이다.

명절 선물 세트와 건강

시대에 따라 선물 세트도 변한다. 1960년대에는 설탕과 조미료, 맥주 선물 세트가 인기를 끌었다. 1970년대에는 라면과 칼국수가 들어간 선물 세트도 있었고, 전해지는 바에 따르면 심지어 콜라도 선물 세트에 들어갔다고 한다. 1980년대까지만 해도 어린이를 위한 종합 과자 선물 세트가 인기를 끌었다. 이후 정육, 과일, 고가의 주류 선물 세트가 인기를 끌면서 선물 세트에도 양극화 논쟁이 일어났다.

2000년대 이후, 건강과 체중 문제에 민감한 트렌드에 맞춰 통곡물, 견과류, 올리브유를 선물하는 일도 늘어났지만, 채소가 주류가 된 적은 한 번도 없었다. 중세 유럽 귀족들만 과일은 먹고 채소는 천시한 게 아니다. 선물 세트를 놓고 보면, 우리도 채소를 뒷자리에 둔다. 과거 오랫동안 인류가 식량 부족에 시달렸으며, 고열량 식품을 갈망했다는 사실이 우리가 주고받는 명절 선물 세트 속에 고스란히 남아 있다.

실은 명절 자체가 살을 찌우기 위한 장치다. 미국 터프츠대 연구팀의 조사에 따르면 연말연시 휴일 기간에 사람들의 체중은 평균 0.4kg이 증가하며, 이미 과체중인 사람들의 체중은 2.3kg이 증가한다. 불행히도, 이렇게 연말 휴일 동안 증가하는 체중은 1년 체중 증가분의 절반을 차지하며, 매년 축적되어 중

년 이후 과체중과 비만을 초래할 가능성이 높다고 한다. 춘궁기를 걱정해야 하던 시절에야 연말에 살을 최대한 찌우는 게 생존에 도움이 되었으련만 새해를 살아가야 할 우리에게는 한숨거리만 더해줄 뿐이다.

하지만 우리는 여러 시대를 동시에 살아간다. 고지방 저탄수화물 다이어트와 저지방 고탄수화물 다이어트가 공존하듯, 한편에서는 불어나는 뱃살을 걱정하지만 다른 한편에서는 체중 감량보다는 증량에 도움이 되는 선물을 주고받는다. 라면부터 채소까지 우리가 상상할 수 있는 거의 모든 음식이 선물 세트로 존재하지만 선두를 이끄는 건 스팸이다.

우리는 어제까지는 더 많이 먹으라며 선물을 건네놓고 오늘부터는 더 적게 먹을 방법을 고민하라고 하는 세상에 살고 있다. 고칼로리 음식을 먹되 체중은 날씬하게 유지하라는 모순적 메시지 속에서 균형을 잡는 일은 쉽지 않으며 자기 억제력이 필요하다(나라고 특별한 해결책은 없다. 선물로 받은 각종 통조림을 찬장 깊숙이 넣어두고 잠시 잊어버렸다가 조금씩 꺼내 먹을 뿐이다).

선물 세트에 비친 식탁

취향을 생각하면, 스팸이 명절 선물 세트의 주류라는 사실이 기분 좋지만은 않다. 영국의 전설적 코미디 그룹 몬티 파이튼

Monty Python의 스팸 에피소드가 떠오른다. 달걀과 스팸, 달걀과 베이컨과 스팸, 달걀과 베이컨과 소시지와 스팸…. 거의 모든 메뉴에 스팸이 들어 있는 카페에서 스팸을 싫어하는 여자 주인공은 시킬 게 하나도 없다. 스팸을 뺀 메뉴를 주문하자 웨이트리스는 혐오스럽다는 듯 반응한다(유튜브에 자막본이 있으니 시청을 권한다. https://youtu.be/zLih-WQwBSc). 지난번 스팸이 아직 남아 있는데 또 스팸 선물 세트를 받으면, 정말 모든 메뉴에 스팸을 넣은 레스토랑이라도 하나 차려야 될 거 같다. 불행히도 나는 몬티 파이튼의 여주인공과 마찬가지로 스팸이 싫다.

지난봄, 오이를 싫어하는 사람들의 모임이 화제가 되었다. 과학자들의 연구를 통해 보면, 이들 중 상당수는 유전적으로 오이 특유의 향이나 맛을 싫어하는 사람들일 가능성이 높다. 나는 오이는 잘 먹는 편이지만, 스팸을 구울 때 올라오는 돼지 냄새가 거북스럽다.

미국 듀크대의 연구들에 따르면 돼지 냄새에 대한 선호도의 차이는 우리의 유전자와 관련된다. 수퇘지의 냄새 성분인 안드로스테논androstenone에 민감한 유전자형을 가지고 있는 사람들은 돼지 냄새를 역겹게 느낄 가능성이 높고, 다른 유전자형을 지닌 사람들은 돼지 냄새를 괘념치 않거나 좋아할 가능성이 높다는 것이다. 아직 냄새, 맛과 유전자에 대한 연구는 초기 단계이며, 내가 돼지 냄새에 민감한 유전자를 가졌는지, 아니면 다른 이유로 스팸을 싫어하는지는 모른다. 하지만 내가 스팸을 그다지 좋아하지 않으며 내 입맛을 쉽게 바꾸기 어려울 거라는 사실은 분명하다. 이 글을 쓰기 직전에도 스팸을 구워서 먹긴 했지만, 아직도 머리에 밴 냄새가 코를 자극한다.

선물 세트에는 유난히 식품, 그중에서도 통조림이 많다. 각종 선물 세트에서 통조림을 꺼내어 정리하다 보면 기쁜 마음으로 받아 든 선물인데, 마치 전쟁에 대비하는 듯한 묘한 기분이 들기도 한다. 국가별 스팸 소비량에서 한국은 미국에 뒤이어 세계 2위다. 그리고 그중 3분의 2는 명절에 팔린다. 한국에서 스팸 선물 세트가 인기를 끄는 신기한 현상에 대해 호기심을 느낀 영국 BBC, 미국 《뉴욕타임스》 같은 외국 매체에서 이를 뉴스로 다루기도 했다.

선물 세트는 우리가 살아온 역사의 기록이다. 선물로 통조림을 주고받는 일에 대부분 별 거부감을 느끼지 않는다는 것은, 현대 한국 역사에서 커다란 상처를 남긴 전쟁을 언급하지 않고는 설명하기 어렵다. 생존 자체가 위협받는 상황에서 취향을 논하기란 어렵다. 우리는 왜 아직도 서로 다른 취향을 인정하지 못할까, 우리는 왜 음식을 맛으로 즐기지 못할까 한탄하지 말자. 먹고사는 게 우선인 사회에서 맛을 따지는 것은 무의미한 일이다. 맛을 즐기고, 취향을 존중하는 사회가 되려면 먼저 각 개인이 자신의 생존을 고민하지 않아도 될 정도로 살 만한 여건이 마련되어야 마땅하다.

　　아직 우리의 미식 문화가 덜 성숙했다며 비판하는 목소리가 들릴 때마다 접대에 대한 이야기가 반복된다. 업무상 접대가 아니면 고급 레스토랑에서 식사할 일이 없는 나라에서 어떻게 개인의 취향에 따른 선택이 가능하겠냐는 논리다. 나도 공감한다. 선물 세트로 바라본 음식 문화도 다르지 않다.

　　심리학자들의 연구에 따르면 선물하는 사람이 만족감을 느낄 때는, 받는 사람의 선호만 고려했을 때가 아니라 자신의 성향을 부분적으로 드러내는 선물을 전달할 때라고 한다. 윗사람의 환심을 사기 위해 선물을 하고, 부정 청탁을 금지하는 법률만으로 선물 세트 매출이 영향을 받는 사회에서 개인의 취향을 논하기란 어려운 일이다. 뭔가를 얻어내기 위한 선물이 주류였던 시대가 지나가고 선물로 자신을 드러낼 수 있는 시대가 오길 바란다. 진정한 미식의 즐거움은 그때 꽃필 테니까. 미식의 즐거움은 선물 세트의 진정한 '갑'이 청탁용 선물이 되지 않는 나라에서 꽃필 가능성이 더 높다.

먹고사는 게 우선인 사회에서
맛을 따지는 것은 무의미한 일이다.
맛을 즐기고, 취향을 존중하는 사회가
되려면 먼저 각 개인이 자신의 생존을
고민하지 않아도 될 정도로 살 만한
여건이 마련되어야 마땅하다.

모르면서 아는 척하기 쉽다. 친숙한 음식일수록 그렇다. 얼마 전 쉐이크쉑에 처음 들렀을 때였다. 맛이 그럭저럭 괜찮았지만 줄을 길게 서서 기다릴 정도는 아니었다. 무엇보다 햄버거가 너무 작았다. 프렌치프라이를 함께 주문하지 않았더라면 먹자마자 배고플 뻔했다. 하지만 내가 간과한 사실이 하나 있었으니, 햄버거는 본래 그렇게 작았다는 점이다. 미국인의 대중음식으로 햄버거의 위상이 높아지기 시작한 1920년대에만 해도 패티가 개당 30g이 채 되지 않았다.

레이 크록Ray Kroc이 미국 일리노이주 데스플레인스에 맥도날드 1호점을 연 1955년 햄버거의 패티 역시 가열 조리 전 45.4g, 조리 뒤 30g에 불과했다(이 패티 무게는 1파운드의 10분의 1이어서 종종 10:1 패티라고 불린다). 그때만 해도 맥도날드 메뉴판에 햄버거는 15센트짜리 그냥 햄버거와 19센트짜리 치즈버거 단 2가지만 존재했다. 아직도 맥도날드 매장에서 주문이 가능하며, 패티 중량도 그대로인 이들 버거의 열량은 각각 253kcal, 302kcal이다. 햄버거만 먹으면 그냥 딱 밥 한 공기 열량이다. 콜라와 프렌치프라이까지 당시 크기로 맞추면 다 먹어도 열량이 700kcal를 넘지 않는다. 이 정도면 하루 세 끼를 먹어도 체중을 늘리기 어렵다.

이쯤이면 왜 맥도날드 1955버거가 진짜 62년 전의 햄버거와는 거리가 먼 것인지 알 만하다. 1955년 오리지널의 맛을 살렸다는 이 버거의 패티는 쿼터파운더치즈(패티 중량이 4분의 1, 즉 113g이라는 의미로 붙인 맥도날드 햄버거 이름)와 동일한 113g으로 당시 실제로 사용한 패티의 2.5배 중량이다. 정말 과거를 재현해보고 싶다면 그냥 햄버거나 치즈버거에 스몰사이즈 프렌치프라이와 콜라를 맛보는 게 낫다. 우리는 62년 전의 햄버거 맛을 상상하면서 당시 사람들보다 훨씬 더 많은 고기와 감자와 콜라를 먹고 있다. 햄버거 때문에 살찌는 게 아니다. 많이 먹어서 살찐다. 비만은 양의 문제다.

햄버거와 짜장면의 공통점

누가 언제 어디서 처음으로 햄버거를 만들었는지는 분명치 않다. 하지만 잘 모르는 문제일수록 여러 억측이 난무하는 법이다. 칭기즈칸이 이끈 몽골제국의 기마병들이 날고기를 안장 밑에 넣어 연하게 만들어 먹었던 데서 햄버거와 타르타르스테이크가 유래했다는 설이 대표적이다. 땀으로 고기에 간이 배어 먹기에 좋았을 거라는 추측도 더해진다.

허구도 이런 허구가 없다. 안장 밑에서 땀으로 오염된 고기는 변질되어 도저히 먹지 못할 음식이 되고 말 것이다. 타르타르스테이크 역시 몽골인들과는 관련이 없다. 프랑스에서 원래 이 요리의 이름은 아메리칸스테이크였고, 날고기를 저며 그대로 먹는 요리에 타르타르소스를 곁들여 내는 과정에서 타르타르스테이크라는 이름이 널리 알려진 것이다. 음식의 기원에 대한 허황된 이야기를 곧이곧대로 믿으면 곤란하다. 그냥 가벼운 흥밋거리일 뿐이다.

햄버거는 짜장면과 여러 가지로 닮았다. 둘 다 역사가 그리 길지 않다. 누군가 처음 만들긴 했을 텐데, 그게 누구인지 정확히 알 수 없다. 독일 이민자들이 고기를 갈아 만든 햄버그스테이크를 즐겨 먹었다지만, 번 사이에 패티를 넣어 먹는 햄버거와 햄버그스테이크는 별개의 음식이다. 짜장면이 정통 중국 음식이라기보다 한식인 것처럼 햄버거도 독일 요리가 아니라 미국 요리다. 둘의 비교가 더 재미있어지는 것은 수제 버거에 이르러서다. 기계가 만드는 햄버거는 없다. 고기를 굽는 기구가 무엇이든 최종 조립은 사람 손으로 해야 한다. 모든 햄버거는 수제 버거인 셈이다.

그런데도 수제라는 수식어를 붙이는 이유는 만드는 타이밍과 관련된다. 주문 즉시 고기를 굽고 조리하여 만든 햄버거임을 강조하고 싶은 것이다. 그냥 햄버거가 미리 만들어둔 소스를 얹어 내는 짜장면이라면, 수제 버거는 그때그때 즉석에서 볶아내는 간짜장이다. 짜장이냐 간짜장이냐의 단순한 구분보다 요리사의 실력이 중요한 것처럼 '수제'라는 수식어도 햄버거를 고르는 데 별 의미 없다. 어떤 재료로 어떻게 요리되었는지가 훨씬 더 중요하다. 패티 위에 달걀프라이를 올리느냐 마느냐보다 그 완성도가 맛의 성패를 가른다. 나는 고무처럼 질긴 달걀프라이 때문에 망친 수제 버거를 여러 번 맛봤다.

고기와 익힘의 문제

햄버거 패티를 어느 정도로 익히느냐는 더 중요한 문제다. 이는 맛의 문제일 뿐 아니라 건강 문제이기도 하다. 고깃덩어리 자체는 표면을 제외하면 무균이지만, 고기를 잘게 갈면, 세균으로 오염된 표면의 고기 조각들이 고기 전체에 섞여 들어간다. 갈아 만든 햄버거 패티는 충분히 익혀야 안전하다. 다시 몽골 기마병의 이야기로 돌아가서, 그들이 타르타르스테이크의 전파자가 되었을 리 만무한 것은 익지 않은 고기의 위험성 때문이다. 바로 먹는 육회도 아니고, 안장 밑에서 데워지고 오염된 고기를 혹여 잘못 먹었다가 배탈이라도 나면 어떻게 말을 타고 초원을 누빈단 말인가. 이런 문제를 피하기 위해 예로부터 몽골인들의 주된 음식 조리법은 삶거나 찌는 방식이었다.

그럼에도 불구하고 덜 익은 햄버거를 좋아하는 사람들이 있다. 맛 때문이다. '요리의 과학자'라 불리는 해럴드 맥기Harold McGee의 부친의 경우가 그러했는데, 맥기가 『훌륭한 요리를 위한 열쇠Keys to Good Cooking』에 쓴 내용을 보면, 그의 아버지는 레어rare보다 더 레어로 햄버거를 즐기곤 했다고 한다. 패티를 그릴 위에서 살짝 흔드는 정도로 익혀 먹었으니 맥기의 아버지가 식중독으로 종종 고생한 것은 뻔한 일이었다.

그렇게 고생하고도 레어로 익힌 햄버거를 고집하는 아버지를 위해 맥기가 안전한 레어 햄버거 만드는 법을 고안하고, 책에 기록할 정도였다. 그의 비결은 고기를 덩어리째 끓는 물에 30~60초를 담가 표면을 살균하고, 얼음물에 1분 동안 식혔다가 꺼내어 바로 갈아내는 것이다. 물론 그 정도로 레어 햄버거에 대한 욕구가 크지 않은 사람이라면 중심부까지 70℃가 되도록 패

인기에는 이유가 있다

돼지고기는 웬만해선 실패하지 않는다. 한국에서 삼겹살
이 인기를 끈 요인을 두고 다양한 분석과 논란이 있었다. 일본
수출 잔여육으로 삼겹살을 먹게 되었다는 주장도 있고, 소고기
의 대체재로서 돼지고기 소비를 장려한 정부 정책 때문이라는
설명도 있다. 하지만 식재료의 공급이라는 바깥 요소 하나만으
로 음식의 선택이나 취향이 바뀌지 않는다. 화로에 둘러앉아
고기를 구워 먹는 한국의 식문화야말로 삼겹살을 중심으로 한
돼지고기의 결정적 성공 요인이다.

돼지는 소보다 사육 기간이 짧아서 근육과 결합조직의 발달이 덜하며, 따라서 고기도 더 연하다. 돼지고기 부위 중에서도 지방이 풍부한 삼겹살은 평범한 일상에서 고기 굽는 기술 없이 구워도 일정 수준 이상의 맛이 보장된다. 이른바 지방의 보장 이론이다. 육류를 고온으로 조리하다 보면 너무 지나치게 익혀 근섬유 속 수분이 빠져나오고 이로 인해 질겨지는데, 지방이 이를 늦춰주는 보호장치 역할을 한다는 것이다. 지방이 풍부한 고기일수록 지방의 단열효과로 열이 천천히 전달되고 따라서 수분 소실과 단백질 변성을 막아 조리 뒤에 더 부드럽게 느껴진다. 친구들과 떠들며 삼겹살을 굽다가 너무 바싹 익히거나 편의점에서 냉동 삼겹살을 사다가 대충 구워 먹어도 크게 실패하지 않는 이유가 여기에 있다.

　　지방 함량이 높은 고기일수록 구워 먹을 때 더 연하게 느껴지는 이유를 설명하는 이론은 그 밖에도 3가지가 더 있다. 단백질에 비해 밀도가 낮고 씹을 때 저항이 덜한 지방이 더 많은 자리를 차지할수록 부드럽고 연하다는 부피 밀도 이론, 근내지방이 고기를 씹을 때 근섬유와 근섬유 사이를 미끄러지도록 하여 더 연하다는 윤활 이론, 지방이 주위 결합조직을 약화해서 덜 질기다는 변형 이론도 있다. 이들 이론을 실제로 검증하기는 어렵고 지방 함량과 고기의 연한 정도 사이에 직접 관계가 없다는 일부 연구 결과도 있긴 하다. 하지만 전문가 또는 소비자를 대상으로 한 관능평가에서는 지방 함량이 높은 고기일수록 부드럽고 육즙이 풍부하며 풍미가 좋다는 쪽으로 응답이 모인다. 삼겹살의 승리는 지방의 승리다.

품종과 맛 차이의 과학

지방이 너무 많아지면 곤란하다. 돼지 체중이 110kg을 넘어가면 체지방이 지나치게 쌓이고 삼겹살의 근육층이 지방으로 침식되어 비계층만 보이게 된다. 근내지방은 고기 맛을 좋게 하지만, 피하지방과 근간지방이 과하면 고기라기보다 비곗덩어리처럼 느껴진다. 먹기도 전에 부담스럽다. 오래 사육할수록 특히 삼겹살 부위에 지방이 쏠린다. 스페인에서 도토리를 먹여 방목했다는 이베리코 베요타의 경우 삼겹살에 고기가 보이지 않을 정도로 지방이 가득하다. 사육기간이 일반 돼지의 3배 정도로 길기 때문이다.

근내지방 함량은 높이면서도 지방이 과하게 들어차지 않도록 하려면 사료를 주는 방식이나 기간도 고려해야 하지만 품종도 중요하다. 난축맛돈의 경우가 대표적이다. 난지축산연구소에서 제주흑돼지와 개량종인 랜드레이스를 교배해 개발한 품종으로, 근내지방을 일반 돼지보다 3배 이상 높였다. 일반 돼지고기의 등심 근내지방 함량은 2~5%인데 난축맛돈은 8% 이상이라는 것이다(일반적으로 삼겹살의 근내지방 함량은 25~28%이다).

난축맛돈 목살을 구워서 맛보면 근내지방 덕분에 육즙이 더 촉촉하게 느껴진다. 지방이 침샘을 자극해서 그렇기도 하지만, 우리가 고기를 씹을 때 흘러나오는 지방을 육즙으로 인식하기 때문이기도 하다. 지방의 조성과 그 속에 녹아 있는 향미물질도 맛에 영향을 미친다. 다른 품종과 달리 이베리코 베요타에서 견과류의 향이 느껴지거나 난축맛돈을 씹을 때 입 속에서 시원하게 지방이 녹아내리는 이유다.

지방이 만들어내는 맛의 차이에 비하면 품종에 따른 고기 자체의 맛 차이는 크지 않다. 전문가가 아닌 이상, 목심이나 삼겹살 같은 부위를 구워 먹는 방식으로만 맛봐서는 삼원교잡종인지 듀록인지 버크셔K인지 품종을 맞히기 어려울 때가 많다. 결합조직과 근육의 발달 정도에 따라 탄력성과 식감에서 차이를 느낄 수 있지만, 구운 고기 맛 자체는 여러 번 씹지 않는 이상 엇비슷해 보일 수 있다.

그럼에도 불구하고 맑은 국물의 버크셔K 돼지곰탕, 듀록 돈가스처럼 특정 품종으로 만든 음식을 전문으로 하는 식당에 줄 서서 기다리는 사람이 많은 걸 보면 맛의 차이를 감지하고 취향에 따라 돼지고기를 고르는 사람의 수가 늘고 있음은 분명하다. 다양한 품종별로 돈가스를 골라 먹을 수 있는 식당처럼 동일 요리를 품종별로 선택해 즐길 수 있는 곳이 많아지고 비교해서 시식할 기회가 늘어나서 돼지고기 품종에 대한 관심도 계속 더 커지길 바란다. 식당 벽에 붙여둔 사진에서 뛰어노는 돼지와 실제 식탁에 내놓는 돼지고기의 품종이나 등급이 다른 경우도 사라지면 좋겠다.

돼지고기와 건강

지방이 많은 삼겹살을 주로 즐기다 보니 돼지고기 하면 고열량 식품의 대명사처럼 여긴다. 하지만 돼지고기의 지방도 부위별로 다르다. 지방 비중이 큰 삼겹살은 100g당 열량이 379kcal로 한우 꽃등심(332kcal)보다 높지만 지방이 적은 돼지고기 등심은 100g당 열량이 135kcal로 한우 등심(304kcal)의 절반에 못 미친다.° 지방을 기피하는 현대인의 취향에 따라 돼지고기의 지방 함량은 과거보다 줄어드는 추세다. 게다가 돼지고기는 소고기보다 올레산 같은 불포화지방 함량이 높다. 차돌박이보다 삼겹살의 지방이 입에서 잘 녹고 맑게 느껴지는 이유다. 돼지고기에는 비타민B₁, B₃, B₆, B₁₂와 철분, 셀레늄과 같은 필수 비타민과 미네랄도 풍부하다. 과잉 섭취만 하지 않으면 훌륭한 영양 공급원이다.

° 칼로리 수치는 식약처 식품영양성분 데이터베이스(2019)를 참고했다.

하지만 돼지고기와 건강에 대한 논란도 끊이지 않는다. 덜 익혀 먹으면 유구조충(갈고리촌충)에 감염될 수 있어 위험하다는 건 과거에는 상식이었다. 유대교나 이슬람 문화권에서 돼지고기를 금기시하는 것도 이와 관련되었을 가능성이 있다. 하지만 이제는 핑크빛이 나는 미디엄 레어로 익힌 돼지고기 스테이크가 제법 흔하다. 미국 농무성에서는 내부 온도가 63℃가 되도록 익힌 뒤 3분 동안 레스팅resting하는 방식을 권하지만, 요즘 북미권에는 심지어 날돼지고기를 내어놓는 식당도 생겨나고 있다. 유구조충에 감염될 우려가 적다 해도 익히지 않은 고기로 인한 세균 감염 위험이 있다는 걸 감안하면 돼지고기 타르타르는 안 먹는 게 나을 듯하다. 옹호하는 측에서는 날달걀이나 소고기 육회를 먹는 것보다 특별히 더 위험하지는 않다고 주장하긴 하지만 말이다.

나를 비롯한 일부 사람은 가끔 돼지고기를 먹고 나서 팔뚝이나 볼에 두드러기가 나는 경험을 한다. 대부분의 경우에는 아무 문제가 없어 돼지고기에 대한 알레르기라고 볼 수 없다. 아직 정확한 이유는 모르지만 이런 현상은 아마도 돼지고기로 인해 히스타민 분비가 자극되어 일어나는 것으로 추측한다.

2011년 《대한피부과학회지》에는 흥미로운 사례가 하나 실렸다. 6세 소년이 돼지고기 60g을 먹었을 때는 아무 증상이 없었으나 200g을 먹자 아토피 피부염 증상이 악화된 것이다. 연구자들은 돼지고기에 히스타민이 고농도로 들어 있어서 문제를 일으킨 것으로 추측했다. 돼지고기를 숙성시키면 히스타민 농도가 높아질 수 있다. 돼지고기 숙성이 맛을 향상하는 데 도움이 되느냐에 대한 논란도 있지만, 나처럼 돼지고기를 먹고 가끔 두드러기가 나는 사람에게는 맛과 관계없이 숙성육보다는 신선육을 선택하는 게 건강 면에서 나은 선택이다.

지난 몇 주 동안 아프리카돼지열병으로 우려의 목소리가 크다. 사람에게는 감염되지 않는 바이러스이지만 돼지에게는 치명적이다. 바이러스에 오염된 돼지고기나 돈육 가공식품을 먹어도 사람에게는 아무 문제가 없지만, 먹다 남긴 음식을 통해 돼지를 감염시킬 수 있다. 돼지열병 바이러스를 걱정하여 돼지고기를 적게 먹어야 할 이유는 없다. 관련 업계 종사자가 아닌 이상 해외여행 중에 무심코 식품을 가져오지 말라는 주의를 따르는 것밖에 할 게 없다며 안타까워할 수 있다. 하지만 할 수 있는 일이 하나 더 있다. 이런 뉴스에 관심을 가지고 문제가 나아질 때까지 계속 지켜보는 것이다. 함께 사는 세상에서는 사람의 건강만큼이나 동물의 건강도 중요하니까.

음식을 통해 알게 되는 것은
자신의 세계관이다

1980년 뉴욕의 우래옥과 2017년 뉴욕의 아토보이는 어떻게 다른가. 별점만으로는 알 수 없다. 2곳 모두《뉴욕타임스》레스토랑 리뷰에서 '매우 좋음'을 의미하는 별 2개를 받았다. 하지만 공통점은 거기까지다. 차이점이 더 많이 눈에 띈다. 저명한 푸드라이터 미미 셰라톤^{Mimi Sheraton}의《뉴욕타임스》1980년 5월 30일 자 우래옥 리뷰에서 가장 호평을 받은 음식은 불고기였다. 구절판, 생선전, 닭구이, 혀밑구이, 비빔냉면, 만둣국, 잡채, 김치, 깍두기도 추천 메뉴에 올랐다.

2011년 11월부터 《뉴욕타임스》 레스토랑 평론가로 활동 중인 피트 웰즈Pete Wells의 아토보이 리뷰에는 불고기는 등장도 하지 않는다. 대신 중심에 선 것은 반찬이다. 추천 메뉴도 이전과는 결이 다르다. 연근, 농어, 돼지감자, 문어라고 적힌 것만 보고서는 어떤 음식인지 상상하기 어렵다. 본문의 설명을 읽고 나서도 낯설다. 연근 하면 떠오르는 건 간장조림이지만 아토보이의 연근은 그게 아니다. 부드러운 두부 조각들 위에 연근을 올리고 고추기름과 참기름을 뿌린 요리다. 농어는 잘게 깍둑 썬 키위에 민트와 발효 봄마늘을 섞고 그 아래 농어 타르타르를 깐 요리를 의미한다.

지난(2019년) 4월 아토보이를 직접 방문했다. 익숙하면서 낯설었다. 46달러에 반찬 3가지를 고르면 밥과 김치와 함께 한 상이 차려진다. 그런데 막상 구성을 보면 샐러드, 따뜻한 전채 요리, 주요리에서 하나씩 고르는 미국식이다. 먹는 내내 한식과 미국식 사이에서 롤러코스터를 탔다.

처음에 김부각이 나왔을 때는 분명히 내가 알고 있는 한식이었는데, 바로 다음에 나온 라디치오와 부라타 치즈, 올리브를 섞어낸 샐러드는 모양을 보면 이탈리아식 같기도 하고 맛으로는 한식 같기도 했다. 엔다이브에 새우살을 묶어 어묵처럼 튀긴 음식, 성게알과 김, 퀴노아를 얹은 부드러운 달걀찜은 다양한 식감의 대비로 감각을 자극한다는 면에서는 한식이면서도 한식당에서는 맛본 적이 없는 식감의 조합이었다. 따로 먹으면 요리인데 밥과 함께 먹으면 반찬이다. 여행하다 보면 분명히 처음 만났는데 오랫동안 알고 지냈다고 착각하게 만드는 사람이 있다. 아토보이의 한식이 딱 그랬다.

한식은 건강식인가

염분 함량이 높다는 걸 제외하면 동물성 지방을 적게 먹고 채소와 밥, 국수, 당면과 같은 전분질 음식을 많이 먹는 한식은 현대인에게 딱 맞는 식단이다. 미미 셰라톤은 1980년 우래옥 리뷰 서두에서 그렇게 소개했다. 반면에 2017년 피트 웰즈가 아토보이에 대해 쓴 글에는 특별히 한식이 건강식이라고 느껴질 만한 대목이 없다. 아토보이의 한식은 짠맛이 강하지 않다. 하지만 메뉴는 충분히 기름지다. 달걀찜, 갈비, 삼겹살, 프라이드치킨은 1980년대 건강식 기준과는 거리가 멀다. 꽃Cote, 단지Danji, 정식Jungsik, 뉴요커에게 인기 있는 한식당 어느 곳의 메뉴를 봐도 상황은 비슷하다. 현대 뉴욕의 한식 밥상은 동물성 단백질과 지방으로 가득하다.

건강식이란 무엇인가에 대한 기준 자체도 달라졌다. 전에는 동물성 지방이 건강에 무조건 해롭다고 몰아붙였지만, 이제는 동물성 지방을 악마화해서는 곤란하다는 반론이 거세다.

2016년 《영국의학저널^{BMJ}》에 동물성 지방을 식물성 지방으로 대체한다고 해서 심장병 사망률이 감소하지 않는다는 연구 결과가 실리면서 논란이 더 커졌다. 2018년에 발표된 또 다른 연구에는 탄수화물을 너무 많이 먹어도 사망률이 증가하고 너무 적게 먹어도 사망률이 증가하지만, 탄수화물 섭취량이 전체 칼로리의 30% 이하로 낮을 때 기대수명이 제일 크게 단축되는 것으로 나타났다.

이런 연구 결과를 볼 때마다 예전 직장 동료였던 그리스 사람의 이야기가 생각난다. 그리스 음식은 지중해 식단이니까 건강에 좋지 않냐고 물으니, 자신은 평생 그것만 먹고 살쪄서 건강이 나빠졌다며 한탄했다. 어느 나라 음식이든 너무 많이 먹으면 건강에 해롭다. 골고루 먹되 과식을 피한다면 어느 나라 식단이든 건강식이 될 수 있다. 한식이 특별히 더 건강에 유익하거나 해가 된다고 보기 어렵다.

1926년 뉴욕 브루클린에서 태어난 미미 셰라톤은 90세가 넘은 지금도 푸드라이터로 활동 중이다. 2018년 10월 방송된 팟캐스트에서 한 청취자가 직장 일로 바빠 집에서 자녀에게 요리를 해줄 수 없다고 슬퍼하면서 조언을 구하자 셰라톤은 이렇게 답했다. "가족이 함께 식사하면서 대화를 나누는 게 제일 중요하다. 영양가 있는 음식이라면 누가 그 음식을 요리했는가는 상관없다." 당연히 그 음식이 어느 나라 음식인지도 중요치 않을

것이다. 1980년 우래옥 리뷰를 쓴 미미 셰라톤과 지금의 그녀는
다르다. 아직도 한식=건강식을 내세워 세계화에 앞장서야 한다
는 한식진흥원 관계자들이 뉴욕에 가서 한식을 맛보고 미미 셰
라톤과 대화를 나눌 수 있길 바란다.

누구를 위한 한식인가

　　2019년 3월 맨해튼 서쪽 끝에 문을 연 거대 복합 쇼핑몰
허드슨 야드 5층에 박은조 셰프의 파인 캐주얼 한식당 가위가
있다. 데이비드 장David Chang이 운영하지만 박은조 셰프에게 전권
을 위임한 130석 규모의 대형 레스토랑에는 이름처럼 가위가
식탁에 등장한다. 금색으로 번쩍이는 멋진 전용 가위로, 한국에
서 가져온 기계로 직접 뽑은 가래떡을 잘라준다. 돌돌 휘감은
모양이 특이하지만 고추장 잼을 바른 음식을 보면 떡꼬치가 바
로 떠오른다. 서버가 처음 한 조각을 자르는 시연을 한 뒤에 나
머지는 손님이 직접 잘라 먹도록 한다. 점심 세트 메뉴로 회덮밥
이나 쫄면과 비슷한 콜드 스파이시 누들을 시키면 채소 튀김과
국이 함께 나온다. 서울의 가온, 뉴욕의 퍼 세Per Se, 다니엘Daniel, 모
모푸쿠 코Momofuku Ko에서 경력을 쌓은 박은조 셰프가 분식을 바탕
으로 구현한 파인다이닝이다.

　　음식은 사회에서 만들어진다. 누가 만들고 누가 먹는 음식

이냐에 따라 달라진다. 과거 정부에서 한식 세계화의 기치를 내걸었지만 뉴욕의 한식을 이끈 것은 한국 정부가 아니라 뉴욕의 요리사들이다.《뉴욕타임스》의 음식 평론가 리가야 미샨Ligaya Mishan이 2017년 칼럼에 쓴 것처럼, 현재의 아시아-미국식 요리 트렌드는 한국계 미국인 데이비드 장이 2004년 뉴욕에 모모푸쿠 누들 바를 열면서부터 시작되었다고 보는 게 합당하다. 데이비드 장은 그의 요리가 한식에 일부 영향을 받기는 했지만 미국식이라고 주장한다. 맞는 말이다. 그가 뒤이어 문을 연 쌈 바에서 동그란 상추 또는 밀전병에 오리고기를 싸서 먹다 보면 한식과 중국식에 영감을 받은 미국 음식이라는 말에 고개를 끄덕이게 된다.

하지만 뉴욕 사람들이 단지 아시아식이라는 이유만으로 데이비드 장의 식당에 관심을 가졌다고 볼 수 있을까? 모모푸쿠 누들 바에서 매운 소고기 라멘을 먹고 나서 의문이 풀렸다. 일본의 전문점에서 먹는 라멘 맛보다는 미국의 마트에서 판매하는 인스턴트 라멘 누들이 떠오르는 맛이었다. 키조개에 파인애플과 바질 씨앗을 넣어 만든 모모푸쿠 코의 차가운 국물 요리는, 맛은 전혀 달랐지만 미국 마트에서 파는 바질 씨앗 음료를 연상시켰고, 2018년 차갑게 서빙하는 것으로 커다란 화제가 되었던 콜드 프라이드치킨은 닭강정을 생각나게 했다.

대중음식을 파인다이닝으로 소환하는 데이비드 장의 음

식을 통해 뉴욕에서 사랑받은 예술가 앤디 워홀Andy Warhol의 작품 세계를 보는 듯한 상상에 빠졌다. 앤디 워홀이 캠벨 수프 캔 그림이 예술작품이 될 수 있다는 걸 세상에 보여줬다면 데이비드 장은 라멘, 프라이드치킨과 같은 대중음식을 파인다이닝으로 즐길 수 있다는 걸 깨닫게 해줬다. 엘 불리의 페란 아드리아Ferran Adrià가 큐비즘의 대가 피카소의 영향을 받아 음식의 요소를 해체하고 재결합하여 추상화한 음식을 만들어낸 곳이 카탈루냐였던 것처럼, 팝아트의 중심지 미국 뉴욕이야말로 데이비드 장의 새로운 음식 세계가 축조되기에 최적의 공간이 아니었을까?

한식 세계화를 부르짖는 사람들은 음식을 통해 세계에 한국을 보여주고 싶어 한다. 하지만 정작 음식을 먹는 사람이 음식을 통해 알게 되는 것은 자기 자신의 세계관이다. 베트남과 태국, 스웨덴과 헝가리 음식을 즐긴다고 그 나라의 역사와 문화에 대해 더 잘 알 수 없다. 하지만 적어도 내가 다양한 종류의 음식을 즐기는 사람이라는 것만큼은 확실하게 깨닫게 된다. 뉴욕의 한식이 보여주는 한식은 서울의 우리가 어떤 사람인가와 별 관계가 없다. 뉴욕 시민들이 어떤 사람인가를 더 잘 보여준다. 한식을 통해 보면 뉴욕은 확실히 젊음과 창의성이 넘치는 도시다. 서울도 그런 모습이길 바란다.

서울에서 더 많은 파인 캐주얼 레스토랑을 보고 싶은 이유

요즘 인기 있는 식당에 공통적 특징이 하나 있다면 파인 다이닝 레스토랑이 아님을 강조한다는 것이다. 미쉐린 2스타 레스토랑 정식당 아래층에 문을 연 정식카페는 낮에는 카페, 밤에는 와인 바로 운영된다. 서빙 속도도 빠른 편이다. 페코리노 치즈, 체다 치즈, 튀긴 꽈리고추를 얹은 치즈스파게티가 나온 뒤 달고기로 만든 피시앤칩스, 치킨리소토까지 테이블에 올려지는 시간이 2분이 채 못 될 정도로 짧았다. 고추 치미추리를 곁들인 보섭살 스테이크는 구워져 나올 때까지 15분을 더 기다려야 했지만, 이미 한 상에 쫙 펴놓고 음식을 먹으며 기다리는 일이야 얼마든지 할 수 있는 일이 아닌가.

강민구 셰프가 맡아 반얀트리 호텔에 새로 문을 연 페스타 바이 민구도 비슷했다. 점심 코스 메뉴도 가능하지만 저녁에는 다양한 음식을 한상차림으로 펼쳐두고 즐길 수 있다. 유럽인에게 익숙한 메뉴에 한식의 맛 구성요소가 등장한다. 미쉐린 2스타 레스토랑 밍글스가 한식을 바탕으로 한 캔버스에 양식 기법으로 색채를 더한 방식이라면 페스타 바이 민구는 그와 반대로 양식을 기초로 한식 맛을 더한 음식을 낸다. 식기나 담음새가 밍글스처럼 화려하진 않고 공간에서 느껴지는 분위기도 가볍다. 하지만 음식 맛과 식재료의 품질만 놓고 보면 기존의 캐주얼 양식당보다는 파인다이닝에 더 가깝게 느껴진다.

뉴욕의 미쉐린 3스타 레스토랑 일레븐 매디슨 파크와 미쉐린 1스타인 그래머시 태번에서 수셰프로 일한 송훈 셰프의 레스토랑 더훈에서도 마찬가지다. 당장 파인다이닝 레스토랑에서 서빙해도 될 것 같은 요리가 연이어 나오지만, 메뉴판도, 그 위에 적힌 음식 가격도 캐주얼 레스토랑을 표방한다. 우리가 원래 알고 있던 캐주얼 레스토랑과는 다른, 바야흐로 파인 캐주얼 레스토랑의 시대다.

파인 캐주얼이란 무엇인가

레스토랑 분류가 점점 어려워지는 것 같다고? 사실이다. 패스트 캐주얼 레스토랑이 뜬다는 소식이 엊그제 같은데 이제는 파인 캐주얼이 대세다. 둘이 뭐가 다른가 의문을 제기하는 목소리도 들린다. 혼용될 때도 종종 있다. 그래도 구분하자면 둘은 출발점이 다르다.

패스트 캐주얼은 패스트푸드를 기준점으로 삼아 더 나은 음식을 비슷한 속도와 서비스 형태로 제공한다. 파이브가이즈, 치포틀레 멕시칸 그릴이 대표적이고 인-앤-아웃도 종종 같은 범주로 분류된다. 쉽게 말해 더 나은 품질의 패스트푸드지만 우리에게는 친숙하지 않다. 주로 미국에서 인기를 끈 식당 형태다.

그런데 여기서 혼란이 시작된다. 쉐이크쉑은 패스트 캐주얼이 아니라 파인 캐주얼 레스토랑이다. 파인 캐주얼이라는 용어를 공식적으로 처음 사용한 것으로 알려진 뉴욕 외식업의 대부 대니 마이어Danny Meyer에 의하면 그러하다. 쉐이크쉑에서 미국 증권거래위원회에 제출한 2014년 서류에는 실제로 파인 캐주얼 레스토랑이 무엇인지 설명이 들어 있다. 파인 캐주얼은 패스트 캐주얼의 용이함, 가치, 편리함과 파인다이닝에 뿌리를 둔 재료 공급, 조리, 품질, 접객의 탁월함에 대한 높은 기준을 결합한 새로운 범주의 레스토랑이라는 것이다.

이듬해인 2015년 테드 강연에서도 대니 마이어는 자신이 설립한 레스토랑 체인 쉐이크쉑이 파인 캐주얼 레스토랑의 개척자임을 강조했다. 그는 강연에서 파인 캐주얼 레스토랑의 성격을 조금 더 구체적으로 설명한다. 파인다이닝 레스토랑에서 예약관리자, 메트르 도텔(지배인), 웨이터, 바텐더, 셰프, 수셰프, 파티시에, 플로리스트와 같은 인력을 줄이고 테이블보와 고급 식기류를 없애면 파인다이닝과 동일한 품질의 음식을 훨씬 더 저렴한 가격에 제공할 수 있다는 것이다. 패스트 캐주얼이 기존 패스트푸드를 고급화한 형태라면, 파인 캐주얼 레스토랑은 파인다이닝 레스토랑의 음식은 그대로 두고 서비스를 간소화한 형태라는 얘기다. 결과는 비슷해 보이지만 출발점이 다르다.

파인 캐주얼과 건강

건강 면에서는 어떻게 다를까? 패스트푸드를 먹느냐 파인 캐주얼 식사를 하느냐에 따라 차이가 있을까? 창업자 대니 마이어의 말대로 쉐이크쉑에서 항생제와 성장호르몬을 사용하지 않고 사육한 소에서 얻은 고기로 햄버거와 핫도그를 만들어 파는 것은 사실이다. 이러한 흐름이 맥도날드와 같은 패스트푸드에도 영향을 주어 항생제와 성장호르몬 사용이 줄어드는 쪽으로 변화하고 있는 것도 항생제와 성장호르몬에 대한 사회의 우려가 커지는 상황을 생각해볼 때 긍정적이다.

다만 지금까지 밝혀진 바로는 매일 점심으로 햄버거, 콜라, 프렌치프라이를 맥도날드에서 먹느냐 쉐이크쉑에서 먹느냐의 차이는 햄버거를 먹느냐 비빔밥 한 그릇을 먹느냐의 차이에 비해 크지 않다. 비빔밥 1인분(707kcal)에 비슷하게 맞춰 햄버거를 먹으려면 프렌치프라이는 절반만 먹고 음료는 제로콜라로 마셔야 한다.

맛의 차원에서 쉐이크쉑이 더 나은 햄버거인가 인-앤-아웃이 더 나은가는 논외로 하고, 부드럽게 씹히는 쉐이크쉑의 햄버거 번이 다른 햄버거에 비해 조금 더 파인다이닝에 가깝게 느껴질 수는 있다. 파인다이닝 레스토랑에서 입을 크게 벌리거나 단단한 음식을 씹느라 고생한 적이 있는가 생각해보면 왜 대니 마이어가 CBS 〈60 minutes〉의 진행자 앤더슨 쿠퍼Anderson Cooper와의 인터뷰에서 치아에 저항하지 않는 햄버거 번을 쉐이크쉑의 중요한 특징으로 언급했는지 알 수 있다.

그러나 그렇다고 해서 건강 면에서 파인 캐주얼 음식에 섭취 칼로리를 뛰어넘는 가치가 숨어 있지는 않다. 이 점은 파인다이닝 레스토랑도 마찬가지다. 음식물리학의 개척자로 불리는 옥스퍼드대 찰스 스펜스Charles Spence 교수는 파인다이닝 레스토랑이 실상 제공하는 식사의 건강함이나 영양에는 별로 신경 쓰지 않는다는 점을 지적한다. 대다수의 고객이 어쩌다 한번 방문해서 먹을 음식이니 건강이나 영양보다는 놀라움과 새로움을 주는 음식으로 강한 인상을 남기는 게 중요하다는 것이다. 맞는 말이다. 믿을 수 없다면 식당 평가 사이트에 오르는 파인다이닝 레스토랑 리뷰에 음식이 다 맛 좋긴 했지만 그다지 인상적이진 않았다며 별점을 깎아내리는 평가자가 얼마나 많은지 찬찬히 살펴보라.

파인다이닝 레스토랑이 그러하다면 거기서 출발한 파인 캐주얼 레스토랑이라고 다를 게 없다. 맛과 품질이 더 나은 음식이지만 그렇다고 해서 건강에서 그만큼의 차이를 기대해서는 곤란하다. 우리의 복부를 감싸는 뱃살은 재료를 따지지 않는다. 파인다이닝 음식이건 파인 캐주얼 음식이건 패스트푸드이건 많이 먹으면 해로운 건 엇비슷하다.

파인 캐주얼의 진정한 미덕

대니 마이어는 파인과 캐주얼을 융합한 새로운 형태의 레스토랑 개념을 창안하는 데 두 사람의 영향을 받았다고 설명한다. 파인다이닝 레스토랑도 체인처럼 운영할 수 있음을 라틀리에 드 로부숑을 통해 보여준 조엘 로부숑Joël Robuchon과, 아시아의 흔한 대중음식을 파인다이닝 퀄리티로 가벼운 분위기에서 즐길 수 있음을 보여준 데이비드 장을 통해 영감을 받았다는 것이다.

　　하지만 나는 대니 마이어가 청중의 흥미를 돋우기 위해 이들을 예로 들었을 뿐, 실제로는 이미 20여 년 전 본인 스스로 파인 캐주얼 다이닝을 시작했다고 생각한다. 그가 뉴욕에서 유니언 스퀘어 카페에 이어 두 번째로 연 레스토랑인 그래머시 태번의 다이닝 룸은 분명히 파인다이닝 레스토랑이지만 입구 쪽의 태번에서 즐기는 바 메뉴는 파인 캐주얼의 전형이기 때문이다. 동일한 레스토랑에서 동일한 품질의 식재료로 음식을 만들지만 바깥쪽 태번은 안쪽 다이닝룸보다 장식이 적고 가격도 저렴하며 예약 없이 누구나 방문할 수 있다.

　　뉴욕의 유명 식당평론가 로버트 시엣세마Robert Sietsema는 젊은 시절 다른 고급 레스토랑에는 발을 들여놓을 엄두를 내지 못하면서도 그래머시 태번은 바 메뉴 덕분에 자주 즐길 수 있었다고 회고한다. 그렇게 다가가기 쉬운 곳이 많아져야 음식 문화도 더 활짝 꽃피지 않을까. 내가 서울에서 더 많은 파인 캐주얼 레스토랑을 보고 싶은 이유다.

미식은 시간, 공간, 인간이
음식과 함께 만들어내는 경험이다

무엇을 어떻게 먹어야 할까에 대한 답은 의외로 간단하다. '골고루 먹고 과식을 피하라. 건강식에 너무 집착하지 말고 식사를 즐겨라.' 음식에서 건강이라는 가치를 너무 강조하면 오히려 건강을 해치기 쉽다. 2부에서 살펴본 것처럼 음식에 관한 건강 정보가 그럴듯한 거짓일 때가 많아서 그렇기도 하지만, 무엇보다 이런 관점으로만 보면 음식이 생존 문제가 되기 때문이다. 음식 심리학자 폴 로진은, 식사가 건강에 미치는 결과에 집착하면 역설적으로 체중과 음식에 대한 걱정에 휩싸이게 된다고 말한다. 음식을 생존을 위한 연료처럼 생각한다면 그저 많이 넣어주는 게 최선이다. 하지만 그렇지 않다.

가장 훌륭한 음식은 배고플 때 먹는 음식인가, 좋은 사람과 함께하는 음식인가. 둘 다 가능한 답이지만 동시에 둘 다 아니라고 말할 수도 있다. 배가 고프든 말든, 식탁에 마주 앉은 사람이 나의 벗이든 아니든 관계없다. 음식을 평가하는 객관적 기준이 있다면 훌륭한 음식은 언제나 훌륭해야 한다. 좋은 술은 좋은 사람과 마시는 술이 아니다. 좋은 술은 싫은 사람과 마셔도 좋은 술이다.

하지만 식사는 객관적으로 맛을 분석하거나 단순히 음식만 평가하는 일이 아니다. 레스토랑에서의 식사는 비유하자면 영화보다는 연극 공연에 가깝다. 이미 편집이 끝난 영화에 관객이 미치는 영향은 미미하다. 집에서 혼자 넷플릭스로 볼 수도 있다. 반면에 관객과 배우의 상호작용으로 완성되는 연극은 공연장에서 봐야 한다. 미식은 시간, 공간, 인간이 음식과 함께 만들어내는 경험이다.

건강과 맛이라는 기준에서 벗어나 음식을 바라보면 새로운 풍경이 펼쳐진다. 내가 얻은 깨달음 중 하나는 음식을 통해 다른 많은 사람과 연결되어 있으며 서로 의존하여 살아가고 있다는 것이다. 재료부터 조리까지 여러 사람의 손을 거쳐 만들어진 음식을 내가 먹는다는 단순한 사실뿐 아니라 각종 레시피에 녹아 있는 여러 사람의 경험과 지혜에서도 그 사실을 느낄 수 있다. 또한 먹방을 보는 것 자체가 함께 모여 식사하는 인간만의 특징에서 비롯되었다는 점, 3부에서 살펴본 것처럼 우리의 입맛이나 음식 문화들이 우리 사회를 반영한다는 점 역시 그렇다.

코로나19 이후 식당에서 식사하는 일은 줄어들고 비대면으로 배달된 간편식, 밀키트를 접하는 일이 늘었다. 다른 사람을 보지 않고도 먹고 살 수 있는 세상이 예상보다 더 빨리 와버렸다. 하지만 정신적으로든 생리적으로든 우리의 허기를 채워주는 것은 다른 사람이다. 음식 너머에는 항상 사람이 있다. 거의 모든 것을 혼자 할 수 있는 세상에서 사랑하는 사람과의 따뜻한 한 끼가 더 소중하게 느껴지는 이유다. 이 책이 그런 한 끼 식사처럼 마음을 열고 음식과 그 음식을 통해 연결된 다른 사람에게 다가가도록 조금이라도 도울 수 있기를 바란다.

매번 원고 쓸 때마다 지원해준 가족에게 늘 고마운 마음이다. 얼른 코로나19 백신이 널리 보급되어, 책이 나오기까지 조언을 아끼지 않은 클럽 미나리 친구들과 함께 모여 식사할 수 있길 고대한다.

참고문헌

강석기, 『늑대는 어떻게 개가 되었나』, 엠아이디, 2014.

레이첼 허즈 저, 장호연 역, 『욕망을 부르는 향기』, 뮤진트리, 2013.

마이클 L. 파워·제이 슐킨 저, 김성훈 역, 『비만의 진화』, 컬처룩, 2014.

마이클 폴란 저, 김현정 역, 『요리를 욕망하다』, 에코리브르, 2014.

마이클 폴란 저, 조윤정 역, 『잡식동물의 딜레마』, 다른세상, 2008.

맛시모 몬타나리 저, 주경철 역, 『유럽의 음식문화』, 새물결, 2001.

메리 로취 저, 최가영 역. 『꿀꺽, 한 입의 과학』, 을유문화사, 2014.

미레유 길리아노 저, 최진성 역, 『프랑스 여자는 살찌지 않는다』, 물푸레, 2007.

빌 기퍼드 저, 이병무 역, 『스프링 치킨』 다반, 2015.

스튜어트 리 앨런 저, 정미나 역, 『악마의 정원에서』, 생각의 나무, 2005.

시드니 민츠 저, 김문호 역, 『설탕과 권력』, 지호, 1998.

안대회·정병설·이용철, 『18세기의 맛』, 문학동네, 2014.

애덤 고프닉 저, 이용재 역, 『식탁의 기쁨』, 책읽는수요일, 2014.

이은희, 『설탕, 근대의 혁명』, 지식산업사, 2018.

이정희, 『화교가 없는 나라』, 동아시아, 2018.

이한승, 『솔직한 식품』, 창비, 2017.

임경수·손창환·김원학, 『독을 품은 식물 이야기』, 문학동네, 2014.

조영권, 『중국집』, CABOOKS, 2018.

주영하, 『식탁 위의 한국사』, 휴머니스트, 2013.

존 카치오포·윌리엄 패트릭 저, 이원기 역, 『인간은 왜 외로움을 느끼는가』, 민음사, 2013.

찰스 스펜스 저, 윤신영 역, 『왜 맛있을까』, 어크로스, 2018.

최낙언, 『물성의 원리』, 예문당, 2018.

최낙언, 『물성의 기술』, 예문당, 2019.

하이드룬 메르클레 저, 신혜원 역, 『식탁 위의 쾌락』, 열대림, 2005.

하인리히 E. 야콥 저, 곽명단·임지원 역, 『육천 년 빵의 역사』, 우물이있는집, 2019.

한성우, 『우리 음식의 언어』 어크로스, 2016.

해럴드 맥기 저, 이희건 역, 『음식과 요리』, 이데아, 2017.

양진영·이행주, 〈배달 음식 서비스의 고객 재구매 의사결정 요인에 관한 연구〉, 《고객만족경영연구》 22(4), 2020.

〈牡丹臺名物(모단대명물) "불고기" 禁止(금지)〉, 《동아일보》 1935. 5. 5.

〈불고기는 有害(유해)?〉, 《동아일보》 1965. 10. 22.

Baggini, Julian, *The Virtues of the Table: How to Eat and Think*, Granta, 2014.

Brillat-Savarin, Jean Anthelme, *The Physiology of Taste*, Trans. M.F.K. Fisher, Counterpoint, 2000.

Goode, Jamie, *I Taste Red: The Science of Tasting Wine*, University of California Press, 2016.

López-Alt, J. Kenji, *The Food Lab: Better Home Cooking Through Science*, W. W. Norton Company, 2015.

Marquardt, Hans, "Chapter 7-Chemical Carcinogenesis", Hans Marquardt, Hans Siegfried G. Schäfer, Roger McClellan, Frank Welsch (eds), *Toxicology*, Academic Press, 1999.

McGee, Harold, *Keys to Good Cooking*, Penguin Books, 2012.

McGee, Harold, *On Food and Cooking*, Scribner, 2004.

Montanari, Massimo, *Cheese, Pears, and History in a Proverb*, Columbia University Press, 2012.

Myhrvold, Nathan, et al., *Modernist Cuisine: The Art and Science of Cooking*, Vol. 2: Techniques and Equipment, Cooking Lab, 2011.

Myhrvold, Nathan, et al., *Modernist Cuisine: The Art and Science of Cooking*, Vol. 4: Ingredients and Preparations, Cooking Lab, 2011.

Nestle, Marion, *What to Eat*, North Point Press, 2006.

Robuchon, Joël et al., *Larousse Gastronomique*, Clarkson Potter, 2001.

This, Hervé, *Molecular Gastronomy*, Columbia University Press, 2006.

This, Hervé. *The Science of the Oven*, Columbia University Press, 2012.

Tunick, H. Michael, *The Science of Cheese*, Oxford University Press, 2014.

Ahn, Y.Y., Ahnert, S., Bagrow, J. et al., "Flavor network and the principles of food pairing", *Sci Rep* 1, 196, 2011.

Axelsson, E., et al., "The genomic signature of dog domestication reveals adaptation to a starch-rich diet", *Nature* 495, 2013, 360–364.

Backus, R.C., et al., "Gonadectomy and high dietary fat but not high dietary carbohydrate induce gains in body weight and fat of domestic cats", *Br J Nutr*, 2007 Sep;98(3):641-650.

Bakhshi, Saeideh, et al., "Demographics, weather and online reviews: A study of restaurant recommendations", WWW 2014-Proceedings of the 23rd International Conference on World Wide Web, 2014:443-454. doi: 10.1145/2566486.2568021.

Barański, M., "Higher antioxidant and lower cadmium concentrations and lower incidence of pesticide residues in organically grown crops: a systematic literature review and meta-analyses", *Br J Nutr*, 2014 Sep 14;112(5):794-811.

Bouvard, V., et al., "Carcinogenicity of consumption of red and processed meat", *Lancet*

Oncol, 2015 Dec;16(16):1599-1600. doi: 10.1016/S1470-2045(15)00444-1. Epub 2015 Oct 29. PMID: 26514947.

Carson, J.A.S., et al., "Dietary Cholesterol and Cardiovascular Risk: A Science Advisory From the American Heart Association", *Circulation*, 2020 Jan 21, 141(3):e39-e53.

Chen, R.C., et al.,, "Cooking frequency may enhance survival in Taiwanese elderly", *Public Health Nutr*, 2012 Jul;15(7):1142-1149. doi: 10.1017/S136898001200136X. Epub 2012 May 11. PMID: 22578892.

Chung, B.Y., et al., "Treatment of Atopic Dermatitis with a Low-histamine Diet", *Ann Dermatol*, 2011 Sep;23 Suppl 1(Suppl 1):S91-5. doi: 10.5021/ad.2011.23.S1.S91.

Clarys, P., "Comparison of nutritional quality of the vegan, vegetarian, semi-vegetarian, pesco-vegetarian and omnivorous diet", *Nutrients*. 2014 Mar 24;6(3):1318-1332.

Collier, R., "Competitive consumption: ten minutes. 20,000 calories. Long-term trouble?", *CMAJ*, 2013 Mar 5;185(4):291-292.

Daniel, C., "Economic constraints on taste formation and the true cost of healthy eating", *Soc Sci Med*, 2016 Jan;148:34-41.

Eckel, R.H., et al., "2013 AHA/ACC guideline on lifestyle management to reduce cardiovascular risk: a report of the American College of Cardiology/American Heart Association Task Force on Practice Guidelines", [published corrections appear in Circulation. 2014;129:S100–S101 and Circulation. 2015;131:e326].Circulation. 2014; 129(suppl 2):S76–S99.

Flanagan, E.W., et al., "The Impact of COVID-19 Stay-At-Home Orders on Health Behaviors in Adults", *Obesity* (Silver Spring), 2021 Feb;29(2):438-445.

Flood, J.E., B.J. Rolls, "Soup preloads in a variety of forms reduce meal energy intake", *Appetite*, 2007 Nov;49(3):626-634.

Galak, J., et al., "Why Certain Gifts Are Great to Give but Not to Get: A Framework for Understanding Errors in Gift Giving", *Current Directions in Psychological Science*, 2016;25(6):380-385.

Grewal, L., et al., "The Self-Perception Connection: Why Consumers Devalue Unattractive Produce", *Journal of Marketing*, 2019;83(1):89-107.

Grønbaek, M., "Type of alcohol consumed and mortality from all causes, coronary heart disease, and cancer", *Ann Intern Med*, 2000 Sep 19;133(6):411-419.

Hall K.D., et al., "Energy expenditure and body composition changes after an isocaloric ketogenic diet in overweight and obese men", *Am J Clin Nutr*, 2016 Aug;104(2):324-333.

Holdsworth, Michelle, "How important are differences in national eating habits in France?", *Dialogues in Cardiovascular Medicine*, 2008;13:200-208.

Huss, L.R., et al., "Timing of serving dessert but not portion size affects young children's intake at lunchtime", *Appetite*, 2013 Sep;68:158-163.

Ishangulyyev. R., et al., "Understanding Food Loss and Waste-Why Are We Losing and Wasting Food?", *Foods*, 2019 Jul 29;8(8):297.

Kang, E., et al., "The popularity of eating broadcast: Content analysis of 'mukbang' YouTube videos, media coverage, and the health impact of 'mukbang' on public", *Health Informatics Journal*, September 2020:2237-2248.

Kriaucioniene, V., et al., "Associations between Changes in Health Behaviours and Body Weight during the COVID-19 Quarantine in Lithuania: The Lithuanian COVIDiet Study", *Nutrients*, 2020 Oct 13;12(10):3119.

Kwok, R.H., "Chinese-restaurant syndrome", *N Engl J Med*, 1968 Apr 4;278(14):796.

Law, M., N. Wald, "Why heart disease mortality is low in France: the time lag explanation", *BMJ*, 1999 May 29;318(7196):1471-1476.

Lim, D.G., et al., "Quality Comparison of Pork Loin and Belly from Three-way Crossbred Pigs during Postmortem Storage", *Korean J Food Sci Anim Resour*, 2014;34(2):185-191.

Lu, K., et al., "The acute effects of L-theanine in comparison with alprazolam on anticipatory anxiety in humans", *Hum Psychopharmacol*, 2004 Oct;19(7):457-465.

Luca, Michael, Georgios Zervas, "Fake It Till You Make It: Reputation, Competition, and Yelp Review Fraud", 2015 May 1, *Harvard Business School NOM Unit Working Paper* No. 14-006.

Lunde, K., et al., "Genetic variation of an odorant receptor OR7D4 and sensory perception of cooked meat containing androstenone", *PLoS One*, 2012;7(5):e35259.

Massey M., A. O'Cass, P. Otahal, "A meta-analytic study of the factors driving the purchase of organic food", *Appetite*, 2018 Jun 1;125:418-427.

Mathur, U., R.J. Stevenson, "Television and eating: repetition enhances food intake", *Front Psychol*, 2015 Nov 3;6:1657.

Michener, W., P. Rozin, "Pharmacological versus sensory factors in the satiation of chocolate craving", *Physiology & Behavior*, 1994;56(3), 419–422.

Miyamoto, M., et al., "Oral intake of encapsulated dried ginger root powder hardly affects human thermoregulatory function, but appears to facilitate fat utilization", *Int J Biometeorol* 59, 2015, 1461–1474.

Morrot, G., F., Brochet, D. Dubourdieu, The Color of Odors, *Brain and Language*, Volume 79, Issue 2, Nov 2001, 309-320.

Najjar, A., et al., "The acute impact of ingestion of breads of varying composition on blood glucose, insulin and incretins following first and second meals", *British Journal of Nutrition*,

2008;101(3), 391-398.

Korem T., et al., "Bread Affects Clinical Parameters and Induces Gut Microbiome-Associated Personal Glycemic Responses", *Cell Metab*, 2017 Jun 6;25(6):1243-1253.e5.

Plumb, Marin E, "The Effect of Freezing as a Storage Method on Anthocyanin Concentration in Blueberries", *Undergraduate Honors Papers*, 2013;1.

Pol, Thibaut, "Norms and attitudes to body fatness: A European comparison", *Population and Societies*, 2009;455.

Poore, J., T. Nemecek, "Reducing food's environmental impacts through producers and consumers", *Science*, 2018 Jun 1;360(6392):987-992. doi: 10.1126/science.aaq0216. Erratum in: Science, 2019 Feb 22;363(6429)

Ramsden, C.E., et al., "Re-evaluation of the traditional diet-heart hypothesis: analysis of recovered data from Minnesota Coronary Experiment (1968-73)", *BMJ*, 2016 Apr 12;353:i1246.

Reese, A.T., et al., "Influences of Ingredients and Bakers on the Bacteria and Fungi in Sourdough Starters and Bread", *mSphere*, 2020 Jan 15;5(1):e00950-19.

Rimm, E.B., et al., "Review of moderate alcohol consumption and reduced risk of coronary heart disease: is the effect due to beer, wine, or spirits", *BMJ*, 1996 Mar 23;312(7033):731-736.

Roberts, S.B., J., Mayer, "Holiday weight gain: fact or fiction?", *Nutr Rev*, 2000 Dec;58(12):378-379.

Rotola-Pukkila, M.K., et al., "Concentration of Umami Compounds in Pork Meat and Cooking Juice with Different Cooking Times and Temperatures", *J Food Sci*, 2015 Dec;80(12):C2711-2716. doi: 10.1111/1750-3841.13127. Epub 2015 Nov 2. PMID: 26524113.

Rozin, P., et al., "The ecology of eating: smaller portion sizes in France Than in the United States help explain the French paradox", *Psychol Sci*, 2003 Sep;14(5):450-454.

Ruddock, H.K., "A systematic review and meta-analysis of the social facilitation of eating", The American Journal of Clinical Nutrition, Vol. 110, Issue 4, *Oct 2019*:842–861.

Ruddock, H.K., et al., "A systematic review and meta-analysis of the social facilitation of eating", *Am J Clin Nutr*, 2019 Oct 1;110(4):842-861.

Seidelmann, S.B., et al., "Dietary carbohydrate intake and mortality: a prospective cohort study and meta-analysis", *Lancet Public Health*, 2018 Sep;3(9):e419-e428.

Seimon, R.V., et al., "Do intermittent diets provide physiological benefits over continuous diets for weight loss? A systematic review of clinical trials", *Mol Cell Endocrinol*, 2015 Dec 15;418 Pt 2:153-172.

Schübel, R., et al., "Effects of intermittent and continuous calorie restriction on body weight and metabolism over 50 wk: a randomized controlled trial", *Am J Clin Nutr*, 2018 Nov

1;108(5):933-945.

Sleddens, E.F., et al., "Correlates of dietary behavior in adults: an umbrella review", *Nutr Rev*, 2015 Aug;73(8):477-499.

Unno, K., et al., "Anti-stress effect of theanine on students during pharmacy practice: positive correlation among salivary α-amylase activity, trait anxiety and subjective stress", *Pharmacol Biochem Behav*, 2013 Oct;111:128-135.

Smed, Sinne, Lars Gårn Hansen, "Consumer valuation of health attributes in food", IFRO *Working Paper*, 2016 Jan, University of Copenhagen, Department of Food and Resource Economics.

Smith-Spangler, C., et al., "Are organic foods safer or healthier than conventional alternatives?: a systematic review", *Ann Intern Med*, 2012 Sep 4;157(5):348-366.

Takeda, W., M.K. Melby, "Spatial, temporal, and health associations of eating alone: A cross-cultural analysis of young adults in urban Australia and Japan", *Appetite*, 2017 Nov 1;118:149-160.

Trepanowski, J.F., et al., "Effect of Alternate-Day Fasting on Weight Loss, Weight Maintenance, and Cardioprotection Among Metabolically Healthy Obese Adults: A Randomized Clinical Trial", *JAMA Intern Med*, 2017 Jul 1;177(7):930-938.

Tunstall-Pedoe, H., "The French Paradox: Fact or Fiction?", Dialogues in Cardiovascular *Medicine*, 2008;13(3):159-179.

Verbrugghe A., M. Hesta, "Cats and Carbohydrates: The Carnivore Fantasy?", *Vet Sci*, 2017 Nov 15;4(4):55.

Weiskirchen S., R. Weiskirchen, "Resveratrol: How Much Wine Do You Have to Drink to Stay Healthy?", *Adv Nutr*, 2016 Jul 15;7(4):706-718.

Werthmann, J., et al., "Bits and pieces. Food texture influences food acceptance in young children, *Appetite*, 2015 Jan;84:181-187.

Wolfson, J.A., S.N. Bleich, "Is cooking at home associated with better diet quality or weight-loss intention?", *Public Health Nutr*, 2015 Jun;18(8):1397-1406. doi: 10.1017/S1368980014001943. Epub 2014 Nov 17.

The EU Food Fraud Network and the System for Administrative Assistance-Food Fraud, Annual report 2018.

FAO, Global food losses and food waste – Extent, causes and prevention, Rome, 2011.

National Research Council (US) Committee on Technological Options to Improve the Nutritional Attributes of Animal Products, "The Role of Fat in the Palatability of Beef, Pork, and Lamb", Designing Foods: Animal Product Options in the Marketplace, National Academies Press, 1988.

음식에 그런 정답은 없다

'오늘의 식탁'에서 찾아낸, 음식에 관한 흔한 착각

ⓒ 정재훈, 2021, Printed in Seoul, Korea

초판 1쇄 찍은날	2021년 6월 28일
초판 1쇄 펴낸날	2021년 7월 7일
지은이	정재훈
펴낸이	한성봉
편집	하명성·신종우·최창문·이종석·조연주·이동현·김학제·신소윤
콘텐츠제작	안상준
디자인	정명희
마케팅	박신용·오주형·강은혜·박민지
경영지원	국지연·강지선
펴낸곳	도서출판 동아시아
등록	1998년 3월 5일 제1998-000243호
주소	서울시 중구 퇴계로30길 15-8 [필동1가 26] 2층
페이스북	www.facebook.com/dongasiabooks
인스타그램	www.instargram.com/dongasiabook
블로그	blog.naver.com/dongasiabook
전자우편	dongasiabook@naver.com
전화	02) 757-9724, 5
팩스	02) 757-9726
ISBN	978-89-6262-379-6 03330

만든 사람들

편집	김세희
크로스교열	안상준
디자인	정명희
본문조판	최세정